向流程设计要效率

陈立云　黄山　杨双玲/著

中华工商联合出版社

图书在版编目（CIP）数据

向流程设计要效率 / 陈立云，黄山，杨双玲著．——北京：中华工商联合出版社，2023.9
ISBN 978-7-5158-3741-3

Ⅰ．①向⋯ Ⅱ．①陈⋯ ②黄⋯ ③杨⋯ Ⅲ．①企业管理—业务流程 Ⅳ．① F272

中国国家版本馆CIP数据核字（2023）第179394号

向流程设计要效率

作　　者：	陈立云　黄　山　杨双玲
出 品 人：	刘　刚
责任编辑：	于建廷　臧赞杰
装帧设计：	周　源
责任审读：	傅德华
责任印制：	陈德松
出版发行：	中华工商联合出版社有限责任公司
印　　刷：	北京虎彩文化传播有限公司
版　　次：	2024年1月第1版
印　　次：	2025年7月第3次印刷
开　　本：	710mm×1000mm　1/16
字　　数：	240千字
印　　张：	17.25
书　　号：	ISBN 978-7-5158-3741-3
定　　价：	78.00元

服务热线：010-58301130-0（前台）
销售热线：010-58301132（发行部）
　　　　　010-58302977（网络部）
　　　　　010-58302837（馆配部）
　　　　　010-58302813（团购部）
地址邮编：北京市西城区西环广场A座
　　　　　19-20层，100044
http://www.chgslcbs.cn
投稿热线：010-58302907（总编室）
投稿邮箱：1621239583@qq.com

工商联版图书
版权所有　盗版必究

凡本社图书出现印装质量问题，请与印务部联系。
联系电话：010-58302915

自序

向流程设计要效率

管理精英设计规则，企业员工执行规则，是企业的成功之道。然而，国内不少企业却存在管理精英不去定规则，而是期待找到"一群牛人"的现实问题。但牛人是稀缺的，凭什么你能够获得？除非你给出了足够有吸引力的条件，比如行业最好的待遇，这就要看你是否能够承担高额的人力成本。即便招到牛人，如何把他用好是一个更大的难题。笔者见过太多的企业满怀期待地把牛人请进来，却无比失望地接受牛人离开，用人以失败而告终的结果。

没有梧桐树，哪来金凤凰？

世界500强企业成功的共同之处在于：他们坚信追求卓越的流程设计及卓越的运营是持续保持竞争优势的关键。企业的竞争优势不仅基于有竞争力的产品，还基于卓越的流程。有了卓越的流程，就能持续地产生有竞争力的产品、辈出的人才、如潮的良将。卓越的流程、卓越的管理体系就是吸引并保留"金凤凰"的"梧桐树"。

最近，笔者为多家企业开展了战略规划辅导。在研讨人才策略时，企业几乎都出现了同样的问题：都不具备获取战略机会需要的关键人才，企业出现了严重的人才断层，能够独当一面的管理者与专家还是那几个"老面孔"，他们已经超负荷运转，并且可能面临思维固化及知识老化的问题。企业如梦初醒：企业成长已经遇到了人才的天花板。

人才为何成长不起来？因为没有流程，没有管理体系。管理体系与流程是人才的生产线。没有流程就意味着管理者与业务高手都在忙着打仗，没有时间培养人才；没有流程就意味着复杂的、技术含量高的工作在少数的管理者与业务高手的手里，其他青年才俊没有成长的机会；没有流程就意味着企业成功的实践都隐含在人脑中，组织没有形成知识管理体系，员工只有靠自己去悟、去不断地试错总结，成长速度极慢。

管理的本质是效率，组织竞争的关键是人才。

建议读者将所在公司的核心运营效率类的指标与标杆企业做对比，重点是：产品成本、研发/订单交付/服务周期、库存周转天数、应收周转天数、人均毛利/收入/利润、运营费用（销售费用＋管理费用＋财务费用）率等。也许你会发现差距巨大，原因何在。

麦当劳很大比例的员工是临时工，全球各地公司的效率、品质却能做到高度一致，处于行业领导者地位。而很多公司的领导一换，牛人一走，业务就陷入混乱或快速衰败，为什么？

我们认为，差别就在于"流程"，这种结果是流程能力不同导致的。

企业的流程能力越强，对人的依赖就越低，运营效率就越高，就越容易实现自动化，进一步将人解放出来，将成熟业务交给流程，让精英管理层及业务牛人抽身去做新业务：

● 业务创新：开发新技术，推出新产品，销售新产品，开发新行业、新客户。

● 管理创新：流程再造与优化、组织再造与创新、激励机制创新等。

如此，新的业务就会源源不断地产生，并快速地成长起来，企业就会表现出强劲的增长动力。

管理者与各专业领域的专家，最大的价值在于发挥他们的杠杆效应，杠杆的支点就是流程，他们要做的最重要的事情之一就是设计出卓越的流程，促使广大员工把流程千万遍及时、高效、低成本地做对做好，让一群平凡的人干出不平凡的事。

让公司最值钱、最有竞争力的核心人才——管理干部及专家，回归到正确的轨道上，让他们聚焦业务流程设计，构建卓越的业务流程，是企业卓越运营、提升竞争力的根本之道。

企业还需要帮助管理者及相关专家提升其流程设计的实战方法与技

能，让他们掌握流程设计的实战方法与技能，能够在实际工作中熟练运用，并通过流程设计提升企业的流程成熟度，提升业务运作与管理水平，提升业务运作效率，找到流程设计的价值感。

笔者曾有幸与一位业务领域流程管理高手共事，他是公司的营销副总，管着几千人的营销队伍，但他很少开会，很少应酬，很少被下属打扰，最喜欢做的事情是大量地阅读，快速学习外部先进的理论与最佳实践，然后消化、吸引、转化并应用到企业，他的业绩很好。他不擅长人际关系，喜欢直来直去，但仍然得到公司董事长的信任与赏识，可见他的业务及管理能力之高。

笔者请教他是如何做到的，他回答："如果下属请教你，你不要直接给出答案，而是反问下属应当怎么做。在下属表达完自己的想法之后，再问下属能否把他的想法写成一份方案或一种制度。后续我会在下属提出的制度基础上持续地迭代与优化。遇到相同的问题时，让下属去看制度、学制度、按制度执行。"

他喜欢研究复杂的业务场景、端到端跨部门流程问题与解决方案，还喜欢琢磨如何应用成熟的软件包如CRM（客户关系管理系统）来支撑业务，提升生产力。据企业应用软件提供商SAP公司反馈，该副总实施的CRM是SAP在中国企业实施的标杆。他喜欢研究如何用规则代替经验，用模型与算法辅助决策，提升决策的质量。他曾经构建了一套基于相关数据的客户信用评估模型，准确率让专业人士折服。

本书针对如何设计流程的问题从理念、方法到技术给出了一套完整的方法论，相信只要认真学习并付诸实践，您也可以成为像这位副总一样的卓越流程设计师。

最后，要感谢我的每一位雇主、每一位客户、每一位领导、每一位同事，以及关注我的朋友，为我提供了流程管理实践的机会、赋能、交流及帮助。也感谢我的太太胡周燕的全力支持，让我能够有一个良好的写作环境。

如果您对本书有任何问题与建议，非常欢迎您联系我，给我确切的反馈。

陈立云于广州

价值导向的流程设计

自 2015 年初开始从事流程管理工作以来，我已经在这个领域摸爬滚打八年多了，期间积累了一些成功的经验，也踩过一些坑，收获了不少宝贵的教训。有幸与陈立云老师一起合著这本书，将我的一些经验、教训以及实战案例融入本书中，以飨读者。

我目前负责一家公司的流程 IT 工作，经历过流程管理从 0 到 1 全过程，我想从企业视角向读者对本书作个整体的介绍。

一、谁适合看？

1. 企业中末级（L3/4 级）流程所有者：通常包含了企业的所有中基层管理者，他们的核心职责是设计流程，将所负责的业务运作最佳实践设计成流程文件，来驱动相应的流程团队协同运作，实现卓越运营。

2. 流程管理专业人员：包含了流程管理部门的人员以及各部门的流程控制人员，他们是内部的流程专家，为企业提供专业的流程设计赋能，教会大家设计出高质量流程的专业方法论。

3. 从事流程管理相关工作的咨询顾问：包括流程管理顾问、人力资源顾问、战略管理顾问、财务管理顾问、IT 咨询顾问、研发 / 销售 / 供应链等业务咨询顾问等，在咨询交付过程中，需要为企业设计业务流程，掌握优秀流程设计技能，重要且非常必要。

4. 企业高管团队：当下很多中国企业正面临管理模式升级，需要从原来相对粗放的职能管理模式向精益化端到端流程管理模式转变。他们需要了解高质量流程设计的方法论以及在企业成功的推行之道，知道如何更好地打造企业流程设计体系、团队与机制。

5. 其他流程管理爱好者：流程无处不在，流程思维无处不在，如何从个体贡献者到团队贡献者，如何发挥管理的杠杆效益，本书都会为你助力。

二、如何阅读本书？

第一、二章，介绍了流程管理如何达到全局管理的高度，如何从流程管理全局做流程设计工作。给读者带来流程设计的全局观，贯彻执行系统管理原则。

第三、四章，讲的是流程设计的策略与关键成功因素，告诉读者先要选择合适的策略，并抓住流程设计的关键点，保证方向大致正确。

第四、五章，讲的是什么是好的流程设计，给出了流程设计的价值导向、目标与评价标准，提醒我们要不断地向这个标准靠近，不要为了设计而设计，要提升流程设计工作的价值感，为企业经营贡献生产力。

第六章，是本书的主体部分，详细地介绍流程设计十步法，包括方法、工具、模板及案例，如何一步一步将好的流程设计出来，可以说将流程设计"最后一公里"打通了。

第七章，讲的是流程运营与迭代，一个好的流程执行是设计出来的；同样，一个好的流程也是运营与不断迭代出来的，给出了流程持续迭代的方法。

第八章，讲的是流程设计实战案例，以真实的流程设计成功案例，把读者带入具体的流程设计工作场景中，告诉读者如何有效地在企业推动流程设计，期待给您一些启发。

本书的后记，提醒流程专业人员切忌陷入专业的"自嗨"中：流程设计是术，但道却是流程思维，想要成为高手，还需要持续刻意训练与不断精进。

希望本书让读者理解什么是好的流程设计，并结合所在公司的实际情况，依据书中所讲的流程设计策略，以及十步法中每一步的方法、工具、模板设计出适合本公司的好的流程，并通过运营与迭代，升级你的流程设计段位，为公司带来有竞争力的运营效率、更可控的运营平台。

如果您对本书有任何问题与建议，非常欢迎您联系我，给我确切的反馈。

黄山

2023 年 5 月于惠州

目录

第一章　基于流程的卓越运营

　　一、战略规划 / 004

　　二、关键成功因素 / 004

　　三、变革管理 / 004

　　四、流程管理 / 012

第二章　站在全局看流程设计

第一节　流程管理体系 / 014

　　一、需求管理 / 014

　　二、流程规划 / 015

　　三、流程设计 / 016

　　四、流程推行 / 017

　　五、流程运营 / 017

第二节　流程架构规划 / 018

　　一、把握流程规划的时机 / 018

　　二、流程分层与分类 / 021

　　三、流程规划流程说明 / 022

第三节　流程文件架构 / 033

　　一、文件的分类 / 033

二、体系文件架构 / 036

三、体系文件与公文的协同 / 041

第三章　把握流程设计策略

第一节　流程都需要文件化吗 / 044

一、流程重要度 / 045

二、流程使用频率 / 045

三、流程的岗位跨度 / 045

四、流程成熟度 / 046

第二节　流程设计越精细越好吗 / 048

一、投资回报原则 / 048

二、最佳实践固化原则 / 050

第三节　如何选择流程文件形式 / 056

一、适合流程说明文件的业务场景 / 056

二、适合制度文件的业务场景 / 057

第四节　如何把握流程建设节奏 / 058

第五节　如何把握流程的超前度 / 060

第四章　流程设计成功的关键因素

第一节　问题驱动与增值导向 / 062

一、问题驱动 / 062

二、增值导向 / 066

第二节　业务专家＋流程专家，双剑合璧 / 068

一、流程所有者：全流程的业务专家 / 069

二、业务代表：流程活动的业务专家 / 070

三、流程PC（控制专员）：业务部门流程专家 / 071

四、流程专业人员：公司流程专家 / 072

第三节　内外对标，导入最佳实践 / 075

第四节　充分评审，把控质量 / 078

第五节　深化运营，快速迭代 / 080

第五章　什么是好的流程设计

　　第一节　策略正确，价值明确 / 086

　　第二节　流程精简，运行高效 / 090

　　第三节　责任落实，组织适配 / 092

　　第四节　规则清晰，风险可控 / 094

　　第五节　知识丰富，经验复制 / 097

　　第六节　基于人性，激发活力 / 099

第六章　流程设计十步法

　　第一节　流程建设项目策划 / 102

　　　　一、营造项目紧迫感 / 102

　　　　二、成立流程建设领导组 / 104

　　　　三、构建愿景、制定策略 / 105

　　　　四、沟通/宣传流程建设项目 / 107

　　　　五、消除流程建设项目阻力 / 109

　　　　六、打造流程建设项目样板流程 / 110

　　　　七、分批全面推进流程建设 / 110

　　　　八、经验总结并固化到文件中 / 111

　　第二节　Step1：定义流程边界 / 111

　　　　一、模板与表格 / 112

　　　　二、操作方法与规则 / 113

　　　　三、典型案例 / 116

　　　　四、实战心得 / 116

　　第三节　Step2：分析流程现状 / 117

　　　　一、流程写实 / 119

　　　　二、流程现状问题分析 / 127

第四节　Step3：内外标杆分析 / 135

　　一、外部标杆研究 / 138

　　二、内部标杆研究 / 154

第五节　Step4：流程本质设计 / 158

　　一、模板与表格 / 158

　　二、操作方法与规则 / 159

　　三、流程本质设计案例 / 171

第六节　Step5：活动线路设计 / 175

　　一、操作方法与规则 / 175

　　二、流程活动设计结果展示 / 184

第七节　Step6：设计活动与职责 / 185

　　一、模板与工具 / 185

　　二、案例分享 / 198

第八节　Step7：组织配套设计 / 202

　　一、匹配组织 / 203

　　二、匹配岗位 / 206

　　三、匹配能力 / 211

　　四、匹配机制 / 213

第九节　Step8：流程文件编制 / 216

　　一、模板与表格 / 216

　　二、实战心得 / 225

第十节　Step9：流程文件评审 / 226

　　一、评审人 / 226

　　二、评审内容 / 227

　　三、评审点 / 228

　　四、评审程序 / 230

　　五、案例说明 / 230

第十一节　Step10：流程文件发布 / 231

　　一、流程文件发文通知 / 231

　　二、流程文件主动推送 / 232

　　三、流程文件培训宣贯 / 232

第七章　流程运营与迭代

　　一、培训与赋能 / 236

　　二、问题管理 / 237

　　三、流程审计 / 239

　　四、流程绩效管理 / 240

　　五、流程优化 / 241

　　六、流程运营案例 / 242

第八章　流程设计实战案例

　　一、背景介绍 / 246

　　二、关键事件回顾 / 247

　　三、项目成效 / 252

后记　如何成为流程设计高手 / 255

参考文献 / 259

第一章
基于流程的卓越运营

这一章是我们在完成全部内容之后临时增加的，想法来自与好友的沟通。他问我如何提升与高层对话的能力。从过往的咨询经历来看，我与高管对话的能力还是不错的，且担任了多家企业的总裁顾问。高管对话能力真的很重要，对于流程管理人员也是如此。如果不能够有效对话，不能够抓住高管，尤其是一把手的关键诉求，流程管理就无法做出高度，得不到高层领导的关注，很容易做成无足轻重的职能管理。

我认为，提升与高管对话能力的关键在于能够从老板的视角思考，从战略与经营全局的高度来看待公司的经营与管理，知道公司的主要矛盾、战略重点及经营业务改善的发力点，然后将其解码到流程管理工作中，形成流程管理对公司战略与经营的使能，进而改善经营业绩，提升公司的竞争力。

老板要的是整体解决方案，是为了解决问题，而不是一堆零散、割裂的秀专业"肌肉"的职能体系。流程是管理体系诸多要素之一，不是全部，流程只有被集成到管理体系中，与其他的管理体系有效协同，才能最终发挥价值，否则流程可能是无力的，流程管理工作可能是无效的。这两年，我们在实践过程中总结出一套基于流程的卓越运营方法论模型，帮助管理者站在公司管理体系的全局，站在战略与经营的高度来看待流程管理，大幅提升流程管理工具的价值。其核心内容如下：

企业的增长模式已经发生了变化：从"机会驱动"到"机会+能力的双轮驱动"。没有综合竞争力的企业正在慢慢退出市场，综合竞争力强的企业才能够保持增长。

"一招鲜，吃遍天"的年代过去了，企业竞争比拼的是综合竞争力，如品牌力、产品力、销售力、交付力、组织力等。当然，不同竞争策略导向的企业，重点会有所不同，但不能有明显的短板。

有些处于行业头部的企业也很焦虑：如何持续保持市场竞争力？如何持续保持行业领先地位？这又上升到了核心竞争力的高度。企业有没有构建独有的、难模仿的、高价值的、带来超额利润的、能够让企业稳坐钓鱼台的核心能力？

这对企业管理提出了更高的要求，诚如华为的任正非所说：人才不是华为的核心竞争力，对人才进行有效管理的能力，才是企业的核心竞争力。

企业需要管理架构师，将各职能管理集成起来，成为一个整体解决方案，而不再是各自为政，带着职能的偏见，导致管理体系越做越复杂，职能管理之间不协调，难以形成合力。管理的价值是赋能，赋能的目的是提效，最终都要回到价值创造的逻辑上，基于价值链进行管理要素的集成与平衡，流程管理成了天然的抓手。

业务流才是为客户创造价值的主战场，职能管理纷纷提出 BP（business partner，业务伙伴）的概念，提出基于业务的职能管理，比如基于业务的人力资源管理、基于业务的财务管理、业务与 IT 的融合。流程是业务的承载与反映，是将各项管理要素与业务进行融合的天然载体。

企业需回到聚焦端到端核心业务流程上，围绕如何打造符合公司业务组合、支撑价值主张实现的、能力与绩效领先于同行的端到端业务模式，并基于端到端流程高效运作需求，构建使能流程的组织、人才、绩效、IT，形成一个集成的管理体系。在为客户创造价值的核心业务流程主战场，形成整合协同效应，构建差异化的核心竞争力。

基于实践总结，我提出了基于"流程的卓越运营"模型，如图 1-1 所示。

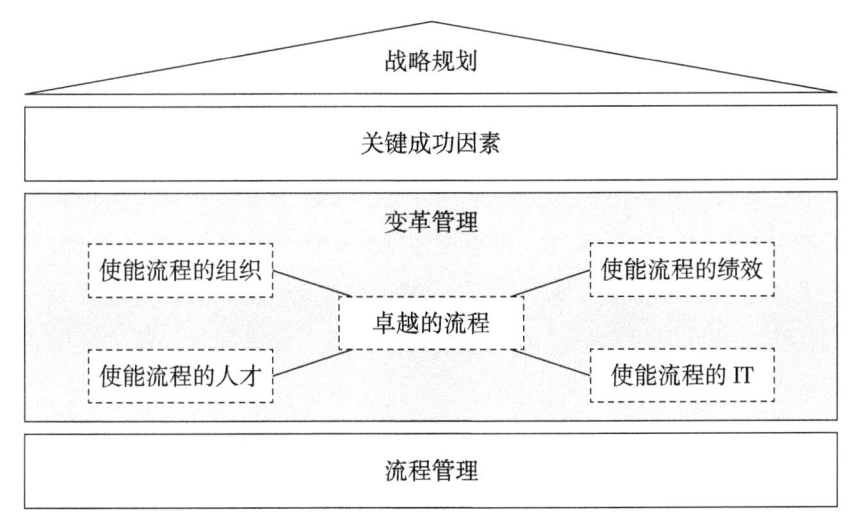

图 1-1 "流程的卓越运营"模型

一、战略规划

勇于从过往的成功中走出来，敢于不断跳出来看自己，否定自己，做到不忘初心，永远站在客户和市场的角度，不断洞察市场，保持反思和创新。

深度洞察市场与技术趋势，找准战略机会点，构建伟大的战略愿景，建立领先的战略意图，聚焦主航道，投入充足的资源，建立支撑目标实现的业务设计，构建核心竞争力，保持可持续发展。

二、关键成功因素

从客户及财务的维度对战略进行解码。在客户的维度上，从品牌、客户关系、产品与服务特性（价格、可获得性、包装、功能/性能、易用性、生命周期成本、保证程度/服务、社会接受程度）进行分析，找到击中客户核心需求的关键驱动因素；在财务的维度上，从收入增长、成本下降、效率提升方面找到关键的财务关键驱动细项指标，解码形成具体的绩效与能力要求。

三、变革管理

（一）构建卓越的流程

通过推动关键业务流程变革来构建完美反映业务、从客户需求到客户满意端到端拉通的业务流程，将不增值的活动最大化压缩，形成行业领先的业务模式，提升企业的管理水平，将企业的价值主张转化为流程绩效与能力，将财务目标与客户目标解码为流程目标与能力目标，将战略构想落实到可落地的活动中。

（二）使能流程的组织

我们非常认同卢锡雷老师（《流程牵引目标实现的理论与方法》一书

作者）的观点，流程是组织的行为方式。如果组织不能够适配流程，为流程提供使能，流程一定不会成功。

在VUCA时代[①]，当前组织的主要矛盾是横向组织协同效率太低，面向市场反应速度太慢，端到端运营成本过高，导致企业竞争力不足。组织除了要支撑战略，更重要的是要为端到端流程提供使能，提升端到端流程的运作效率。

使能流程的组织有三个关键点：

1. 流程决定组织

业务决定流程，流程决定需要什么角色，角色决定组织方式。跟流程运作无关的人员及组织必须裁掉，所有的组织与人员都是增值的，都能为客户直接或间接地创造价值，都能作出独特的价值贡献，因而组织是精简高效的。

企业需要构建流程型组织，包括产品线组织、支撑端到端流程的项目型组织，如产品开发项目组、项目交付项目组、管理变革项目组等，跨部门团队，如PDT（产品开发团队）、CC3（铁三角）、CEG（物料专家团）团队等，形成流程跨部门执行团队的高效运作。

企业需要基于流程构建组织，开展职能分工，让组织更好地与端到端流程匹配，为端到端流程找到"控股股东"，减少端到端流程中涉及相关组织之间的内耗，提升企业的横向协同效率。

2. 基于流程分配权责利与资源

现实工作中太多的企业高管和中层骨干被事务性工作所缠绕，每天从早忙到晚，根本无法抽出充足的时间思考未来、思考变革创新、思考管理改进，企业的运作效率越来越低，还看不到改善的苗头，让人非常绝望。

把权力交给流程，将确定性的事项交给流程与规则，从事事请示到照章办事，业务快速流转；加大对一线的授权，让听得见炮声的人呼唤炮火，面向市场快速作出反应；将管理者与专家从事务性工作中解放出来，投身到更有价值的工作中。

责任止于流程，定义端到端流程的经营责任主体（责任中心），明确

---

① 即乌卡时代，指一个具有易变性、不确定性、复杂性、模糊性的时代。

流程的每一个活动、任务的责任岗位，定义跨部门/岗位协作机制，确保责任落实到位。责任中心包括利润中心、收入中心、成本中心、能力中心（费用中心），让每一个责任中心部门都有清晰的经营责任定位，面向价值创造，而不是面向任务执行。

基于流程编制预算，分配资源，建立责任中心预算、项目预算，保证流程作战资源配备的同时，提升资源投放的效率。

3. 从"管控"到"赋能"

从传统的注重管控员工的态度、行为与结果的金字塔式管控型管理方式，到充分激发流程执行团队的主动性、积极性与创造性，管理者为其赋能与提供支撑的管理方式。

组织阵形从直线职能制向流程主战、职能主建的模式转变，职能部门瞄准流程典型业务场景中的痛点与需求，提供专业解决方案包，开发适用于作战场景的方法、工具与模板，支撑流程不断取得胜利。

组织会趋于扁平化，层级减少，形成基于中后台的前线精英小团队，面向作战机会，快速形成战斗阵形，快速反应，快速获取胜利。

（三）使能流程的人才

流程管理虽然要从"以人为中心"向"以流程为中心"转变，要降低对人的依赖，但并不意味着不依靠人，也不意味着人的重要性下降。相反，如果没有人才质量与数量的保证，流程设计得再好也无济于事，也不会产生竞争力。

使能流程的人才有四个关键点：

1. 人才战略：从职能导向到流程导向

企业战略转型的关键在于通过基于流程的管理变革来升级组织能力，提升企业核心业务的能力与绩效表现。流程变革需要优秀人才来牵引，为公司带来组织需要的、来自外部标杆实践的创新模式/程序与方法，否则企业管理变革很难成功。

当年北电网络公司倒下的时候，其他企业忙着瓜分其市场与技术时，华为公司却在拼命地抢它的人才。

人才战略的难点在于对人才的识别，人才的识别要从职能导向转到流程导向。企业要基于客户及竞争需求，找到成功关键因素所承载的核心流程、关键活动、承接岗位及该岗位所存在能力差距，输出精准的关键人才需求及人才画像。

然后，企业再围绕管理人才实施选、育、用、留策略，把这些关键人才管理好，企业的流程变革就有了保证，战略成功就有了坚实的支撑。

2. 能力模型：从职能专家到作战专家

使能流程成功，就需要流程执行团队中的人才从只关注自己的一亩三分地，到帮助流程团队取得业务成功。他要理解全流程业务及上下游接口关系，理解作战场景的需求与痛点，知道如何用自己的专业帮助流程成功。

企业需要构建T字形人才能力模型。人才既要有全流程的广度，又要有本专业的深度，这样才能保证自己的专业与流程作战进行融合，才能提升流程团队的共识与协作能力。

同时，要实现使能流程成功，流程团队相关人才还要重点提升商业思维、市场思维、全局思维等能力。

3. 培养方式：从基于职能的培养到基于流程的培养

人才及其专业能力只有被流程所集成与应用，才会真正产生价值。不要基于割裂的职能视角去确定培训需求，而要基于端到端核心业务流程去识别需求，设定目标，否则再强大的专业人才也可能不被流程战场需要，不但产生巨大的浪费，还会致使流程作战失败。

我非常认同一位老师说过的话："业务流程就是'照妖镜'，当流程打败仗的时候，一复盘就会发现哪些部门是给力的、是增值的，哪些部门是不给力的、是拖后腿的。"

企业尽量确保培训或培养的能力能够应用于流程，否则就会出现学了一堆的道理，只会纸上谈兵的理论家，不仅不适用，还增加了沟通的障碍。

企业人才培训与培养的重点要回到流程、制度及作业层的知识与能力上，保证学以致用，对准产出。核心业务流程的流程团队能力强了，流程的能力就强了，绩效表现自然也就好了。

4. 评价方式：从能力导向到价值导向

我见过太多的企业，专业人员晋升是基于资质、知识与能力本身，但忽略了其是否带来了业务流程的成功，是否为公司作出了价值贡献。导致人才职级每年不断提升，企业薪酬成本随之提升，但企业的生产力不提升，没有把专家转化为生产力。

企业要从支撑流程成功的角度去评价人员的能力，比如研发人员仅输出技术规范还不够，还要关注技术规范是否带来质量、成本或效率的提升；不仅要关注专利的输出，还要关注专利为企业带来的商业价值；不仅要关注标准化的数量，还要关注标准件的复用，等等。

（四）使能流程的绩效

使能流程的绩效目的是让组织充满活力，对着战略与端到端流程方向，实现群体的全力拼搏，保持领先于行业的奋斗度。

使能流程的绩效有四个关键点：

1. 导向价值

企业要重点关注端到端流程的价值创造，也就是流程的经营成果，而不是流程过程与输出表现。

以 IPD 流程为例，要关注新产品的财务成功，就要看新产品的收入、毛利、利润、现金流；要关注新产品的市场成功，就要评价市场份额、产品竞争力等。

现实中，企业部门 KPI 更多的是关注本职能流程段的绩效，关注对片段的流程输出的衡量，加上部门之间的不协同，往往没有为企业作出太多价值贡献，容易出现部门强大，但组织弱小，部门绩效表现爆表，企业经营绩效却不达标，甚至惨不忍睹。

2. 导向增长

增长是企业永远的主题，我们常说企业没有成功，只有成长。想要做时代的企业，就必须不断地跟随外部环境快速地成长，快速地适应。

企业要重点关注改善型及突破型绩效，而非维持型绩效。改善型绩效就是你的绩效同比不断改善；突破型绩效就是你的改善幅度，必须 3 倍于平均改善速度，快速地缩短与标杆的差距，或者快速地甩开对手。

改善型与突破型指标要驱动公司不断增长，在存量业绩自然增长的同时，获得增量绩效，给企业持续增长输出源源不断的动力。

增长，要么是收入的增长，要么是生产力的增长，要么是组织能力的增长。收入的增长可能来自产品力、品牌力、销售力、服务力、交付力，需要不断地创新我们的业务模式，持续地进行产品技术创新等。生产力增长要提升企业运营效率，改善成本结构，提升资产效率，往往来自端到端业务流程的变革与优化。组织能力增长来自管理成熟度提升、数字化水平提升、人才密度提升、团队士气提升等。

现实中，企业往往制定了一堆保险系数极高的公司目标与部门目标，很多是维持型的，增长往往来自行业自然增长的红利，或者抓住了几个偶然的机会，不是战略驱动的，不是核心能力驱动的。这样的增长是偶然的、不可持续的。

3. 导向协同

首先，要上下对齐。明确部门责任中心定位，将公司 KPI 通过端到端业务流程，通过战略解码向下传递到部门 KPI，把老板对于经营业绩的压力有力地传递给每位一级部门负责人，让他们面对经营成果，而不是任务完成。

其次，要左右拉通。基于端到端流程 KPI 及战略导向，连通流程绩效关键部门的 KPI，形成统一的目标，使之成为一个高效协同的流程团队，提升横向协同水平与效率。

现实中，跨部门协同是企业共同的痛，厚重的部门墙，部门导向的 KPI 大多不协同，甚至是冲突的，严重的内耗，既消耗了企业的资源，又严重损伤了团队的士气。

4. 获取分享

围绕价值链，将价值发现、价值创造、价值交付、价值评价、价值分配进行闭环管理，基于价值贡献来分配激励资源，比如奖金包、发展机会等。价值是来自卓有成效的流程，多产多得，我的收入我做主，幸福生活是奋斗出来的。以责任中心、研发/销售/交付/变革等项目组的贡献为主来开展价值分配工作。

想要解决价值评价的问题，就要将流程绩效做扎实，建立战略导向流程绩效指标体系，将业绩指标解码到驱动业绩实现的流程绩效指标，再将流程绩效指标分解到部门。

基于价值贡献做差异化分配，而不是基于职级，更不是基于领导意愿。同岗不同酬，敢于给火车头加满油，绝不让价值贡献者吃亏。

现实中，年底绩效评价是一件非常头疼的事情，尤其是中后台人员，完成的工作任务与成绩一大堆，但真的有价值吗？谁的价值大？总经理很迷惑，只好拍脑袋，缺乏规则、标准与数据，唯上的文化就越来越浓，企业就越来越官僚。

（五）使能流程的 IT

曾经服务过的一家分销企业老板告诉我："融入管理思想的 IT 系统是他们公司的核心竞争力，降低了对人的依赖的同时，大幅提升了运营效率，而且竞争对手很难复制。"可见，IT 系统多么重要，多么有力量！

使能流程的 IT 有四个关键点：

1. 自动化解放人手

企业 80% 以上的业务是例行的工作，它是确定性的事项，有规律，有逻辑，重复发生的。确定性事项就应当规则化、标准化。标准化之后就应当自动化，将大量人手解放出来，实现少人化，甚至是无人化。

自动化的挑战在于企业流程标准化程度太低，导致效力远未发挥，能够取代人工的程度太低，很多公司只是实现了流程信息传递的功能。

以少人化或提升人效为目的倒逼自动化，以自动化目标再倒逼将流程规则提炼，并基于最佳实践进行标准化，这个过程非常有价值，也让 IT 自动化瞄准人效提升，实现价值的闭环，走出 IT 投资黑洞。

2. 智能化解放人脑

有了数字化的工具，就能够实现基于数据与事实的决策，让决策变得更简单，将企业的中高层管理者解放出来。

比如京东将库存周转天数下降到 31 天左右，凭借的不是物流流程更卓越，而是基于大数据智能分析支持下，通过需求预测、商品备货更准确来实现的。让货物备在客户需要的地点与需要的时间，实现精准的物流安排，将无价值的物流活动最大化去除。

企业需要基于决策点及事项梳理出决策数据模型，这需要流程绩效管理的支撑，进而梳理出需要的数据项及数据项产生的业务过程，再到相关业务流程的在线化。这种操作方式可以加速数字化的进程，不一定等到完整的信息化完成，就能够快速地实现数字化。

很多时候，企业需要的数据项远远少于今天 IT 系统能够提供的数据。今天企业的主要矛盾不是数据少了，而是没有构建数据决策模型，不知道需要哪些数据，以及如何应用数据，如何把数据变成资产与价值。

3. 透明化简化管理

管理越简单越好，就像玻璃缸里的金鱼，由于透明化，你对金鱼的管理就变得极简，向无为而治逼近：让每一个管理动作都必要，都有价值感。

基于端到端业务流程管理需求，识别关键控制点，将这些关键控制点的输入、过程及输出实现在线化，将这些过程透明化。透明化之后，就可以发现并去除很多不增值的管控活动，很多职能部门的协同服务工作可以变成业务一线的自助化过程，从而大幅地简化管理。

这需要从关键利益相关方视角，比如股东与客户视角，带着简化管理的目的去设计管理体系，对于管理活动不断地质疑：真的必要吗？如果实现了透明化，还需要监控吗？还需要跟进吗？还需要协调吗？

否则，由于信息未拉通与集成，或者流程未做简化，导致 IT 价值发挥不出来。

4. 数字化更加精益

数据可以精准表达一切信息，使得业务流程管理从定性走向定量，从语文题变为数学题，使规划、设计、监测、决策、控制、改进等活动变得更加精准，可以实现业务模式的再造或创新，实现数字业务化，为企业带来意想不到的竞争力。

比如通过数字孪生技术、三维仿真技术，可以实现精准的参数化设计，做到恰到好处，既不会有功能的过剩，又不会功能不足。曾经有位销售总监基于客户的运营数据（设备开工率、油耗等）构建了一个精准的信用评价模型，实际效果远胜于有着十多年经验的风控经理的做法，实现了风控效果与效率的同步提升。

四、流程管理

企业运营不依赖领导,不依赖专家,基于特定事件或确定时间触发,基于确定的流程、规则、模板快速流转,基于 PDCA 持续闭环改善,将业务变革后的管理体系,实现从 1 到 N 的快速复制不走样,并基于环境进行自我迭代与修复。这需要有坚实的流程管理基础做支撑。流程管理是企业的基础管理能力,是企业经营管理的底座,如果这项能力不扎实,企业后续的发展很难到一定的高度,更谈不上卓越。

第二章
站在全局看流程设计

第一节 流程管理体系

我们需要从流程管理体系整体视角来看待流程设计工作，以保证其符合流程管理体系全局的目的与需要，同时也与上下游流程衔接好。流程管理非常强调系统性，为了让读者能够更好地做好流程设计工作，我结合多年的实战经验，提炼出了一个流程管理的流程架构，如图2-1所示。

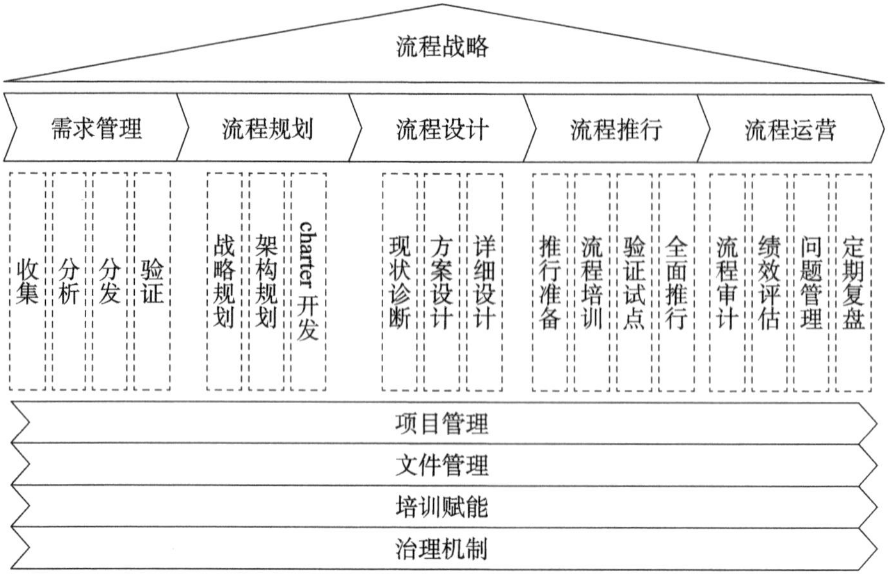

图 2-1 流程管理的流程架构

下面对流程管理主业务流程运作逻辑进行详细说明。

一、需求管理

广泛收集流程需求并进行汇总，去伪存真，去粗存精，分析流程需求应用场景及业务价值，评估流程需求实现的可行性及需投入的成本，对需求进行评审。对于变革需求，根据周期长短，分别纳入流程变革规划、立项策划（charter 开发），成立新的变革项目组，纳入现有在实施的变革项目中。对于优化类需求，直接交由流程所有者负责优化。每年年底采取集中访谈调研的方式，是一种全面收集需求的有效方式。

二、流程规划

（一）流程架构规划

在理解现状流程架构的基础上，基于公司未来 3~5 年的战略，识别未来业务模式及组织核心能力建设需求，借鉴标杆企业流程架构实践，确定公司未来的流程规划，识别主要业务场景，定义公司 L1~L5 流程，输出流程架构图、流程视图、架构说明文件、流程清单。

（二）流程战略规划

流程管理战略规划通常包含两方面内容：流程变革项目规划、流程体系建设与改进规划。

1. 流程变革项目规划

基于公司业务战略解码为关键成功因素，再将关键成功因素解码为对应核心 L1 业务流程的绩效与能力差距及变革需求，从中规划出 3~5 年 L1 业务流程变革项目。从中确定第一年 L1 流程变革举措及变革项目清单，评估变革项目的投资回报，并进行项目优先排序，确定年度变革项目清单及变革预算，形成年度流程变革计划。

2. 流程体系建设与改进规划

首先，对上一年流程体系建设与改进计划进行复盘，找到关键差距项。结合流程管理成熟度模型及流程管理成熟度现状评估结果，确定下一年流程体系建设及优化策略与工作计划。

其次，将公司流程体系建设及优化策略与工作计划分解到各 L1 流程中，作为各 L1 流程归口管理部门年度计划的一部分。

三、流程设计

（一）现状诊断

流程增值分析：将业务过程中实际运行的流程，按不同业务场景识别出来，将流程各环节中所消耗的资源（人力资源、时间资源、财务资源）进行统计，对流程各节点过程进行增值分析，识别不增值环节，以及可优化的可疑环节和对应的优化建议。

现状问题分析：可通过人员访谈、流程问题邮件收集、问题集中收集研讨会（专题讨论会）、流程问题记录汇总整理等方式进行系统全面的流程问题收集与分析。基于流程建设及优化目标，对这些问题进行排序，识别出其中的关键问题，并找到背后深层次的原因，制定问题解决的初步思路。

流程绩效分析：结合流程目标，对当前业务流程的绩效水平进行测量与分析，找到绩效指标数据的差距及关键环节。流程绩效关键差距为流程设计与优化确定了业务的关键领域，缩小了业务范围。

业务规则分析：识别当前流程存在哪些业务规则，并将隐含的业务规则线性化，分析业务规则存在的问题。

综合以上分析，形成现状诊断报告，作为方案设计的输入。

（二）方案设计

方案设计包含以下四方面的内容：

业务方案设计：梳理并确定业务场景，基于业务场景确定或优化流程分类设计；结合业务战略及标杆借鉴，对业务模式进行设计或优化；针对业务关键需求/问题，提出业务解决方案。

组织适配方案设计：包括组织架构设计或优化方案、关键角色对应人才匹配方案、组织 KPI 及考核方案。

明确流程设计/优化交付文件清单：包括流程架构文件、流程说明文件、管理制度、操作指导书、表格模板等。

明确设计/优化要点：承载了流程设计/优化需求的要点，作为文件开发的输入。如涉及 IT 系统，还需要提出对 IT 系统的需求。

（三）详细设计

流程本质设计：流程目的、关键绩效指标的设计。

流程详细设计：流程图、关键控制点、流程角色与职责、流程管理原则、流程活动、关键活动作业文档等的设计。

流程文件编制：将流程设计完整地以流程文件表达出来，形式包括流程架构文件、流程说明文件、制度/管理规定、作业指导书、模板/表格、清单等。

四、流程推行

推行准备：包括推行前的动员，成立推行小组，制订推行计划，匹配资源、组织及 IT 系统等。

流程培训：对流程执行团队及相关人员开展流程文件培训，确保大家理解并掌握新设计的流程。

验证试点：

- 集成验证：通过流程 dry run（模拟测试）或集中评审的方式，对流程设计/优化成果进行验证，识别流程是否完整、接口是否顺畅、是否具备可操作性。
- 试点推行：在新流程推行存在较大风险，或一旦推行失败成本过高，或流程设计成熟度不高时，通常需要先开展试点，试点成功之后再全面推行。试点推行的主要工作有：选择试点对象、确定试点推行项目组、流程培训与沟通、试点过程问题管理、基于试点反馈优化流程。

全面推行：主要活动包括确定流程全面推行项目组、开展流程培训、召开定期沟通会议、问题管理、纳入例行管理等。

五、流程运营

流程审计：通过流程审计，发现流程是否被执行到位，输出流程遵从度评估结果，作为流程所有者评价指标。

绩效评估：通过流程绩效评估，掌握流程实际绩效水平，识别流程绩效差距与趋势，采取对应绩效改进措施，确保流程绩效目标达成。

问题管理：对流程运行过程中出现的问题进行记录、分析、制定对策、解决、效果验证、标准化闭环管理的全过程，确保问题得到及时解决，并针对重要问题从设计上进行彻底解决，推动流程持续迭代升级。

定期复盘：基于流程审计、绩效评估结果、问题清单，组织流程执行团队定期对流程进行复盘，确定流程设计与运行的主要问题，并推动持续改善。

第二节　流程架构规划

从以上架构可知，流程设计的前置流程是流程规划，流程设计需要在流程架构基础上进行，否则就会陷入部门导向或事件导向的流程设计，无法实现流程体系之间的拉通与集成，端到端流程运作效果无法实现，就会脱离流程管理的根本目的：拉通跨部门职能，围绕客户需求，端到端地、高效地创造价值。

为了保证本书架构的完整性，我专门在本节简要地描述流程规划的方法，如果想更系统、更深入地了解流程规划，推荐阅读我在2014年出版的《跟我们学建流程体系》。

一、把握流程规划的时机

从事流程管理专业的人员，往往喜欢按体系化的方法论在企业推动流程管理工作，但做法正确却未必一定有效。

我在2008年就尝试在企业推动完成流程规划工作，但规划完成之后就放一边了，几乎没有产生任何价值，这就是典型的时机没有把握好。知道怎么做最多叫聪明，还称不上有智慧。有智慧的人除了正确掌握方法论，还要知道什么时候做、做到什么程度。

如果企业没有真实的、迫切的流程架构规划需求，全面开展流程架构规划工作注定成功概率不高。

我认为，企业适合开展流程规划的条件主要有以下几点：

（一）企业一把手及核心高管层的支持

企业一把手及核心高管理解并认同流程管理理念，部分管理层有过端到端流程管理体系建设、运营与持续优化的经历，能够理解端到端流程管理体系的运作过程、需要的资源投入及带来的价值。企业愿意在流程管理体系建设方面做长期投入，能够保持流程管理体系建设、运营及持续改进的战略耐性，愿意下笨功夫，而不是过于追求短期见效，或一切为经营让路。

（二）企业有实实在在的需求与痛点

常见的情形有：
- 来自客户供应商管理体系审核与认证的要求，客户要求公司建立端到端、符合先进管理标准的流程体系，以科学、规范、有效的过程来保证产品质量。
- 运营效率已经成为企业的主要矛盾，交期、价格成为企业所处行业市场竞争的关键要素，尤其是企业竭力通过推动各职能部门改进，仍无法满足竞争要求，企业亟须开展端到端跨部门流程管理来实现整体运营效率的提升。
- 优化业务模式的需求，通常伴随着端到端业务模式的变革项目实施，比如导入集成产品开发（IPD）流程变革、集成供应链（ISC）流程变革等。新的业务模式导入，本身就要求公司建立流程化运作的组织形态，需要有坚实的流程管理基础做支撑。
- 跨部门协同的问题已经上升为公司战略与经营的主要矛盾，组织内耗巨大。各部门的能力都不差，都很努力，整合在一起就不好，公司整体运作效率不高，严重影响了公司的战略执行力、整体运营效率，企业本身在寻求通过组织变革来进行改变。

（三）企业具备一定的流程管理基础

通常企业基本完成了职能导向的流程体系建设。比如 ISO9000 质量管理体系实施了 3 年以上，而且企业在流程管理职能领域投入或准备了一定的人力资源，如设立了专职的流程管理团队，专职流程管理人员数量不少于 3 人。

（四）认同"业务决定流程、流程决定组织"的理念

企业愿意在流程管理项目中，根据端到端流程运作的要求同步调整组织架构、人才及 KPI 考核，做到组织匹配流程，组织支撑流程成功。注意：不愿意调整组织、人才与 KPI 的流程项目，基本都不会成功。因为人员、资金、政策等资源都在职能部门手中，当流程要求与部门利益出现矛盾的时候，头破血流的一定是流程。

（五）集团对于下属事业部有较强的管控能力

如果是集团型企业，集团总部想要主导开展流程规划工作，一个前提条件是，集团对于下属事业部有较强的管控能力。较强的管控能力主要体现在两个方面：一是集团有产品技术、市场营销、供应链管理等各领域职能团队及专业影响力；二是集团各职能部门能够对事业部各对应职能部门进行垂直专业管理的组织机制保障。否则，不建议做集团级的流程规划，可以考虑由集团来支撑事业部开展事业部级流程规划，集团可以组织跨事业部间的交流与共享。

如果不具备以上条件，建议不要系统地开展流程规划工作，但可以结合业务需求，分业务领域开展流程架构梳理或优化。开展前，一定要想清楚该业务领域流程架构规划后带来的变化是什么，给公司带来的价值是什么。如果这些都想不清楚，那么业务领域的流程架构也不需要做，先把各部门的流程管理基础打扎实再说。

二、流程分层与分类

（一）流程分层

借鉴华为公司的经验，自上而下将企业流程分成 0~5 级，具体说明如表 2-1 所示。

表 2-1 流程分层

层级	名称	定　义	备注
0	流程总览	➢ 是公司所有流程的总体框架，按照战略/业务/支撑（或运作/使能/支撑）流程进行分类	体现战略和商业模式
1	E2E 流程（流程类）	➢ 从客户端来，回到客户端去，完整面向客户价值创造的流程集合 ➢ 体现公司业务模式和价值链的特点	体现业务方向和洞察力
2	流程组	➢ 根据业务情况来描述 E2E 流程中某一价值链环节的不同场景（如按客户细分、产品细分等重要类别来划分业务场景）及支持流程 ➢ 流程组内部的业务运作逻辑是相似的、强相关的，而流程组之间的关系相对简单	
3	流程	➢ 是被重复执行、逻辑上相互关联的一组业务活动序列，将明确的输入转换成明确的输出，从而实现为客户创造价值和向客户交付价值（产品服务）的目的	用于落实方针政策和管控要求，回答"做什么"的问题
4	子流程及活动	➢ 子流程：是流程的一种，是更大流程的一部分，如必要且可能，流程可以进一步分解为更小粒度的子流程 ➢ 活动：将流程分解落实到角色执行单元，实现人员的专业分工	体现了具体做事情的能力，回答"怎么做"的问题
5	任务	➢ 活动的一部分，即子活动，将活动进一步分解的目的在于便于理解与执行	

（二）流程分类

根据业务场景将流程进行分类，有利于采取不同的策略与设计来满足客户的需求，提升服务竞争力与管理效率。

业务场景细化业务模型的运行逻辑，是依据业务逻辑，客观、真实地描述业务实际运行情况，从而定位、暴露和显性化问题。在流程设计十步法中会详细介绍如何开展业务场景分析。

完成流程业务场景识别后，就要进行流程分类设计，方式是：完成业务场景组合，并确定流程需要分成哪几类，在哪个层级进行分类，一级、二级、三级、四级还是五级。按照"高阶共享、底层差异"的原则，建议将差异化设计放在三级、四级、五级。

三、流程规划流程说明

（一）流程规划流程图

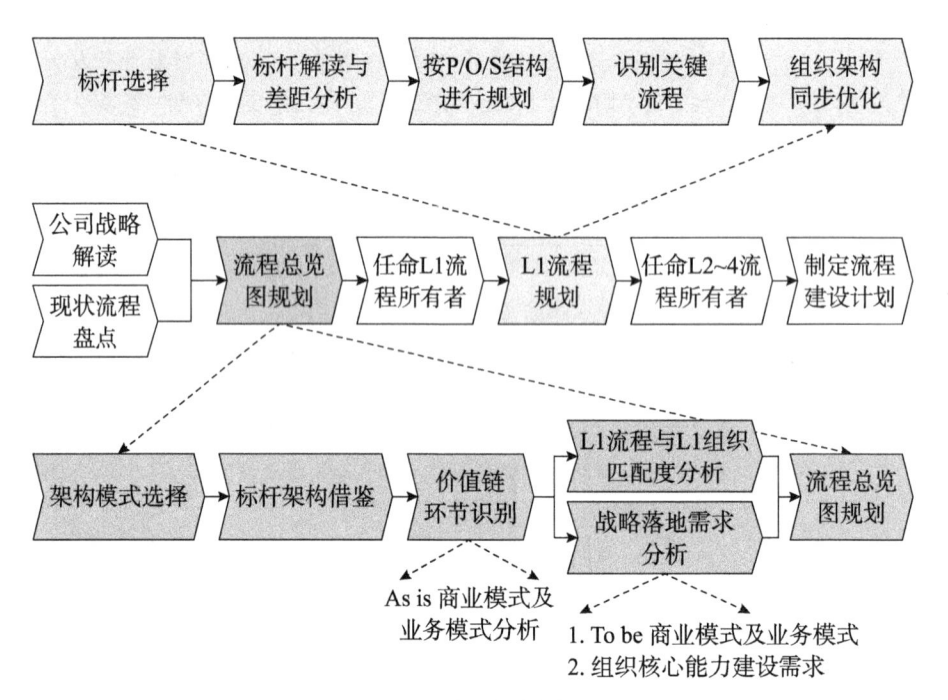

图 2-2 流程规划流程

（二）流程规划操作说明

1. 现状流程盘点

为了保证现状流程盘点的完整性，通常会从三个方面进行：基于部门职责进行盘点、基于标杆清单对照进行盘点、基于现有流程文件及IT系统进行盘点。

通常组织各级部门进行盘点，再作汇总整合：去重、拉通合并，形成公司现状流程清单。

为了对核心主业务流程现状有一个清晰的认识，通常会采取流程穿越法，将端到端业务流程现状描述出来。为了简化处理，通常选择一种最复杂的业务场景进行穿越。

现状流程清单盘点表填表说明如表2-2所示。

表2-2 现状流程清单盘点表填表说明

序号	主要职责		流程名	流程走向	前段流程及触发事件	后段流程及触发事件
	职责项	子项				
	取自部门职责文件或梳理成果	对职责项进行拆分	1. 如果公司已经有制度，则直接取制度中的流程名；如果没有形成文件，则根据流程内容重新命名 2. 采用动宾词组	1. 描述履行该项职责的操作步骤 2. 以岗位来划分活动，一个岗位操作的活动不需拆分；多个岗位操作的活动，需要按岗位拆分 3. 表述方式：活动1（岗位）—活动2（岗位）	1. 前段流程是通过触发事件触发本段流程启动的那个流程 2. 触发事件描述方式：是一种状态，如发票已开出	1. 后段流程是本段流程结束后触发启动的下个流程 2. 触发事件描述方式：是一种状态，如发票已开出

公司现状流程清单表格如表2-3所示。

表 2-3 公司现状流程清单

序号	类别	流程名	流程走向	前段流程	后段流程	现状问题
	可先参照APQC进行初始一级流程分类	/	/	/	/	四类常见问题： 1. 缺失问题：需要但有缺失的业务流程 2. 接口问题：空白、重复、矛盾、接口不清晰 3. 模式问题：明确模式提升的方向，比如从分散到集中，从低级到高级 4. 组织匹配问题：职责、能力、绩效匹配存在问题

2. 公司战略解读

战略解读方法：阅读公司战略规划报告。如果公司没有成形的战略规划报告，则通过与高层访谈或召开战略专题研讨会来完成。

战略解读内容：

- 公司的业务组合战略，重点关注公司未来是否会增加新的业务，新的业务往往会触发新的流程架构建设需求。
- 各业务板块业务战略，重点关注业务设计的变化令商业模式与业务模式、战略控制点产生了哪些变化。
- 公司的战略关键任务中关于流程变革的部分。

3. 流程总览图规划

流程总览图规划建议由外部咨询顾问提供一个建议稿，这样做有两个好处：一是外部顾问见多识广，能够提供合适的标杆架构作参考，能够设计出更适合的架构；二是外部顾问对于 0 级架构的理解更到位，更容易与公司高层沟通，引导并说服大家形成一个相对合理的规划。

流程总览图规划首先要选择架构模式：POS（计划/业务/支撑）还是OES（业务/使能/支撑）。个人建议，对于组织流程管理成熟度还不高的情况下，选择 POS 模式更适合。相反，当流程管理成熟度较高时，OES 更适合。

流程总览图规划逻辑：基于公司战略解读，分析未来公司的业务组合，商业模式及研、产、销、服业务模式，集团管控模式，结合外部对标分析进行设计。流程总览图设计要考虑是否有适合的一级流程所有者承接，同时要适当平衡高管团队的工作，尽量保证关键的高管团队都至少承担一条 L1 流程所有者的职责。通常需要定义每一个一级流程的目的与 KPI，为后续下一步规划提供明确的价值导向。

外部顾问完成流程总览图初稿设计后，与内部流程规划团队进行交流达成共识后，再提交公司流程领导组进行评审确定。

流程总览图示例如图 2-3 所示。

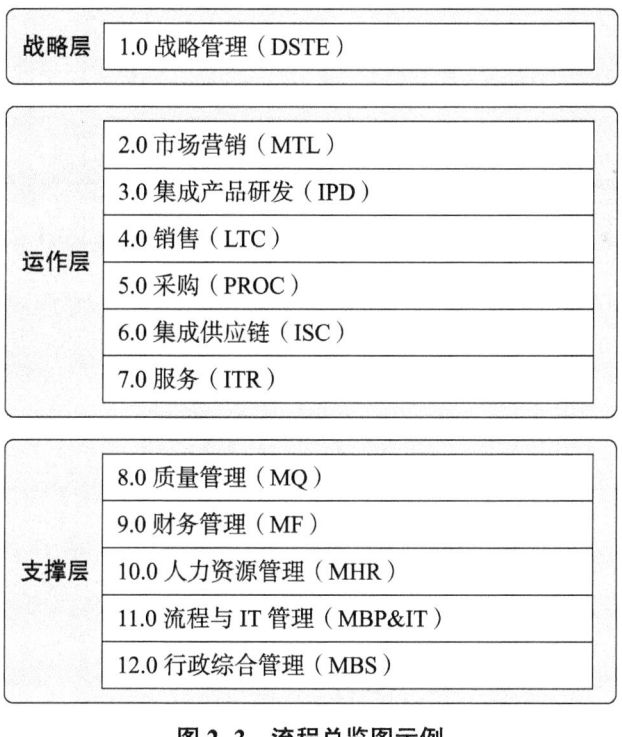

战略层　1.0 战略管理（DSTE）

运作层
2.0 市场营销（MTL）
3.0 集成产品研发（IPD）
4.0 销售（LTC）
5.0 采购（PROC）
6.0 集成供应链（ISC）
7.0 服务（ITR）

支撑层
8.0 质量管理（MQ）
9.0 财务管理（MF）
10.0 人力资源管理（MHR）
11.0 流程与 IT 管理（MBP&IT）
12.0 行政综合管理（MBS）

图 2-3　流程总览图示例

公司 0 级流程视图示例如图 2-4 所示。

图 2-4 公司 0 级流程视图示例

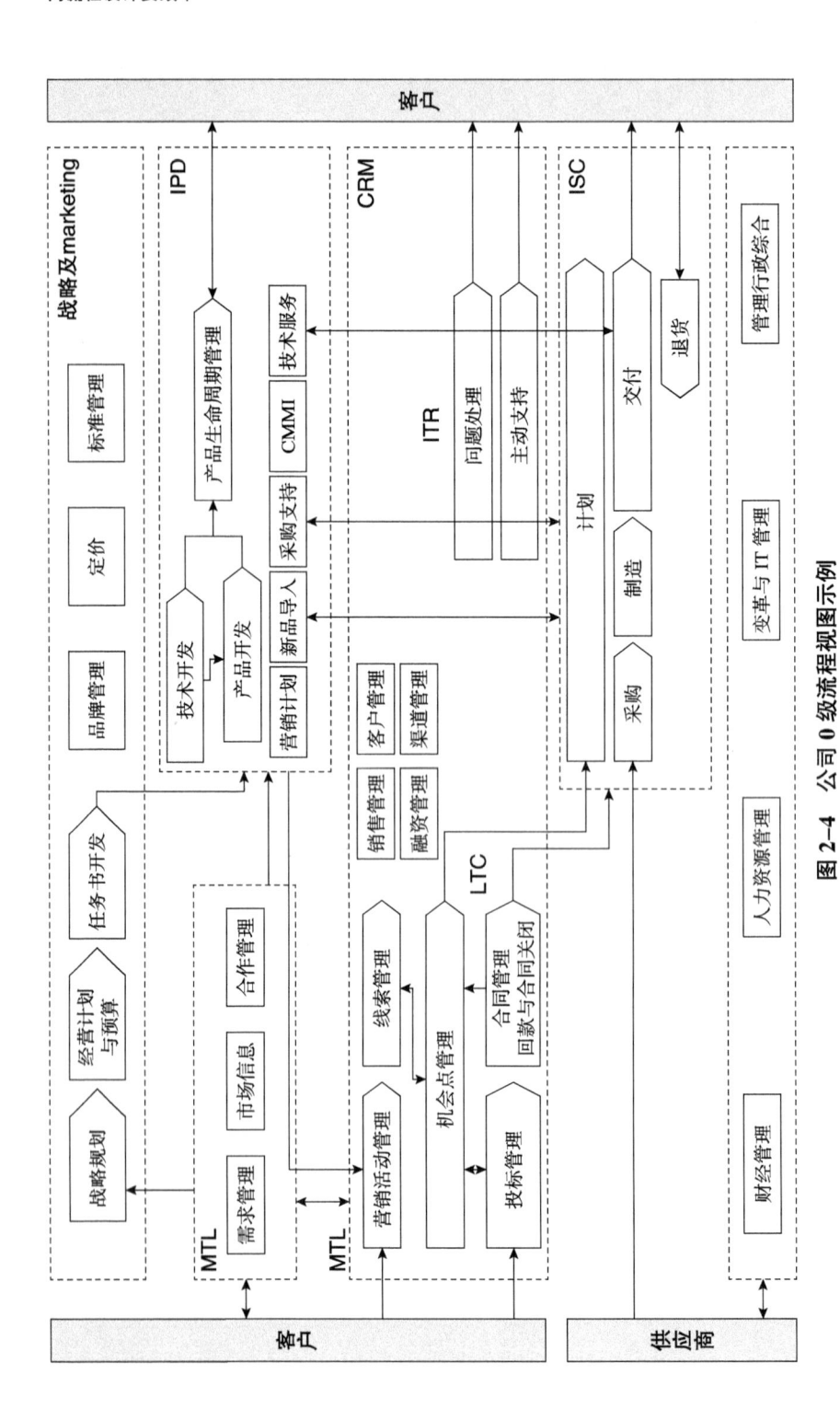

各 L1 流程目的与 KPI 定义示例如表 2-4 所示。

表 2-4　各 L1 流程目的与 KPI 定义示例

类别	名称	目的/价值	KPI
战略	战略	方向准、解码到位、执行强	机会差距额、战略目标达成率等
业务	营销	洞察深、品牌强、线索多、策略准	洞察质量、品牌力、合格线索数量等
业务	研发	市场成功、财务成功	新产品市场份额/收入/毛利、贡献利润、竞争力、上市速度等
业务	销售	赢单、盈利、现金流、客户满意	收入、销售毛利、应收周转天数、客户满意度、战略业务收入等
业务	供应	快速、正确、及时、低成本	订单交期、准交率、质量、库存周转、成本、人效等
业务	采购	快速、正确、及时、低成本	采购周期、准交率、质量、采购总成本、柔性等
管理	财务	业绩可控、风险可控、资金效率高	预算达成率、内控成熟度、财务费用率、现金周转天数、汇兑损益等
管理	人力	人数高、人才密度高、士气高、薪酬高	人效、人才准备度、团队士气、人均薪酬等
管理	流程 IT	成熟度高、迭代快、执行力强、效率高	流程遵从度、流程成熟度、核心业务流程绩效、IT 覆盖率、IT 少人化贡献、数据质量等
管理	质量	质量优、成本低、竞争力强	市场质量、一次优率、质量成本、质量竞争力评价等
管理	综合	员工满意、有竞争力的效率	人均服务人数、员工满意度等

4. 任命 L1 流程所有者

由企业内部流程管理团队来确定各 L1 流程所有者人选，从影响力、专业力、驱动力三方面找到最合适的人选。最好通过盖章文件进行正式的任命，让大家感觉到正式组织的重视度与仪式感。在任命文件中要明确他的业务 KPI、管理 KPI 及年度流程重点工作，否则任命就很空洞了。当然这些要求需要做精心的策划，保证既有挑战又有可实现性。

流程所有者任命模板如表 2-5 所示。

表 2-5　流程所有者任命模板

序号	一级流程	所有者岗位	所有者姓名	KPI	年度重点工作	备注

5. L1 流程规划

推动各一级流程所有者完成流程架构的规划，输出流程架构图、流程清单、流程职能矩阵。

一般来说，架构规划是一项稀缺的能力，绝大多数企业高管团队是不具备的，除非他在过往公司有过流程架构规划经验。所以，首次规划的时候不要追求完美，不要囿于技术细节，最有效、最快速的方法是在咨询顾问的指导下对标借鉴。

首先，由咨询公司对每个业务领域流程标准架构进行深入讲解，将业务模式、组织模式及关键的 L3 流程的运作逻辑讲解清楚，让大家理解标杆架构设计的逻辑与内涵。只有充分理解了标杆，才具备借鉴导入的能力。对于标杆架构有疑问的地方，通过顾问指导及时解决。

其次，由一级流程所有者参照标杆架构进行对应一级流程架构的规划。通常一级流程所有者会安排部门流程规划工作接口人先做一个初稿，他再做修改。一级流程规划的方法如表 2-6 所示。

表 2-6　一级流程规划的方法

序号	方法	操作说明	备注
1	POS	P（plan）：关注全局性、长远性、基本性，面向整体，如战略/策略、规划/计划、预算、政策、制度等 O（operation）：提供的业务行动可促进企业的价值实现，它强调保证员工的负荷和生产效率 S（support）：监控业绩、管理例外情况并发挥着看管资产和信息的作用，为运作类流程提供资源/服务等支持	适用于各类 1 级流程总体框架的搭建

续表

序号	方法	操作说明	备注
2	PDCA	按P（立项/目标/方案/计划）、D（赋能与执行）、C（检查与评估）、A（分析与改进）逻辑进行结构化展开	适用于管理类流程
3	生命周期	按建立、成长、成熟、衰退、废止生命周期来对流程进行结构化展开	适用于各类流程
4	对象转换	按流程作业对象的转换对流程进行结构化展开	适用于业务流程
5	专业分类	按专业相似度，对流程进行归类整理，然后结构化展开	适用于管理类流程，尤其适用于行政综合类

按交付物来看，先输出一级流程键盘图，再识别各L3流程的业务场景，从流程分类与分级两个维度对L3流程进行细化至L4甚至是L5，再输出一级流程清单，最后输出流程职能矩阵表。相关模板与表格如下：

➢ 流程键盘图

L1：A 流程			
L2：A-1 流程	L2：A-2 流程	L2：A-3 流程	L2：A-i 流程
L3：A-1.1 流程	L3：A-2.1 流程	L3：A-3.1 流程	L3：A-i.1 流程
L3：A-1.2 流程	L3：A-2.2 流程	L3：A-3.2 流程	L3：A-i.2 流程
L3：A-1.3 流程	L3：A-2.3 流程	L3：A-3.3 流程	L3：A-i.3 流程
L3：A-1.i 流程	L3：A-2.i 流程	L3：A-3.i 流程	L3：A-i.i 流程

图 2-5　流程键盘图

➢ 流程视图

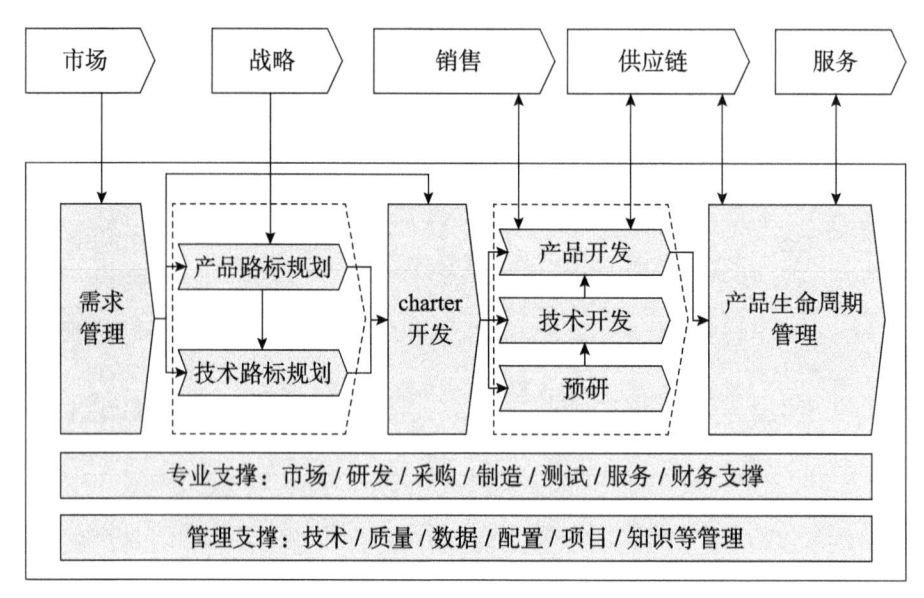

图 2-6 流程视图

➢ 流程清单

表 2-7 流程清单

序号	一级流程	二级流程	三级流程	四级流程	责任部门	流程PO	流程控制员	是否关键流程

➢ 流程职能矩阵表

表 2-8 流程职能矩阵表

职能角色说明：A（归口管理）；R（主导执行）；S（参与）

1级	2级	3级	4级	部门1	部门2	…	部门n
×××	×××	×××	×××	A	R		S
			×××				
		×××	/				
		×××	/				

续表

1级	2级	3级	4级	部门1	部门2	…	部门n
×××	×××						

重点关注情形：
1. 部门没有 A，没有 R，或 A/R 角色过少；
2. 部门 S 角色过多；
3. 流程没有 A，没有 R；
4. 流程 S 角色过多。

6. 任命 L2~L4 流程所有者及流程控制员

由 L1 流程所有者负责 L2~4 流程所有者及流程控制员的任命。流程控制员原则上选取该业务领域的业务专家，同时他在管理方面有较高的潜力与意愿。

7. 制订流程建设计划

由 L1 流程所有者组织完成本业务领域流程建设计划的编制，建议花 1~3 年的时间完成全部需要文件化流程的建设。

流程梳理是针对末级流程的，流程建设计划有三个关键点：

- 确定责任人：流程所有者（承担管理职责）及流程助手（通常是对该业务有丰富经验的业务专家，承担执行职责）。

- 建设批次：不建议一次完成，可以分 2~3 批次进行。第一批数量少一些，确保投入充分，质量到位；第二批数量适当放大，第三批数量最大。

- 完成时间：通常一个批次在 4~5 个月完成，其中包括流程上线推行的时间。在完成上一批流程设计后，立即进行总结，针对成功经验与存在问题将流程设计方法论进行优化后，再开展下一批次流程建设。

表 2-9 流程建设计划

序号	L1 流程	L1 流程所有者	流程控制员	末级流程	是否关键流程	末级流程所有者	梳理助手	梳理批次（1/2/3）	计划完成时间

（三）调整组织

基于流程架构同步调整组织架构，让组织更好地匹配流程，更好地支撑流程高效运作。组织架构匹配流程架构方法如下：

- 根据一级流程同步调整一级组织架构：

➢ 实体组织：参照标杆企业做法，将一级组织按 L1 流程进行集成，形成职能占主导地位的部门，以承担对 L1 流程绩效的端到端管理责任。

➢ 委员会组织：通过专题委员会，在决策、资源管理层形成跨部门集成。

➢ 矩阵式组织：项目管理组织或跨职能团队，建立支撑项目组织高效运作的组织与机制。

- 调整职能职责：

➢ 职能集成：调整部门之间的职能，让部门更好地承接流程责任。

➢ 岗位集成：将全流程多个活动集中在一个岗位处理，设置综合协调员或一条龙服务岗位。

组织调整建议请外部咨询顾问一起参与，参照外部标杆组织架构提出初步建议，与企业内部流程规划小组共同讨论后确定组织架构调整建议稿，提交公司流程领导组评审与决策。

（四）调整 KPI

调整组织架构的同时，将流程 KPI 进行分解并落实到关键部门的组织 KPI 中，实现组织考核导向与流程 KPI 导向的拉通。

流程 KPI 一定要落实到组织 KPI 中，后续进一步分解到关键岗位 KPI，让组织围绕流程成功的 KPI 而协同奋斗。如果流程 KPI 不关联相关组织/岗位的考核，流程的责任还是悬空的。操作模板如表 2-10 所示。

表 2-10 流程 KPI 落实到组织 KPI

流程 KPI			强相关部门				
L1 流程 KPI	L2 流程 KPI	L3 流程 KPI	部门 A	部门 B	部门 C	…
KPI I	KPI 1.1					
	KPI 1.2					
	KPI 1.3					
	…					
…	…	…	…	…	…	…

第三节　流程文件架构

一、文件的分类

在开展企业制度体系建设时，需要提前做好企业文件体系架构规划，确保企业文件得到合理的分层、分类，彼此之间边界与接口清晰，并针对不同的文件类型采取对应的管理方式。

在确定企业内部管理术语与定义时，个人建议优先引用国际标准，如 ISO、APQC、SCOR 等，其次引用企业管理相关国家标准，或者标杆企业（如华为、美的、阿里巴巴等）的内部标准。如果以上都无法满足，最后才选择自己进行相关术语的定义。不去重复发明轮子，这样操作既省时又高效。

例如 ISO9000 对管理体系的定义：组织建立方针和目标，以及实现这些目标的过程的相互关联或相互作用的一组要素；对文件的定义为：信息及其载体，例如记录、规范、程序文件、图样、报告、标准；对规范的定义为：阐明要求的文件；对质量手册的定义为：组织的质量管理体系的规范；对记录的定义为：阐明所取得结果或提供所完成活动的证据的文件。

这些定义准确、简洁又通用。

通常来说，会将企业文件按稳定性高低及时效性长短分成两大类。一类是稳定性相对高，时效性相对长的体系文件；另一类是稳定性相对低，时效性相对短的公文。

体系文件定义为：规定组织业务运作流程和规范的文件，这些文件用于界定各领域中共同的、程序性的和重复使用的规则，对相关活动事项规定操作流程、工作要求和职责权限，具有相对的稳定性与较长的时效性。

根据关注点不同又可以将体系文件分为：流程类文件与制度类文件。流程类文件经常被称为流程，包括流程说明文件、操作指导书、表格/模板、清单等。制度类文件包括制度、管理规范、管理细则等。

流程类文件是关注业务过程比较具体的事物，用章义伍老师的话说，流程是导航仪。流程类文件更多的是定义流程具体的活动，关注输入、输出、谁来做、如何做，确保产出的一致性，不受操作人员的态度、能力、知识差异的影响。

制度类文件关注的是相对虚的内容，章义伍老师称之为摄像头。制度类文件是用来约束行为的，关注的是行为规则，能做什么，不能做什么，关注结果的评价与考核。

流程类文件与制度类文件的对比分析如表 2-11 所示。

表 2-11　流程类文件与制度类文件的对比分析

项目	流程类文件	制度类文件
关注点	流程六要素：输入、活动、活动关系、输出、价值、客户	行为、规则
出发点	关注业务活动的程序、方法与工具，把事做好	关注结果的评价与考核，把人管好
目标	确保产出的一致性、有效性	对结果的处理，规范人的行为
特征	前导性、全局性、明确，但不太灵活	滞后的、局部的、例外处理
管理模式	流程管理导向：积极管理模式，将管理精力花在流程设计与优化上	制度管理导向：消极管理模式，将管理精力花在奖惩方案上
价值	规范业务过程，沉淀组织专业能力，提升组织绩效	确保执行结果，但过程可能失控
关系	是制度类文件的基础	是流程类文件执行的保障

第二章
站在全局看流程设计

制度管理是企业发展初期采取的一种相对粗放的管理模式，内容大而全，有流程、制度条款、标准、表格模板等，但逻辑不够清晰，往往只有编制的人自己才看得懂，需要做制度解释。

随着企业发展与规模壮大，文件管理越来越精细化，制度类文件、流程类文件、标准类文件各自独立出来，完成各自的使命，在各自领域做到专业化。

随着管理体系与机制的健全与成熟，制度类文件趋于少而精，流程类文件、标准类文件则越精细、越完善越好，代表了流程能力的强大。

公文定义为：组织内部使用的处理公务的文件，包括通知、通告、通报、任命、决定和阶段性规定、会议纪要等，公文具有时效性短、强制性、正式性的特点。

根据《党政机关公文处理工作条例》，公文种类主要有：

◆ 决议。适用于会议讨论通过的重大决策事项。

◆ 决定。适用于对重要事项作出决策和部署、奖惩有关单位和人员、变更或者撤销下级机关不适当的决定事项。

◆ 命令（令）。适用于公布行政法规和规章、宣布施行重大强制性措施、批准授予和晋升衔级、嘉奖有关单位和人员。

◆ 公报。适用于公布重要决定或者重大事项。

◆ 公告。适用于向国内外宣布重要事项或者法定事项。

◆ 通告。适用于在一定范围内公布应当遵守或者周知的事项。

◆ 意见。适用于对重要问题提出见解和处理办法。

◆ 通知。适用于发布、传达要求下级机关执行和有关单位周知或者执行的事项，批转、转发公文。

◆ 通报。适用于表彰先进、批评错误、传达重要精神和告知重要情况。

◆ 报告。适用于向上级机关汇报工作、反映情况，回复上级机关的询问。

◆ 请示。适用于向上级机关请求指示、批准。

◆ 批复。适用于答复下级机关请示事项。

◆ 议案。适用于各级人民政府按照法律程序向同级人民代表大会或者人民代表大会常务委员会提请审议事项。

◆ 函。适用于不相隶属机关之间商洽工作、询问和答复问题、请求批准和答复审批事项。

◆ 纪要。适用于记载会议主要情况和议定事项。

企业可根据实际情况选择内部公文的种类，并定义其内容。

二、体系文件架构

（一）ISO9000 中的体系文件架构

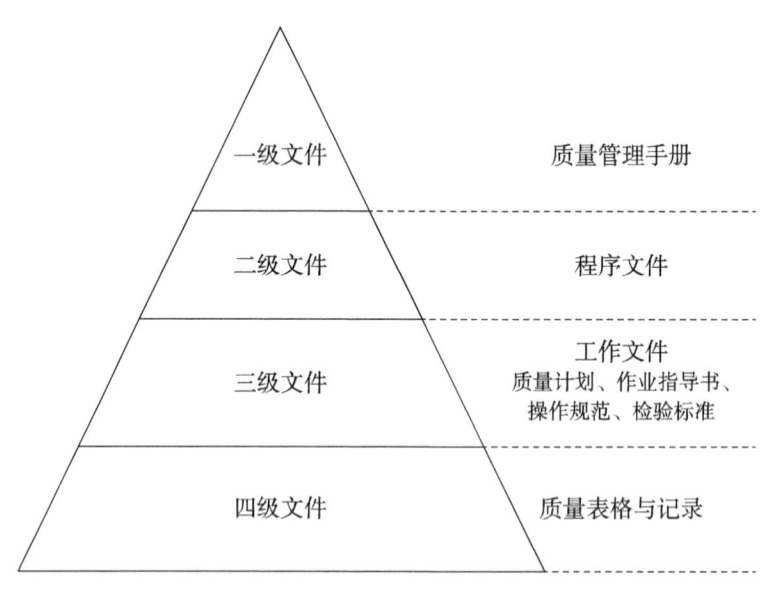

金字塔结构：
- 一级文件 —— 质量管理手册
- 二级文件 —— 程序文件
- 三级文件 —— 工作文件：质量计划、作业指导书、操作规范、检验标准
- 四级文件 —— 质量表格与记录

图 2-7　ISO9000 中的体系文件架构

（1）一级文件

名称：质量管理手册，是公司质量管理体系的纲领性文件，表明意向及达到此目的的策略与方法，以达到"沟通意图，统一行动，有助于满足顾客要求和持续质量改进"的目的。

内容：按方针目标和适用的标准综合描述组织管理体系的总体要求。

（2）二级文件

名称：程序文件，是描述部门或部门间的流程，是部门间质量过程的规范，详细描述手册所要求的工作执行的流程和要求。

内容：描述管理体系要素或过程。

（3）三级文件

名称：工作文件，描述子流程，是二级文件的支撑文件，包括质量计划、作业指导书、操作规范、检验标准，是部门间的具体质量活动、操作标准和要求。

内容：描述技术性操作方法细节。

（4）四级文件

名称：质量表格与记录。

内容：记录质量活动运行的结果，证明已按文件执行工作的证据。

借鉴ISO9000标准，结合企业实践，我们搭建的体系文件架构，如图2-8所示。

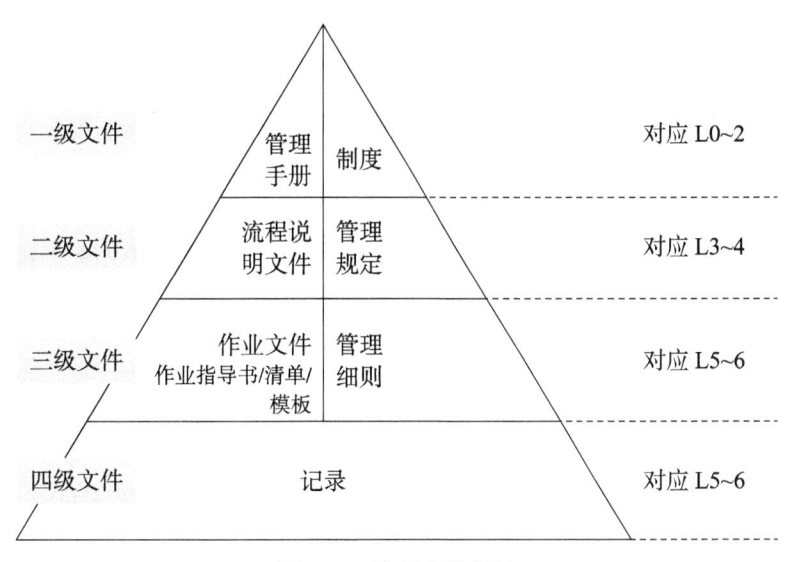

图 2-8 体系文件架构

注：不论是流程类文件，还是制度类文件都要长在流程架构上，有清晰的边界，确保不重复、不交叉、不矛盾，做到责任明确。

1. 一级文件

管理手册：表明意向及达到此目的的策略与方法，内容包括方针、目标、管理原则、组织架构与部门职责分工、流程架构及各流程总体管理要求等。这类文件有：流程管理手册、质量手册、供应商管理手册、IPD管理手册等。

制度：主要是保障公司各项运营管理活动有效开展的制度文件，一般是按业务领域进行设计，比如财务管理制度、人力资源管理制度、项目管理制度。通常，企业的制度是少而精的，对业务提出总体的原则、规定与要求。对于中小企业而言，由于规模相对小，业务复杂度不高，制度管理是企业的重点，通过一些关键的制度，把组织及员工的基本行为规范建立起来，将关键的风险控制住，为企业高效运营提供基础的保障。

比如建立会议管理制度，以会议地图的方式，可以将公司层级、部门层级的例会形成节拍化运作，对会前准备、会议讨论、会后跟进相关的工作进行规定，可以保证会议的效率与效果。

为了便于读者理解，将我认为写得比较好的一份财务管理制度部分内容展示如下：

×××公司财务管理制度

第一章　总则

（一）为加强公司的财务管理，规范公司的财务行为，提高公司的综合竞争力，依照国家相关政策、法规，结合本公司的实际情况，制定本制度。

（二）公司财务管理的基本任务是做好各项财务收支的计划、控制、核算、分析和考核工作；合理筹集资金，积极参与经营投资决策，有效利用公司的各项资产，努力提高经济效益。

（三）公司财务管理的基本原则是建立健全企业内部财务管理制度，做好财务管理基础工作，如实反映企业的财务状况，依法计算和缴纳税金，保证投资者权益不受侵犯，保证企业利益不受损失。

第二章　资金筹集管理

（一）本公司筹集的资本金为各股东投入的资本金。

资本金是指企业在工商行政管理部门登记的注册资本。

资本金在生产经营期间，投资者除依法转让外，不得以任何方式抽走。如需要增资，应经公司董事会研究决定，依照法定程序报经工商行政管理部门办理注册资本变更登记手续。

（二）本公司的所有者权益除实收资本外，还包括资本公积、盈余公积和未分配利润。其中，资本公积和盈余公积经公司董事会研究决定，可以按照规定程序转增资本金。

（三）本公司和所属企业通过负债方式筹集的资金，分为流动负债和长期负债。

（1）流动负债，包括短期借款、应付及预收账款、应付票据、其他应付款等。其中，应付及预收账款、应付票据等负债，应由销售或营业部门负责，财务部门积极配合。短期借款及其他负债则由财务部门负责筹措其发生和偿还，各部门自行筹措的短期经营性借款，除总经理批准的以外，财务部门不负责偿还。

（2）长期负债，包括长期借款、应付债券、长期应付款等，均由总经理授权，由财务部门负责筹措其发生和偿还。

财务部门在筹措短期借款、长期借款等负债时，应考虑是否有利于生产经营或投资项目及财务风险等情况。

第三章　货币资金管理

第四章　对外投资管理

第五章　销货与货款管理

第六章　商品采购与付款管理

第七章　商品采购成本与费用管理

第八章　存货与仓库管理

第九章　工薪与人事管理

第十章　收入、利润及其分配管理

第十一章　固定资产管理

第十二章　分析和考核管理

第十三条　附则

制度是纲领性文件，明确了基础的规则，明确了部门职责及总体的管理要求，但不涉及具体如何执行的内容，通常会成为流程文件、管理规定编制的依据。制度编写的逻辑缺乏统一的标准，结构化程度低，不同公司的差异较大，对编写人的要求极高。

2. 二级文件

流程说明文件：以流程图为主线展开描述 L3/4 流程运行过程和要求的

文件，以确保流程结果的一致性。适用于重复发生的，跨3个（含）以上岗位，且有一定成熟度的业务，以描述程序为主，业务规则与要求为辅。

管理规定：主要是针对公司具体职能或业务分类制定的制度文件，如战略规划定期评估、长期股权投资、人员招聘管理等。适用于成熟度相对低，发生频率较小，或3个岗位以下的业务，以描述规则与要求为主，程序为辅。

3. 三级文件

作业文件：针对L4（活动）、L5（任务）制定的作业层文件，是对流程文件的支撑，重点定义活动操作方法、规则等，包括作业指导书、模板、清单等。

通常作业文件是用于支撑的，不要求强制执行，往往用于对新员工的培训与指导，同时用于将内外部最佳实践进行沉淀与固化。

作业指导书侧重作业方法的描述，指导员工一步一步地完成对应的活动，为操作者正确完成工作提供帮助。一个好的作业指导书要做到：

- 沉淀了最佳实践，能够被操作者信任与依赖。
- 易于阅读与理解，最好是做到"傻瓜化"，一看就会。
- 作业指导书要与培训教材保持一致。

模板是我们工作输出的要求，也应是我们的思考逻辑，模板有利于指导员工快速地完成工作的输出。任正非在《华为的冬天》一文中指出："一个新员工，看懂模板，会按模板来做，就已经国际化、职业化，现在的文化程度，三个月就掌握了。而这个模板是前人摸索几十年才摸索出来的，你不必再去摸索。各流程管理部门、合理化管理部门，要善于引导各类已经优化的、已经证实行之有效的工作模板化。清晰流程，重复运行的流程，工作一定要模板化。一项工作达到同样绩效，少用工，又少用时间，这才说明管理进步了。我们认为，抓住主要的模板建设，又使相关的模板的流程连接起来，才会使IT成为现实。在这个问题上，我们要加强建设。"

清单管理是将重要的事情收集、整理、排序，逐个执行或检查，最终达成目标的方法。《清单革命》一书，将清单按照使用情境分为三大类：执行清单（重点在于按流程操作）、检查清单（重点在于核对关键点）、沟通清单（重点是应对不确定性）。

一份好的清单要遵循三个原则：

- 简洁：清单所列内容是非常重要却又容易被忽略的内容，不宜超过7项，减少不重要信息对工作记忆的挤占。
- 简单：每一条用语都需准确、精炼，不宜超过1分钟，减少额外信息对清单执行的干扰。清单排版要干净、统一、整齐，如有必要突出关键字，便于操作时快速找到重要信息。
- 进化：不是列了清单就万事大吉了，清单的每个要点都要在实际操作中接受现实的考验。如果有新问题出现，需要对清单进行更新，同时多问问自己：这件事情还能不能做到更好？

管理细则：主要是对具体业务环节进行规范、细化的操作规则、实施细则等，例如校园招聘操作细则。管理细则是需要遵守的，不可以绕过，所以管理细则要考虑执行的可行性，做到简单实用。

4. 四级文件

记录：用于记录流程活动运行的结果，证明已按文件执行工作的证据，包括记录、报告、图纸、影像资料等。

三、体系文件与公文的协同

公文，听上去就很官方，它是职能管理的产物，代表了职能各级组织的意图与管理要求。相对于体系文件而言，公文在企业内有更强的效力与影响力，能够很快地沿着纵向职能条线自上而下贯彻执行下去，可以更好地得到执行保障（发文部门有很强的意愿去督促、检查与问题推动）。因此，通常企业会采用公文形式来强化新发布流程文件的推行，比如《关于实施〈合同评审流程〉的通知》。

公文的发文流程相对简单、灵活，时效性短，它非常适合一项尚不成熟的业务规则的出台与发布，因为一旦发现问题可以快速地修改。企业通常会将一些还没有成熟，还没有想清楚的流程或管理规则，以公文的形式先行发布，例如《关于××新业务销售过程管理的暂行规定》。或者是一个会议讨论决策了一些业务管理规则，通常以会议纪要的形式发布出去。

由于公文时效性相对较短，一年以上的公文很少有人会关注，也很难被找到，这类公文一旦成熟，如果不及时将其转化为体系文件，这些成熟的成功实践很有可能进入"下水道"，时间一长就会消失，组织能力就会出现退化。为此，企业通常会要求体系文件管理部门定期对公文进行清理，将成熟的涉及业务流程或规则的公文及时转化到对应的体系文件。

相信职业经历相对丰富的人都有这种体验：通过多次的会议讨论拿出了有效的对策，并最终解决问题，但这些成功经验散落在多个会议纪要及邮件里，由于没有归档，加上时间久了，把它们找出来非常困难。即便找出来了，还要花很长时间把当初完整的解决方案拼凑出来。如果业务主导者及时将会议纪要中的决议沉淀到相应的流程文件中，后续的同类业务的处理就可以流程化运作，变得容易了。

第三章
把握流程设计策略

第一节　流程都需要文件化吗

多年前，我去一家培训过的企业做交流，经过客户办公室无意间发现饮水机上贴了一份操作指引，做得比较精致。我的心头一紧，见到客户企业管理负责人时，我向他问起饮水机操作指引的事情。他很自豪地回复我说："老师，我们的行动力很强吧，上次参加完您的培训后，立马就付诸实践了。"

我问他："你打算将这份操作指引给谁看？"

他说："当然是给饮水机换水操作的人员。"

我又问："如果没有这份操作指引，员工会不会完成换水操作？"

他想了想说："应当会。"

我继续追问："你觉得这份操作指引价值大吗？有编制的必要吗？"

他恍然大悟地说："我懂了。"

文件化是管理的一种手段，不是目的，不能本末倒置。管理的本质是一项投资行为，管理是需要付出管理成本的，如果没有合适的投资回报，就是一桩亏本的生意，不值得投资。我记得质量管理大师戴明曾经给出关于质量检验投入的决策原则：

➢ 当质量检验成本远大于质量检验所规避的损失时，建议采取免检方式，因为这是一项绝对亏本的、愚蠢的行为，每开展一次质量检验就给公司带来了一笔不小的亏损。

➢ 当质量检验成本约等于质量检验所规避的损失时，建议采取抽检方式。因为抽检效果相比全检没有太大的下降，但却大幅降低了质量检验成本，从而使得原来投资收益为零的生意变得赚钱了，成为一项增值的活动。

➢ 当质量检验成本远小于质量检验所规避的损失时，建议采取全检的方式。因为你每检验一次，就给公司带来一笔可观的收益，是增值活动，当然多多益善。

编制文件，对流程进行文件化管理也一样，不是所有的流程都需要实施文件化管理，除非它能够给企业带来价值。

那么，企业如何判断是否需要编制流程文件呢？建议从以下几个维度考虑：

一、流程重要度

重要度高的流程要么对客户满意度与体验影响大，会影响客户的采购选择、重复购买及口碑传播；要么耗费的资源多，对公司的财务结果影响大；要么对公司未来的战略落地影响大。

原则上，重要度越高，文件化管理价值越大，重要度低的流程，管理者就需要警惕。

二、流程使用频率

流程是高频发生的，还是中频、低频的？有些流程是天天甚至是每个小时都要走，这类流程值得做管理投入，因为有批量规模支撑，可以分摊管理成本。

相反，一些周期长、频率低的流程根本不值得投入，等你将流程文件设计出来，一个周期还没有运行下来，可能流程文件又不适用了。比如一些项目型业务的公司，如果缺乏标准化产品与解决方案支撑，项目交付L4~5流程文件化管理的价值就不大。

三、流程的岗位跨度

岗位跨度即流程跨越了多少个岗位，跨岗位越多，流程协作难度就越大，流程文件化管理的价值就越大，因为在岗位交接的界面是最容易出问题的地方。流程的核心价值之一就是解决跨岗位业务流转的问题，尤其是流程还跨越了不同的部门，跨越部门层级越高，部门跨度越大，管理价值就越大。

相反，岗位跨度小，极端来说，比如一个岗位自己完成的事情，就不需要形成一份流程文件，如果这件事情的重要度高或容易出问题，最多是编制一些作业类知识文档，这类文档是用来做指引的，不是必须遵守的。

四、流程成熟度

一方面，成熟度高的业务是重复发生的，重复发生的业务才具备研究业务背后规律的基础；另一方面，成熟度高的业务是已经上下贯通了的，且有成功的案例，甚至业务运作背后有清晰的逻辑、规律及业务规则可遵循。

反之，如果业务不重复，甚至是企业内都还没有运行顺畅，没有成功的案例，还处于摸索中，没有内在规律可循，这时根本不具备开展流程设计的基础，流程文件化也就不具备条件。

明茨伯格在《卓有成效的组织》一书中说，根据业务的成熟度，将组织标准化分成三种类型：工作输出的标准化、工作流程的标准化、员工技能的标准化。

- 当工作的结果（如产品的尺寸或性能）确定时，可以进行输出的标准化。你不必告诉出租车司机如何开车或者从哪条路走，只要告诉他要去哪里，基于什么策略，是成本优先、速度优先，还是速度优先兼顾成本。如果能够通过输出标准化来实现工作目标时，你不需要做流程设计。

- 当工作内容明确或程序化时，工作流程可以实现标准化。比如合同评审流程，都需要按照：提交评审申请—审核—技术质量、交付服务、财务、商法专业评审—分级决策，这一套统一的、标准的流程进行；其中，还要制定一些工作标准来约束执行者的行为，例如对于一定金额以上的订单，采购代表必须进行3次或3次以上的投标竞价。过程标准化的场景下才具备做流程设计的前提条件。

- 如果从事这项工作所需的培训要求非常清楚，就可以对员工技能和知识进行标准化。有时，工作过程和工作输出都无法标准化，在这种情况下，如果还要求通过标准化进行协调，那么解决方法就只能是将操作者标准化。只要操作者具备一定的资质，比如接受了相应的培训，具备了相应的教育背景、掌握了相应的技能，技能的标准化就能间接地实现工作流程和工作输出标准所直接实现的目标。技能标准化的场景下，你根本不具备做流程设计的条件。

在 ISO9000 系列标准提出，体系文件的多少和详略程度取决于：

- 组织的类型和规模：组织类型复杂、规模大、层级多的组织文件通常较多。
- 过程的复杂性和相互作用：过程复杂、接口多的组织文件系统相对复杂。
- 产品的复杂性：产品形成过程复杂，所需文件通常多而详细。
- 顾客要求：顾客要求严格与否，对文件的多少有影响。
- 法律法规要求：法律法规要求的严格程度，影响文件的多少和详略程度。
- 人员能力：人员能力和培训得充分与否，对文件详略程度要求不同。
- 所需的证实程度：证实程度越深，文件越需多且详细。

流程是否需要文件化管理，要结合企业的实际情况（企业所处的阶段、企业所处的行业、企业的规模、企业的管理基础等）做差异化的考量，因地制宜，不能够采取一刀切的模式。

为了便于读者理解，下面分享我们为某企业做流程管理咨询时的流程建设计划部分内容，如表 3-1 所示。

表 3-1　流程建设计划

一级流程	二级流程	三级流程	四级流程	五级流程	流程重要度	流程使用率（=频率×人数）	流程设计策略
/	/	/	/	/	（分为高、中、低三个级别）	（分为高、中、低三个级别）	（分为无需流程、常规流程、精细流程）

对于重要度与使用率双低的业务，采取无需流程的方式，即不做流程设计。对于流程重要度高、使用率高的业务，采取精细流程方式，即流程设计要力求精细化，将"怎样做"说清楚，精细化主要表现在两方面：一是规则精细化；二是关键活动作业文档精细化。其他的业务则采取常规流程方式，做一般的流程设计，将流程跨岗位之间的工作界面定义清晰即可。

以上表格更多的是提供一个思维的框架，实际操作时，可以根据大家评审的意见进行相应的调整。

第二节　流程设计越精细越好吗

当我们在谈论流程设计精细度的时候，一定要注意，精细化流程设计不等于流程设计复杂化。不论流程设计精细度高还是低，简单化都是流程设计要遵循的第一原则。

《简单的力量：穿越复杂正确做事的管理指南》用简单的言语讲述了简单的伟大之处，概括起来就是：大道至简。当人们真正掌握了客观事物本质的基本原理、规律、方法后，许多事做起来就简单多了。企业行为简单化，从根本上说是市场竞争的需要，因为在很多情况下竞争速度决定着企业的竞争力。一个程序繁杂、行动迟缓的企业很难表现出快速反应的敏锐度。而追求简单就是打造企业的竞争力。

流程管理也是如此，需要简化。只有简化的、易于理解与操作的流程设计，才能让所有员工都熟悉、理解并执行，才能最大限度地激发员工的积极性和主动性，实现更好的业务绩效。

流程设计简单化最重要的是活动简单，将不增值活动最大化去除，让每一个流程与活动都直奔主题，指向价值创造。当然，简单也包括规则的简化，作业方法、模板与表单的简化。如何做到简单有效，这正是本书要解决的核心内容之一。

流程设计是粗略一点好，还是精细一点好？精细到怎样的程度是合适的？

流程设计遵循两个大的原则：

一、投资回报原则

写文件是需要付出管理成本的；文件写出来之后管理成本更大，你需要付出巨大的推行成本及运营成本。通常来说，流程文件以及管理制度是必须被执行的，是属于管控属性的，写出来就要对它负责，就要保证它被执行，且能够进行闭环管理，验证执行后是否有效，如果没有效果，需要进行相应的优化，直到满足流程目标要求。

曾经一位好友跳槽去一家公司负责战略运营，直接向公司老板汇报。我很关注这些直接向老板汇报的"空降兵"的表现。在他入职快一个月的时候，我打电话询问他的情况。他痛不欲生地告诉我："老板的要求太高了，工作任务一个接着一个安排过来，远远超出了我的资源与能力。"他非常焦虑，甚至有些绝望。我非常同情他的遭遇，并感同身受地作了回应，建议他坚持住，要适当管理好老板的预期。

一个月后，我们又见面了，我发现他的精神状态非常好，整个人容光焕发，之前的焦虑一扫而空。于是，我很好奇地问他是如何走出之前的困局的，很想向他取取经。他笑着和我说："我发现了老板的一个秘密：他只会安排工作，从来不检查工作。掌握他的这个风格就好办了，很多事情一定要先答应下来，容易被检查的事，一定要想方法设法地完成；不容易被检查的先放一放，同时，想好万一老板想起时如何回应。按这种策略处理，我自然游刃有余，我专注按自己的思路，把重要的事情有条不紊地推进，如果成效好的话，我的绩效评价自然不会低。"

当你出台流程制度时，要提前想好，你准备如何运营它们：有人检查吗？有人评价吗？如何检查？如何评价？有人对问题进行追踪管理吗？有人对成功经验进行总结吗？有人对失败教训进行复盘吗？有人对流程优化需求进行收集并开展流程优化吗？有人对流程成熟度进行评价吗？有人将流程与标杆进行对比吗？而这些活动需要投入管理资源，需要花费管理成本。

比如推行 IPD 流程，企业必须投入专职的 PQA（质量代表），由他们来引导流程、监督流程、检查流程、评价流程等，来确保产品开发过程按照 IPD 流程及相关管理规则来执行。如果没有投入 PQA 资源，则 IPD 流程建设得再好，也不会自动运行，也不会有实在的收益。

二、最佳实践固化原则

另一类文件，比如模板、手册、案例、培训教材、FAQ 等，我称之为知识文档。知识文档原则上越多越好，就好比一所大学、一座城市的图书馆的藏书越多越好，它对于学生或市民是幸福的资源，而不是烦恼。知识文档也是如此，没有人会拒绝，也没有人会对它们感觉有压力。

如果你是业务高手，大多数情况下，你可以不用看它们，因为你大多已经掌握了，但也不排除遇到复杂的场景，想不起来该怎么操作时，或者你遇到了新的问题/场景时，也许会打开它们来寻求帮助。

如果你不是业务高手，或者你是一个业务小白，我相信你一定很喜欢它们，因为它们就是"葵花宝典"，只要你愿意去学习，假以时日，你就会成为武林高手。

我 2010 年入职华为，当时已经在一家外企做到流程管理总监的位置。面试的时候，华为公司人力资源人员告诉我："我们给不了你以前那么高的薪水。"我回答："没关系，华为是中国管理的标杆，能够来华为工作本身就是一笔不小的财富。"

完成手头工作之余，我在华为公司最爱做的两件事是：1.看任总的讲话稿，正常我都会看三遍以上，从中领略任总的思维方式，期待能够学习到中国最好的企业家之一是如何思维、如何表达的。2.登录 W3（办公软件）系统，看流程文件，看相关的知识文档。在华为公司流程文件是内部公开的，我可以查阅任何一个业务领域的流程文件与管理规定。

通过大量的阅读，我能够明显地感受到自己的业务理解力在快速地提升。在华为公司工作一段时间后，我曾经发出过这样的感叹：在华为公司工作，如果你不能成为一名专家（当然是你工作领域的专家，有可能是领域相对窄的专家），只有两种情况可以解释，一是你太笨；二是你太懒。否则，你除了做专家，无路可走。

最佳实践经验的固化是不受精细度限制的，越精细越好，越全面越好。如果真能够全面地建设起来，并持续地迭代，专业能力就会得到大幅的提升，可以大幅降低对人的依赖，也可以形成专业能力的快速积累与迭代。

在华为公司，经常会提作业五件套：作业指导书、模板/表单、检查表/清单、FAQ（常见问题解答）、典型案例。

我在某集团公司下属创业业务子公司工作时，有一个明显的感觉：相比创业子公司，集团公司用更低的薪水，在更偏的地理位置，更容易招到优秀的人才。原因在于集团公司有大量的知识文档沉淀，一个毕业生在集团公司研发部门工作2~3年就能快速地成长为行业研发熟手，成为猎头追逐的对象，薪水可以快速翻几倍。而在创业子公司，由于知识文档几乎为零，工作中到处是困难与挑战，需要用大量的时间与痛苦的经历去实践，还有可能花了大量的时间得到一个失败的结果，成长的代价太高。

我在想，这就是知识文档的力量，看似较虚，不显性，但力量巨大。

当然，最佳实践中有一部分成熟度很高，不论谁来操作，大多数场景下，这个实践都是最佳的，都能带来最佳结果。此时，我们需要将其转化成为标准/规则，作为流程执行中必须遵守的要求。

此时仍需把握颗粒度，通常的原则是：这个标准重要度高，换句话说，如果不执行，带来的后果比较重。同时，这个标准如果不定义，不被管理，实际操作很容易出问题。最后还要关注标准检查的成本，如果发现检查成本过高，标准化管理也不可行。

选择必须遵守的流程文件，还是提供参考的知识文档，主要考虑三个因素：

（一）业务成熟度

业务成熟度越高，越适合流程化、制度化。反之，要把握流程设计的精细度，更多地通过知识管理与人员能力管理来解决。

成熟度最高的业务，是能够实现过程标准化的，过程的活动、活动的参数都能够标准化。比如麦当劳通过标准化进行管理的案例：

输入的标准化：牛肉，83%的肩肉+17%的上等五花肉精制而成，脂肪含量在16%~19%；

过程的标准化：在库时间<40天；上架时间<2小时；原料存储温度为12.2℃~23.3℃；面包厚度17厘米；顾客排队时间在2分钟内；上食品时

间在 1 分钟内；服务员向客户问候的时间在 32 秒内等；

输出的标准化：薯条保存期 7 分钟等。

由于将标准化做到了极致，麦当劳在 90% 的员工为临时工的情况下，能够向客户提供质量稳定一致的产品与服务，成为世界上最伟大的快餐企业之一。

成熟度高的业务适合流程化、规则化，进而自动化，可以大幅将人手解放出来，显著提升运营效率的同时，大幅改善运营质量。我在 IT 分销企业从事流程管理工作时就有过类似的实践，通过自动开票、自动对账、自动核销、自动审单、自动出仓等一系列自动化工作，大幅减少了相关人员的数量，同时将流程处理的时间大幅缩短。一个客户订单进来之后，可以做到 5 分钟内流转库开始拣货出仓。正是由于高效的业务流程，让我们公司 IT 分销业务稳居亚太区前两名。

当业务成熟度不高时，我们可以优先对结果/输出进行标准化，定义流程输出的要求，将过程适当地放开。但不论如何，跨岗位的职责界面都是必须定义清晰的，这是流程设计的底线要求。

如果流程结果也不容易定义，无法做到标准化，此时可以对流程中的角色能力要求进行标准化，即通过保证角色中的人员具备相应的能力来保证流程执行结果。

我进入一家从事系统集成工程业务的公司，负责战略运营相关工作时，直接上级非常不解地问我："你为什么不能够将之前在 IT 分销企业的成功流程管理实践再复制一遍？"

我笑而不语，因为我深深地知道，IT 分销业务是大量重复的，是高度成熟的，非常适合流程管理，适合流程化、标准化、自动化，甚至是数字化，因为可以快速为企业提升效率，而效率是分销企业的核心价值主张。但系统集成业务不一样，由于公司没有自主品牌产品，都是基于客户需求提供定制解决方案，再来集成相关供应商的产品，每一个项目几乎都是不一样的。如果我花大量的时间，将流程中的规则梳理出来，会发现很难被重复使用，因为同样场景的业务很难再现，工作很难做出价值，也就很难得到业务部门的认可与支持。

（二）企业业务规模

管理的本质是支撑业务，为业务赋能，提升业务运作的效率。管理是需要投入资源的，需要花费一定的成本。业务规模越大，管理的产出价值就越大。

所以，企业规模越大，流程原则上应当越精细，反之就粗略一些。比如创业型企业，适合出台一些制度，比如人事、印章、合同、费用等相关制度，将关键的风险管理起来即可。

（三）员工的成熟度

员工的成熟度越高，流程越要粗略，流程管控的点越要少，将空间留给员工，否则员工就会有束缚感，主动性、积极性与创造性就会受到影响。员工的成熟度越低，流程越细致，因为很多基础的东西都没有能力做好，如果不规范就可能出错，给公司带来损失。

我曾经遇到一名员工，写报告、写邮件的效率非常低。有时，完成内控审核后，他写一个内审报告需要1周时间，写一封普通的邮件也要半天以上。对于这类员工，我实在没有更好的办法，专门为他定义了相应的模板与要求，将结构固定下来，甚至将语法固定下来，他只需要将相关内容填写进去即可，结果大幅提升了他的效率。对于其他成熟度高的员工，这个模板完全没有价值，还可能束缚他们创作更高质量的输出。

如何判断流程设计精细度是否适中？

（1）流程精细度适中的表现

➢ 平衡的：既不会太随意导致业务结果不可控，也不会过于严谨而导致创新不足；既不会过于依赖个人英雄，也不会由于条条框框太多，导致官僚主义，行动缓慢。

➢ 可重复的：明确触发点，如按时间触发，或按事件触发。只要触发点一出现，流程就会启动执行，明确了流程的线路，先做什么、后做什么，明确了每一个活动的角色、输入、输出是什么，所需承担的业务责任是什么。流程是可以重复的，不论谁来都会按照既定的设计来执行。

> 可测评的：定义了流程的关键业绩衡量指标或评价标准，能够评价流程执行结果好坏，为流程改善提供了一个量化评估基准。否则，流程会一直停留在模糊、无法量化的管理阶段。

> 文档化并得到应用：一方面，流程需要适度文档化，后面章节会讲如何把握文档化的形式与精细度。流程设计需要文档进行承载，否则很难传承、复制与持续改善。另一方面，流程文档需要得到应用，不是写来看的，而是写来用的。

> 持续改进：记得与宝洁公司职业经理交流流程管理时，他们提到的宝洁公司流程文件快速迭代的做法令我印象深刻。一些流程文件迭代速度之快，竟然到了 26 个英文字母不够用的程度，即超过了 26 次。这才是鲜活有生命力的流程，才是有价值的流程。卓越的流程来自持续改进，不断地将内部及外部经验导入进来，做到新版本流程文件越来越优秀、越来越高效。

（2）流程设计精细度不足的表现

> 极其随意：流程给出的操作空间过大，不同人操作差异过大，过于随意，且导致了业务的风险或结果一致性不高。

这里有两个要点：

一是看流程结果一致性是否出了问题，我们可以对比观察新人与老人，对比绩优员工与绩差员工之间的差异。如果回答是，再来看这个问题是否有管理的价值，即平衡投入产出比，如果有，则说明需要做进一步精细化设计。

二是看流程设计本身给出的操作空间是否过大。如果只定义了输入与输出，这种情况下，空间是最大的，相当于只管结果；如果不仅定义了输入与输出，还有基本的程序，则空间相对小一些；如果进一步定义了该活动及之下每一个任务项的作业规则与要求，则操作空间很小。如果操作空间大且结果不可控，则有必要进行细化；如果操作空间不大，不可控的问题原因出现在流程执行上，要关注流程执行力及执行配套条件是否具备。

> 流程不可重复：不同的人、不同的时间点、不同的业务场景，实际业务过程中，流程走得不一样。严重的情况是，流程甚至会出现有的时候会执行，有的时候不执行。流程运行的绩效结果波动很大，有时是惊喜，

有时却是惊吓。

➤ 没有衡量指标：没有定义流程关键业绩指标，对于流程结果无法评价与衡量，无法进行内外部对标，流程执行结果好坏凭感觉。根据我的经验，大部分流程是可以定义业绩指标的，但需要建立在对业务理解到位的基础上，且需要一定的时间迭代，才能够定义出高质量的 KPI 指标。

➤ 没有文档：流程没有文件化，导致流程执行与检查没有依据，流程执行基于隐含的规则来支撑；或流程执行过程记录没有形成文档，流程过程不可追溯，也无法向第三方提供相关证据。

➤ 依赖于英雄：英雄可能是一个超级管理者，只要他在公司，就会指挥流程相关人员将业务处理好；他也可能是业务专家，业务专家会主导流程的执行。

（3）流程设计过度的表现

➤ 没有创新空间：还记得明茨伯格说的三种标准化吗？如果结果标准化可以解决问题，你不需要做过程标准化，否则就会导致设计过度，业务没有创新空间。如果不具备标准化条件，你硬要对流程过程、结果或能力做标准化设计，既不合理，也无法执行，还会导致对人的主动性、积极性的扼杀。对于快速多变场景的业务，要有意识地给员工留出更多的空间，设计不能过于精细，以保持组织的灵敏度与活力。

➤ 官僚主义／缓慢：明显感觉到运行一个流程耗费的时间太长，管控类活动过多，对业务快速反应形成了制约。

➤ 太多的测评指标：太多的测评指标就会带来不聚焦，高额的管理成本，给执行人员过多的约束。指标多了不是好事，相反越精越聚焦越好，这需要结合业务的战略导向、业务的痛点来定义。

➤ 过多的政策／规范：通常有三种情况容易发生：一是不考虑投资回报的风险控制，只要出现过风险，或者发生了问题，就给流程打个补丁、写个规定，导致规范越来越多。我在某银行开展流程优化时遇到一个窘境：通过流程优化，发现了没有考虑到的低价值风险点，出于风控思维，增加了对应的审批节点，导致审批点越来越多，管控规则越来越复杂，流程效率越优化越低。二是职能导向的流程设计，专业越做越细，风险点识别越来越多，缺乏全局的整合与沟通。三是流程设计只有加法，没有减法，只增加风险控制要求，没有将低风险事项的管理规范简化或去除。总是认为存在就是合理的，不敢对于习以为常的部分进行质疑与优化。

通常被忽视或遭暗中削弱：虽然流程制度一大堆，从流程执行人员视角看，大家可能不太在意，该怎么干还怎么干。当我转型做咨询售前支持时，我深深地知道业绩才是销售的王道，因为没有业绩，流程制度遵从得再好也会被淘汰。反之，我的销售过程管理再不好，我依然会是公司的英雄，至少地位不低。如果公司给销售制订一堆的条条框框，不能做到简单且易于执行，一定是被忽视的。

第三节　如何选择流程文件形式

实战过程中，大家问得最多的是：到底写流程说明文件还是写制度？对此，我给出的总体原则是：能够流程化的尽量流程化，增加流程说明文件的数量，减少制度的数量。当然，企业还是需要一定数量的制度类文件。

在欧美日韩企业中，流程说明文件是主流，管理制度是少数。因为流程说明文件是结构化的，是逻辑清晰的，很容易被理解，有很强的操作指导性，有明确的触发事件，有责任角色，有输入、输出及活动操作说明。而制度编制是非结构化的，或结构化不充分，不同的人写背后的逻辑不一样，更多的是行为管理导向，不容易被理解与执行。

整体而言，写成流程说明文件花费的管理成本会多一些，管理的精细度也更高，对于如何选择合适的文件格式，从实操的角度建议如下：

一、适合流程说明文件的业务场景

➢ 跨越三个及以上岗位的业务，这是流程管理的主战场。

流程管理一旦跨越了岗位，就有岗位职责界面，在界面处就是流程管理最佳的价值发力点，用流程管理方法容易产生价值。而流程说明文件是流程管理最好的抓手，要定义清楚流程的目的、边界、适用范围、KPI、流程图、职责分配、KCP（关键控制点）、活动说明、表单/模板等。

➤ 重复发生的业务，且有一定的频率，有一定数量人员参与的业务。

当业务重复发生，且有一定的频率与一定数量人员参与，流程管理的成果就容易被复用，每复用一次就会产生一次价值，就值得投入。流程设计的本质不是输出流程说明文件，而是持续地根据业务运作情况进行迭代，不断地根据业务情况、问题、需求等进行优化，通过流程设计与迭代，快速地实现流程执行团队的调整与应对，从而提升流程运作能力与绩效。

➤ 业务成熟度较高的业务。

业务成熟度越高的业务，过程就越有机会标准化，我们可以将流程过程，尤其是作业规则梳理出来，形成标准要求，最好能够通过 IT 系统实现自动化处理，这样就可以马上将流程设计的价值发挥出来。有了业务规则的提炼，流程的价值就会非常明显地展示，容易得到大家的认可，即使没有实现 IT 自动化，也能大幅降低对人的依赖，将管理者与业务高手解放出来，同时大幅提升普通人员业务运作的绩效。

二、适合制度文件的业务场景

➤ 与流程说明文件相反的场景就适合写成管理规定或制度。

➤ 制度本身还有其特殊的场景，即以描述行为要求为主的文件，不涉及程序性描述的，比如供应商准入标准、项目分类分级管理规定等。

➤ 对于创业期的企业，由于岗位分工相对粗略，很多工作就在 1~2 个岗位之间完成，不建议形成流程说明文件，适合建立一些关键的制度，控制关键的风险即可。

即使按制度格式编制，也建议以流程为主线索来展开描述，这样既容易看懂，又有系统性，且有清晰的逻辑。同时，建议企业建立不同制度的标准模板，将制度的内容一定程度上结构化与标准化，不至于过于杂乱与随意。

第四节　如何把握流程建设节奏

通常在完成流程规划之后，企业需要基于公司流程清单来确定流程建设计划。如果没有开展流程规划，可以基于标杆流程清单，由流程管理部门组织各部门识别输出本公司的流程清单。

整体而言，建议企业在一年内完成业务流程（除去一些不需要建设的流程）的建设，最长不建议超过一年半的时间。我在多家企业都有过实践，如果企业组织得当，完全可以在一年内完成。

通常建议企业按 3 批次完成，每批次时间在 3 个月左右。如果从年初开始，可以考虑第一批次 1—3 月、第二批次 5—7 月、第三批次 9—11 月。每批次中间留 1 个月做复盘总结，主要的工作有：将过程中优秀的流程设计实践总结形成案例，并将好的做法沉淀到流程设计方法论中；收集过程中的问题，形成 FAQ，完善流程设计方法论，有效地规避或解决这些问题。

流程建设三批次数量的分配：通常第一批次量最小；第二批次适中；第三批次量最大。当然，每批次梳理的流程数量要考虑能够有效投入流程设计工作中的人员数量，否则人员超负荷工作必然导致"交功课"的心态及做法出现。

考虑到企业实际是强职能组织运作，建议以一级部门为责任主体来负责流程建设工作，将流程清单按部门归属转化形成部门流程清单，要求每个一级部门在 3 批次内完成全部流程的建设工作。

流程建设第一批次的数量尽量少一些，通常按样板点建设的思路来操作。建议每个一级部门选择 1~2 个。对于流程建设 3 批次流程的选择，可按重要紧急度来进行，如表 3-2 所示。

表 3-2 流程建设

流程名	重要度 （高/低）	紧急度 （高/低）	优先级 （I/II/III）	建设批次 （一、二、三）

注：

1. 重要度高且紧急度高，优先级为 I；重要度高或紧急度高，优先级为 II；重要度低且紧急度低，优先级为 III。

2. 原则上优先级为 I 的，放入第一批中；优先级为 II 的，放入第二批中；优先级为 III 的，放入第三批中。可以根据数量适当调整。

对于流程建设批次的选择是按流程维度，而不是按部门维度，即由 L1 流程所有者组织相关人员进行排序，各 L1 职能部门是承接 L1 流程所有者的排序结果。

为了保证第一批样板点建设质量，第一批流程建设周期可以拉长一点，比如拉长到 4 个月。根据实战经验，第一批流程往往会根据流程管理团队的要求进行多次修改，以达到预期的流程设计质量要求。

第一批流程建设完成后，一定要达到的效果是让大家感觉到业务的改变点，这些改变点让大家有价值感或兴奋感，而不是无感。如果没有达到这个底线的要求，则要求返工，直到质量符合要求为止。

在实战过程中，我对流程设计质量的总体要求是：重实质轻形式，重改善轻规范。我不接受只有形式改变的流程设计，即按照看似规范的流程说明文件格式，将内容没有实质性改变的文件重新写了一遍。什么叫有实质性改变，我的要求是以下四点至少做到一点。

①问题导向：将流程原来困扰的关键问题解决了，解决了问题就是进步，肯定能够让大家感受到。比如原来向供应商发放图纸经常会出现版本混乱，导致加工错误，影响进度与成本，如果解决了，这就是一个明显的改善。

②标杆导向：将外部流程标杆中适用的、好的做法导入公司，带来外

部最佳实践，提升公司的业务运作水平。比如在战略规划流程中，你将 IBM 公司的 BLM 方法论导入进来，相信对于战略规划的质量会有大幅提升。我通常会要求各职能部门在做流程设计时，同步做标杆研究，找到最佳实践借鉴的机会，而不是埋头做设计。

③增值导向：运用科学的流程设计方法论，找到流程优化的机会点，减少不增值活动的比例，增大增值活动的比例，让大家感觉到新的设计带来的价值。比如你通过增值分析，将不增值活动压缩或去除了，或者将流程中的规则梳理出来，从原来的主观判断到对标操作，甚至实现了 IT 自动化，这些都是明显的价值。

④固化导向：将内部最佳实践固化下来，形成内部可复制推广的作业文档，将团队整体水平快速提升。通常我们会要求识别该业务中的成功业务实践，比如某个项目非常成功；或识别业务过程关键岗位中的绩优（效）者与绩差者，进行两两对比分析，识别成功做法与失败做法，总结提炼形成作业文档。

第五节　如何把握流程的超前度

如果流程设计太超前，结果就是没有能力执行，导致干脆不执行，就会出现两张皮现象。如果流程设计太现实，仅仅是将怎么做的写出来，除了实现隐性知识显性化，没有任何改进，大家感受不到流程管理工作的价值，也会导致流程设计工作被忽略或轻视。

我们的建议是：流程所需的资源数量与质量能够支撑的情况下，流程设计要适度超前，与公司的变革管理能力相匹配。这就是：变革的思维，改良的做法。如果 to be（目标）流程与 as is（现状）流程差距过大，我们就多分几个版本，多做几次迭代来实现。让每一步都走得很稳，不追求步伐有多大，一旦完成迭代，马上向下一步迈进。

第四章
流程设计成功的关键因素

第一节　问题驱动与增值导向

一、问题驱动

我们非常反对为了流程设计而设计，为了流程梳理而梳理。如前文所说，流程设计至少要解决过往该流程存在的问题。让每一次流程设计都是一次业务改善，让每一次流程设计的动作都是增值的，让大家感受到管理的进步。

问题导向是最接地气的做法。有人说过，同样的错误，企业不再犯就是卓越。在 VUCA 时代，企业比的就是速度，如张瑞敏所说：没有成功的企业，只有时代的企业。面向市场、面向问题的改进速度是企业竞争力的根本。

通常企业流程运行过程中总会产生各种问题，如果能够将这些问题快速地解决，企业流程就能够产生强大的竞争力。有朋友问我："如何通过交流快速地提升自己的专业水平？"我的回答是："找到对的人，对的问题。但找到问题本身不是一件容易的事情。发现并提出一个好的问题，是解决问题的关键。"

2012年，我为深圳某头部企业提供流程管理咨询服务。该公司业务稳居细分行业前三，国内第一。在我刚进驻企业的时候，除总经理之外的管理团队是非常傲骄的，他们都在准备看顾问的笑话："我们已经全国第一了，你们还能拿什么来教我们。"在现状诊断的阶段，他们给的反馈基本都是：我们做得很好，没有什么问题。

真的没有问题吗？真的做到尽善尽美了吗？很显然不是。如果是，总经理不会请我们来做咨询。那么，问题是什么？看不到问题就是最大的问题。这也是管理团队无法满足 CEO 要求的原因。后面我们通过深度诊断发现，企业最大的问题是没有复制能力，在深圳基地的成功无法复制到上海基地，如果把牛人派到上海基地进行支持，深圳基地很快就会出问题。这背后反映的就是管理成熟度低，流程标准化程度低的问题，企业不扩张，核心人员不出现变动时不会有问题，反之，问题就会爆发。

基于过往的实战经验，有三种典型的场景让企业看不到问题：

（一）目标不够进取

很多人没有战略雄心，对自己的要求不够高，很容易自我满足，用低标准来衡量自己，不仅没有问题，还发现自己做得非常好、很优秀。优不优秀要看你跟谁比，拿库存周转天数来说，你们公司也许是全省最短的，但你知道全球行业水平最高的公司是多少吗？可能比较后你就知道你的供应链水平其实还有很大提升空间。

比如华为公司在做绩效改进的时候，有一条规定：即使你的绩效已经处于行业领先水平，你的绩效改善每年也不得低于5%，否则你很快就会被后来者超越。

我在辅导企业战略目标制定的时候，有一个简单的逻辑：畅想未来十年，敢不敢给自己定一个足够进取的目标？在你的细分领域，做到行业老大？如果你今天的基础相对较差，是否至少做到天下三分，你们公司必有其一？基于这样的战略雄心去看，你每一个业务领域的绩效表现及能力水平是否存在巨大的差距，是否问题一大堆？

我认识的多数企业家，都有一颗致力于成为行业领导者的、火热的雄心，企业家们需要的是快速突破，是超常规的增长，但职业经理人大都不具备这种雄心，他们追求的是稳步前行，是延长线思维，是小步地持续改善，这里存在巨大的反差。

如果用战略思维看未来10年、5年、3年，而不是仅仅满足眼前，你会发现有很多的忧虑，面对新的机会与挑战，你今天的成功未必可持续，因为竞争如逆水行舟，不进则退。

我曾服务过一家头部企业，它的利润超级丰厚，市场份额远远领先于第2名。该企业CEO内心不是满足或得意，而是非常焦虑：如何持续保持产品与技术的领先？目前公司的核心技术只领先同行不到半年？一旦被超越，市场老大的地位就不保。如何在面向市场及技术发展趋势把握方面不犯大的错误？CEO考虑的是：核心竞争力的打造，构建足够宽的护城河，以保证公司持续领先。这就是该公司能够持续保持领先的重要原因。

（二）严重的职能导向

职能导向最大的问题在于捂盖子，将问题隐藏起来，不想让任何人知道。如果是自己的问题，当然不想让人知道，因为那样会影响本部门的前途。如果是别人的问题，当然不能够说出来，一则会到处树敌，不利后续的协作；二则难免会被对方爆料，把自己的老底揭穿。

我曾服务过一家创业企业，发现虽然公司成立时间不长，但各部门的KPI表现比较优秀：原材料质量合格率90%以上、成品出厂合格率95%以上、订单准交率100%、研发项目按期完成率95%以上。

这与我了解的业务情况形成了鲜明的对比，我对此非常好奇，于是展开分析，发现大部分指标都是真实的，但它们不指向业务实质。

拿订单准交率来说，确实是100%，它的计算规则是，基于与客户协商达成共识的时间来计算，这个协商可能是多次，比如原来承诺时间做不到了，就与客户重新商量一个时间，通常客户没有选择只有被迫地接受。可想而知，结果是100%。

如果按订单承诺时间来统计，数据就很难看了。但生产部门肯定不干，因为无法按订单承诺时间准交的原因不在制造部本身，往往在于研发、采购、销售等上游部门。

比如成品出厂合格率确实很高，但公司成品一次优率极低，几乎每一个产品都要经过2~3次的返工才能合格出厂，牺牲了大量的质量成本。这个指标对制造部门不利，是不会被纳入KPI展现的。

职能部门就像开屏的孔雀，总会想尽办法把最美丽的地方展现给老板们看，这是人性使然。职能KPI普遍优秀的背后，也许隐藏着公司层面巨大的危机。

企业需要端到端拉通来看流程的绩效，从客户视角来看，到底做得怎么样，要与客户需求对比，与对手表现来对比。这种视角下，你会发现很多问题。端到端流程是面向客户作战的，在作战场景下，各职能部门的问题就会充分地暴露出来。

所以，企业需要基于端到端流程视角，从未来3~10年中长期战略愿景、意图、价值主张、核心竞争力视角来看，很多问题就会冒出来，流程设计的发力点也会随之浮现。

（三）缺乏自我批判精神

记得我为某银行做流程管理咨询时，组织各部门积极反馈本部门流程存在的问题及优化需求。结果出乎我的意料：一个问题与优化需求也没有收到。于是，我改变打法，要求各部门在与自己业务密切相关的周边部门身上找问题，提出优化需求。结果同样出乎意料，一大堆问题与需求涌现出来。

自己部门怎么看怎么好，总认为自己的贡献大、能力强、业绩好，但公司分配的资源不足。

我们要引导企业各部门形成向内归因的思维，先找自身的原因，再来找别人的原因，对自己的分析一定要深刻。在做好自我批判的同时，当然鼓励找外部门的问题，但不要抱怨，多提建议，帮助外部门解决问题。

我遇到过很多职业经理人思维打不开的情况，和他分享一个标杆做法时，他总是不以为然地说："我就是这么做的。"从他的视角看，自己已经做得不错了，但从客户或老板的视角看，其实是很糟糕的。

我们在选择干部的时候，一定要选择开放进取的，善于自我批判的，选择那些永远对自己不满足的，善于发现问题与改善机会的，才能更好地支撑端到端流程优化与效率持续提升。

有些卓越的公司，在年度总结时很少谈成绩，但会谈工作创新的经验，重点谈问题，而且谈得很深入；平庸的公司，花大量的篇幅谈空洞的成绩，花少量的时间谈问题，更要命的是谈的大都不是自己造成的问题。

（四）缺乏及时记录的习惯

问题记录要及时，否则很容易进入"下水道"，很难让它复现。

N年前与海信某事业部质量管理负责人交流时，他分享了一个非常有效的质量管理做法。

每个班组在当天的工作结束后,会用 5~10 分钟开一个总结会,将当班操作做一个快速的复盘,总结出现了什么问题、是什么原因导致的、下次如何做得更好或规避,会议有专人记录,会输出形成文档。

我也认识一个总经理,他有一个非常好的习惯:每周审批流程或亲自处理一些事务时,他总会发现一些问题,对这些问题会及时记录下来,在每周或每月的办公会议上,他把典型的流程问题在会议上进行专题讨论,既有力地鞭策了工作不到位的部门,又养成了良好的流程问题分析思维与习惯,促进了管理层的思考。一年下来,审批流程中相关的风险得到了快速明显的改善。

运营一个流程与提升个人的逻辑是一样的。快速进步、强大的个体,都有一个共同的特点:善于及时总结、复盘与改进。

我认识的一位咨询"大神",他曾为某公司一年贡献超过 1 亿元的合同额。一次参加他的公开课,他分享说,每天都会做总结,哪怕只有 1~2 句话的总结,这个习惯已经坚持了几十年。这让我很受触动,看来我和他的差距不在天赋,而在于方法与自律。

对于每一个端到端业务流程,流程所有者及运营团队一定要将问题及时记录,形成流程运行问题库。对每一个问题要及时地触发解决,对于重复发生的问题、重大的问题、新的问题要及时地组织进行分析,找到根因,拿出相应的对策进行改善,或者纳入流程优化需求库。

二、增值导向

增值导向是要抬头看路,要思考流程的战略导向。

流程的本质是增值,为客户提供增值产品,为客户创造价值,提供有竞争力的价值主张。做流程设计的时候,一定要以增值为导向。一定要指向客户的价值创造,减少不增值活动的比例,提升增值活动密度,以更低的成本,为客户提供更高价值的产品。

在实际工作中,企业很容易为了工作而工作,为了任务而任务,很多流程制度没有清晰的价值导向,不知道该业务对客户的价值是什么。

很早之前听过一个案例:

某企业综合管理部是专门负责公司计划、报表统计及经营会议组织的部门。该部门投入了大量的时间编制生产经营综合日报表，由于业务越来越复杂，报表越做越大，部门人员出现明显的缺口。于是，该部门经理A向公司总经理提出加人需求。由于当年公司业绩不太好，总经理很有智慧地说，加人是不可能的，但我可以给你提供外部顾问资源，帮助你分析如何在不加人的情况下，完成当前的工作任务。

很快，公司找来了一位外部管理咨询顾问B。B对A说："请你告诉我占你部门工作量最大的报表是哪一张。"A回答："生产经营综合日报表。"B说："这张报表的客户是谁？"B说："总经理、生产副总、销售副总。"B说："请你认真地思考一下，这个报表中大概有400个数据，从中找到客户（读者）真正需要的那些。"A回答："不用找了，这些数据都是需要的，都是有价值的。"B说："你是基于什么判断的？"A回答："这就是我的专业能力。"B说："我们去找该报表的客户询问一下。"于是，B带着A分别找了公司的总经理、生产副总、销售副总，让他们从400个数据字段中找出需要的数据。出人意料的是，三位老总只画出了4个数据。顾问B故意确认说："其余的数据，你们是否都不需要？"他们回答："是的。"

这个答案令综合管理部经理极其郁闷，甚至是愤怒。他质问老总们："你们既然不需要这些数据，为什么不告诉我们？"老总们回答："你也没问呀。我们以为你统计这些数据不花什么精力。"

后来的结果当然是：不仅不需要加人，还能节省出大量的人力去做更有价值的业绩分析工作。

在流程设计过程中要坚持价值导向，要先做流程价值分析，找到流程的客户，找到流程客户的核心需求，明确客户的价值导向，并将其转化成流程输出的规格要求。

基于价值导向，你会发现，有些流程通过分析，也许没有客户需要，可以被去除；有些流程通过价值分析，能更准确地把握它的主要矛盾，让设计的导向更加明确，有的是控制导向的，有的是效率导向的，不同导向的流程设计逻辑是不一样的。

第二节　业务专家+流程专家，双剑合璧

流程管理工作需要业务专家与流程专家的密切配合才能做好，两者缺一不可。

记得我在 IT 分销企业成功推动流程管理工作，得到了公司的高度认可，我是公司管理条线以火箭般速度从基层员工提拔到总监的幸运儿。

后来公司被香港地区的一家企业收购，新的老板找我做了一次谈话。他说："你的工作我都听说了，非常好，但有一个问题：流程管理工作责任在于业务部门，交给业务部门自己做就好了，为什么还需要流程管理团队呢？"

我当时回答不上来，理想情况确实如此，业务部门如果自己把流程管理好了，好像流程管理团队的事情真的不多。

随着流程管理工作经验日渐丰富，我陆续经历了不同的企业，这个问题的答案越来越清晰：大多数业务团队不具备流程思维、流程意识及流程能力，单纯地依靠他们把流程管理好是不现实的；需要流程管理人员为他们赋能，用管理机制驱动他们重视流程，做好流程管理工作；即使按业务域任命了流程所有者，企业存在大量跨 L1 流程业务域的工作需要专业的流程管理人员来负责统筹与协调。

我们来看看业务专家与流程专家的定位与分工。

业务专家：通常来自业务流程中的流程管理或执行人员，他们有着丰富的业务作战经验，掌握业务运作的专业知识与经验，理解客户的需求，理解业务运作的逻辑。以 IPD 流程为例，业务专家就是产品经理、项目经理、系统工程师、结构/硬件/软件工程师、软件/硬件测试工程师、市场代表、采购代表、制造代表、服务代表、质量代表、财务代表等角色中的高手。

流程专家：有来自流程管理部的同事，有些公司做得相对细致，会按业务域进行分工，有销售流程工程师、研发流程工程师、供应链流程工程师等。有的是来自业务部门，他们是专职或兼职做流程管理。不论来自哪

里，流程专家往往都不直接在业务流程中参与作战，而是为作战团队提供流程管理专业支撑与服务。他们有着丰富的流程管理知识、经验与技能，有良好的流程思维，掌握流程管理专业工具与方法。

业务专家的天职是做业务，所以他们不太可能在流程管理方面投入太重。他们的价值就是贡献对业务的专业洞察与解决方案。如果业务专家成天耗在流程管理中，这对公司是个巨大的损失，也会导致公司业务运作受到影响。大多数业务专家受企业运作机制的影响，天然是不愿意做流程管理的，甚至是敌对的。

流程专家的天职就是做流程管理，他们全部的精力就是投入流程管理工作，他们有时间、有精力、有意愿。流程专家擅长流程思维，擅长以流程载体将需求及问题层层打开，考虑不同管理要素的集成，将业务思路转化成可落地的解决方案，但他们往往不精通业务，没有业务实践经验，找不到业务的发力点，不被业务部门认可，甚至被认为是累赘。

流程管理要做好，就必须业务专家+流程专家双剑合璧、密切配合。在做流程设计的时候，通常需要以下角色：

一、流程所有者：全流程的业务专家

流程所有者对全流程业务有端到端的认识，并有大多数业务的实践经验，熟悉业务场景与过程，对客户需求有深刻的洞察与理解，具备业务运作所需的专业知识与技能，通常是该流程业务领域的部门负责人。

我们要把流程所有者充分地调动起来，因为他才是流程管理的第一责任人，常见的做法有：

1. 将流程管理写入任职资格与干部的核心职责。管理者必须承担流程管理责任，不懂流程管理，没有流程管理成功实践，不能够被提拔；流程管理没有做好，就是管理最大的失职，会被免掉或没有提拔的机会。

2. 将流程管理列入管理干部的 KPI 中，包括流程业绩 KPI、流程管理 KPI 等，将流程相关 KPI 关联岗位绩效评价与考核，影响他的奖金包，影响他的晋升。

我们要管理好流程所有者的流程管理工作投入量，投入不要过重，否则会起反作用。建议流程所有者在流程设计中的重点职责为：

➤ 推动流程设计团队，按流程设计计划有力地执行。这是个意愿重于投入，影响力重于努力的事情。通常只要流程所有者有意愿，基本都能够搞定。

➤ 做好流程问题的深度洞察与综合分析，确定流程的关键问题与设计优化方向；把握流程设计的高阶方案，包括流程KPI、流程图、流程职责分配、流程KCP（关键控制点）识别与管控措施制定。这是其他人员无法取代的，是能力重于努力的事情。

➤ 搞定跨部门在流程设计过程中的分歧与争端，从流程端到端视角给出正确且令人信服的裁决。这也是其他人员无法取代的，是能力重于努力的事情。

二、业务代表：流程活动的业务专家

业务代表是指来自流程中各角色的代表，通常选择该角色负责人员中业务能力最强，同时具备一定管理思维的人。他们对负责的流程活动，通常在组织内是最专业的，有大量的成功实践，也经历过大量的失败过程，熟悉业务场景与问题。

要把业务代表充分地调动起来，因为他才是流程活动的业务高手，没有具体活动的落地，没有细节的改善，流程设计最终很难有真正的改善。如何有效地调动业务代表的积极性呢？建议如下：

①关联任职资格。能够以业务代表身份参与流程建设，说明其本身就是该岗位中的高级别选手，这是一种身份与荣誉。如果在流程设计过程中有好的表现与贡献，比如通过所负责活动知识文档的优化，提升了流程绩效表现或角色执行团队的能力，可以作为该岗位职级晋升的重要业绩项。

②将流程绩效及所负责节点知识文档的绩效纳入业务代表岗位考核方案，关联他的绩效奖金与晋升。

③同时要对业务代表的工作安排进行主动调整，让他有一定的时间能够投入流程相关工作。

业务代表在流程设计中的重点职责为：

➢ 参与流程设计的关键活动，比如现状流程识别、现状问题分析、流程本质设计、流程 KPI 设计等主题的研讨工作。积极地代表所负责的专业领域，提出自己的建议与意见。

➢ 对所负责的流程活动进行详细设计，包括输出流程活动说明、流程活动涉及的作业文档，表格/模板、指导书、检查表/清单、管理细则与标准等。

➢ 将所负责流程活动中的知识文档转化成培训教材，后续在流程推行过程中，为角色执行人员提供培训赋能。

三、流程 PC（控制专员）：业务部门流程专家

通常在每个业务部门都会任命 1 个或 1 批流程 PC（process controller，流程控制专员），有的叫流程经理、流程接口人。根据企业规模不同，有的是兼职、有的是专职，大多数情况下是兼职的。

流程 PC 是部门内部的流程专家，通常掌握了流程管理的全部方法论，懂得架构规划、流程设计、流程优化、流程审计、流程绩效管理等。

流程 PC 通常具有很强的流程管理文档输出的能力，包括立项报告、诊断报告、设计/优化方案、流程说明文件、流程结项报告等。

很多人会鄙视这类纸面工作，但我很看重这项技能。一个管理者首先要思维清晰，想清楚才能把事情做好。思维清晰的体现就是书面表现与口头表达良好，表达的重点在于逻辑，而不是修辞。一个基本的假设是：你不会把思路用文字清晰地表达出来，你大概率是做不了一个好的管理者的。因为企业非常需要文件化管理，要形成管理的依据，文件是最好的载体之一。

流程 PC 还要具备的一项能力是流程管理策划、推动、监控、评价与总结的能力，很多时候可以理解为项目管理与制定解决方案的能力。有了这项能力就可以很大程度地将流程所有者解放出来，流程所有者只要提一个思路，流程 PC 立马就能转化成方案与计划，流程所有者再做一些审核，流程就能够快速地落实到行动。流程所有者只要在关键节点出现，就可以有效地推动流程，在关键节点把好质量与进度关，最终流程设计的结果就

是超预期的。

当然，流程 PC 还需要有专业过硬的流程管理技能。这一点通常不是难事，难在如何调动他的积极性，让他觉得从事流程管理工作是有价值的、是值得的。

建议的做法是：

➤ 提升流程 PC 岗位的任职要求。能够成为部门流程 PC 的是部门负责人的后备梯队，通常选择对部门相关流程业务最熟悉的人员担任流程 PC，他们有过关键业务领域的作战经验，专业能力过硬，同时具备良好的管理潜质。要让大家觉得担任 PC 不是鸡肋，而是莫大的荣幸，是未来部门经理的候选人。

➤ 提升流程 PC 的待遇。可以考虑职级至少提升 1~2 个小级别，先把工资涨上去。整体把握上，从事流程 PC 工作的收入要高于同级别的其他岗位的平均水平，让大家感受到价值，感受到公司真正重视。

➤ 将 PC 所负责的流程相关 KPI 纳入流程 PC 最重要的岗位 KPI，占比不低于 50%，关联其绩效奖金与职位晋升。

➤ 部门流程 PC 的重点职责为：

➤ 部门流程建设计划编制、计划跟进、提醒、进度与质量问题的推动解决、相关会议的组织、报告编制等。

➤ 部门流程设计方法论培训与赋能，为业务代表提供流程设计方法论指导。

➤ 协助流程所有者完成流程设计相关文档的输出。

➤ 作为流程设计相关主题研讨及会议的引导者，通过流程管理专业方法论的引导，推动流程设计团队完成流程设计工作。

四、流程专业人员：公司流程专家

对于企业而言，如果要全面推行流程管理，我建议流程管理专职人员不少于 3 名。否则，没有实际的意义，不如先做制度管理，不要推动端到端流程管理。

最好企业在三大核心业务流程中（研发、销售、供应链），要有专职的流程管理人员。三大核心业务是公司业务运作的命脉，有专业的流程管理人员，有助于形成提升流程管理的业务导向，同时保证流程管理专家支撑的力度。

公司流程专业人员的积极性是没有问题的，问题往往会出在专业影响力不足上，很容易被内部团队挑战。应对这种情况，有三种常见做法：

①本着少而精的原则，提升流程管理人员的待遇，配置更优秀的人员，不要将一般的人员投到流程管理岗位上；如果公司有一定的薪酬给付能力，可以按部门经理的待遇和标准来配置流程管理人员。

②寻找那些对于业务有兴趣，有很强的逻辑思维能力的人员，给他们大量参与业务、学习业务的机会，提升他们的业务理解力。

③将流程管理团队交给公司重量级的副总来直管，提升团队的管理势能，必要时引入外部顾问来辅导。

公司流程管理专业人员的重要职责是：

➢ 实施流程设计整体策划，输出整体的方法论与工具，并为各部门提供赋能培训。

➢ 组织推动各部门实施流程设计计划，通过定期的会议、报告等机制，保证流程进度与质量。

➢ 对各部门流程设计过程及最终输出进行评审与指导，提升流程设计质量。

相关阅读：职能部门如何找准定位

最近与一位顾问交流，他的一句话让我印象深刻：做顾问不能太把自己当顾问，必须躬身入局，才能把项目做好。我非常认同，这背后是一份责任，是客户导向的具体表现。什么叫客户导向？把客户利益放在自己的利益之上，客户的优先度更高。

范仲淹说："居庙堂之高则忧其民，处江湖之远则忧其君。"做职能管理也一样，需要有情怀、有格局，要关注公司价值创造。

2002年，我萌生从当时所在企业出来的想法，原因在于作为一个质量管理人员，我想对质量结果负责，想更好地帮助公司改善业绩，但我发现，既没有培养好个人能力，也没有个人创造价值的平台。我经常怀疑自己的价值：虽然考评经常得 A，但只是完成了任务，没有感觉到自己的市场价值，离开这家公司平台后，我可能一文不值，又得从头开始。

2005 年，在美的商用空调，我和 HR 的同事共同推动完成了"标杆班组效率提升项目"，实现了人员减少一半，班产同比提升 10% 的令人振奋的业绩。我终于找到了为公司赚钱的感觉，也感觉到做一个管理者的价值。管理如果做得好，价值不会比一线的人员差，甚至远高于一线人员。正所谓："管理前进一小步，公司跨进一大步。"这种感觉是用钱无法衡量的，它的影响是持续而深刻的，多年后回忆起来，我仍然很兴奋。

一位好友刚从招聘主管被提拔为人力资源经理时，领导经常批评他的策略规划、方案策划工作，他非常沮丧地说："做管理工作太没有成就感了，我宁愿去空调线上做一名操作工，因为每天完成了多少工作的交付清晰可见、成果明确，而不是现在这样没有存在感与获得感。"

抛出一个老生常谈的话题：职能部门如何找准自己的定位？这里可以展开成一系列的问题：

> 财务部门如何定位？
> 人力部门如何定位？
> 流程部门如何定位？
> IT 部门如何定位？

……

一次面试流程管理人员，他的回答让我非常满意：

"流程人员最终要对结果负责，虽然第一责任人是业务部门。因为对结果负责，才是管理的本质，管理的本质就是效率，效率就是追求资源投入产出效益最大化。

"对于人力资源来说，结果就是高于行业及竞争对手的人效，就是高于行业及竞争对手的人才密度／人才准确度，就是更好的组织活力。

"对于流程 IT 来说，结果就是更短的周期时间（产品开发周期、线索生成合同周期、订单交付周期等）、更高的产品和过程质量、更低的成本、更高的效率、更快的人员成长、更加透明化的过程、更加数字化的业务、更加自动化、少人化的业务运作、更强的执行力，更低依赖于人的体系等。

"……

"如果业务部门能力很强，成熟度很高，我可以靠后一点，做好需求的理解、专业方案的设计（业务方案通常成型了，不需要做设计）与实现及后续的运营管理即可。最基础的是，要有较强的业务理解力，让业务部门觉得愿意与你沟通，觉得你是明白人，和你沟通不费力、有价值。这时很多职能部门的定位是：你把需求说出来，我才能拿出专业的方案，否则问题不在我。

"如果业务部门能力一般，我要做好需求的碰撞，能够成为业务部门的伙伴，形成业务专家＋管理专家的协同。任何一方都无法真正把需求想清楚、想透，也无法拿出有效的解决方案，但组合在一起就可以实现，这是一个共创的过程，也是一个相互启发、相互补充、共同成长的过程。这时流程人员需要有很强的专业功底，能够结合业务场景灵活应用专业能力，同时要有一定的标杆业务经验，以标杆来对业务进行启发。当然，业务理解力是必需的，还要有一定的业务方案设计能力。

"如果业务部门能力很弱，我要向前走，业务部门只管提出需求，其余的事情交给我即可。当然，我设计出来的方案与详细文件需要业务部门确认，以业务部门之名来发布，流程所有者必须是业务部门。活可以由我干，但业务部门必须担负应有的责任。至于功劳，不需要争抢，本来就是一荣俱荣，一损俱损。这时，流程人员要有很好的业务洞察力，将业务部门隐含的需求洞察出来，将零散的需求结构化地整理出来，再转化成方案与详细设计。除了业务洞察力，流程团队需要有很好的业务假设能力，即对于业务领域的专业方法非常熟悉，尤其是熟悉标杆实践，以需求洞察＋标杆做法，对业务部门不断进行启发与引导。"

我觉得他讲得非常好，这个观点也是我一直在坚持并实践的。

第三节　内外对标，导入最佳实践

我们经常说企业成功的路标要么在客户那里，要么在标杆那里，因为客户那里有价值需求，你如果满足了，就匹配了战略需求，自然就获得了竞争优势；同样在标杆那里有最佳实践，你不用重新发明轮子，可以快速地制定HTL（How To Learn，高效学习）的策略，找到适用的标杆借鉴点，并做适应性的借鉴。

华为公司在1999年启动IPD（集成产品开发）、ISC（集成供应链）业务流程变革项目，通过流程变革，将业界领先的产品开发与供应链模式、方法与工具借鉴过来，快速地将业务提升到全球一流水平，支撑企业国际化业务的发展。

标杆有两类：外部对标与内部标杆。

外部标杆可以根据不同的业务域选取不同的标杆对象，比如华为公司在标杆选择上有：英国的改良，日本的精细运营，德国的质量文化；IBM的流程制度，微软的生态建设，苹果的极致产品开发，亚马逊的云计算技术，丰田的精益生产，索尼的经营理念，小米的网络营销，OPPO、VIVO的渠道建设等。

在开展流程设计的过程中，首先要做标杆研究。对于重点流程建设领域，可以考虑请外部咨询顾问来辅导。对于外部咨询顾问要重点关注其标杆业务实践的水平，其最主要的价值贡献是帮助企业导入外部标杆。如果没有外部咨询顾问资源，也建议企业做一个标杆研究。基于我的实践，标杆研究的途径有：

①买相应领域的书籍阅读。越来越多的企业管理者会将过往的成功实践付梓，将管理经验、方法论总结提炼出来。

②通过公开网络，比如百库文库、知乎等进行定向信息搜索。

③付费参加一些专业的培训课程。注意选择实战型老师的课程，否则可能会听下来感觉很虚，过于理论化。

④加入一些专业的微信群，与同行交流，向同行请教。

⑤一般企业内部会有很多来自不同优秀企业的同事，从这些同事身上识别出过往的标杆实践。这个挑战在于要找对人，这个同事要么能够提供相对完整的资料，要么对原有公司的做法能清晰表达出来。

通常外部标杆研究由流程专家来进行，不要指望业务专家，因为业务专家没有足够的精力与能力来做这件事。

对于标杆研究，有两点建议：

①一定要及时转化，将书籍/外部培训资料转化成自己的培训材料，

转化成可以应用的方案包、工具或表单。这里需要加上个人的理解与二次创作。大家一定要大胆创作，既要有丰富的想象，又要有逻辑支撑，能够自圆其说。否则，你会发现读了很多书，面对具体业务场景的时候还是一筹莫展。

②完成知识转化后，一定在企业里做内部转化分享，并在企业大胆地应用。我曾经参加过两次某业界顶级专家的培训，对方销售人员问我："陈总，您现在掌握了吗？"我回答："听懂了，但还是不会用。"直到我将培训内容转化成自己的培训材料，并在企业去使用后，我才真正理解，真正能够付诸实践，那些知识才变成了我的能力。实践出真知，对于管理尤其如此。

内部标杆有两个层级：一个是全流程的标杆；另一个是流程中关键节点的标杆。

对于全流程的内部标杆，我们要做的是识别出过往的成功业务实践。比如产品开发流程，在没有开展流程设计之前，有一些成功的项目通常的表现是上市之后卖得很好，产品功能性能有竞争力、产品质量稳定、产品成本有竞争力、产品开发周期短等，我们可以从中选择大家公认的经典项目作为标杆。这些经典项目能够成功，背后一定有一个相对好的产品开发过程，值得我们去总结与提炼。

我们可以以经典项目为对象，将对经典项目熟悉的人员组织在一起，共同开展流程设计工作。流程设计出来之后，再组织广大的流程执行人员进行评审与讨论，对流程设计结果进行完善。

对于流程关键节点的内部标杆，我们要做的是识别该节点的内部专家，看谁的绩效最好；也可以识别内部的"差生"，看谁的绩效最差。让他们分别把自己操作的过程、方法与经验总结提炼出来，然后两两对比，保留正确的做法，增加对问题或风险的规避措施，并以作业五件套（作业指导书、清单、表单/模板、FAQ、案例）的形式展现出来。

多年前，我辅导过一个关于销售奖金核算的案例，与大家分享如下：

A、B员工负责两大业务群的销售人员奖金核对工作，即业务群的销售人员将他们计算的奖金数据提交A、B核对，她们核对无误后会提交财务部门进行奖金发放。

A员工非常聪明，她每次核对很轻松，几乎不出错，深受部门领导与业务部门的好评，且每次绩效评价都是A；

B员工相对勤奋，每次核算都非常辛苦，经常加班到很晚，但是仍然不时地出错，被业务部门投诉，部门领导对她很不满意，产生了将其辞退的念头。

得知这个情况后，我对A与B的直接上司说："刀下留人，先让我做个工作分析。"我准备帮B找找原因，如果3个月后没有改善，再辞退也不迟。

于是，我分别对A和B的奖金核对过程进行了打开分析，分析后发现：

A的核对方式：拿到业务部门的原始数据后，先核对员工数量是否正确，再看每名员工在Excel表中的计算公式是否正确，是否与公司奖金考核制度一致；接下来看本月变化情况是否体现在Excel表格中，看奖金总数与基于奖金制度计算出来的金额是否一致。她关注结果的数量级是否有问题，如果数量级没有问题就进入下一流程；如果数量级有问题，就会展开进行分析。

B的核对方式：她拿到业务部门的原始数据后，自己按照奖金考核方案全面算一遍，然后拿她的计算结果与业务部门的数据进行核对，如果一致，果断同意；如果不一致，就再算一次，如果自己两次计算的结果是一致的，就有信心判断业务部门的数据有问题，会给他们把数据打回去；如果两次计算的结果不一致，则会启动第三次计算。把几百名销售人员的奖金计算一遍工作量巨大，而且稍不小心就会出错。

简单分析后就会发现，B员工的绩效差是必然的，因为她的方法是落后的。于是，我把A的方法提炼形成操作手册后交给B员工使用，从次月开始，B员工的绩效几乎与A员工持平了，工作做得又快又好。

第四节　充分评审，把控质量

记得在为某企业提供流程管理咨询服务时，我们在诊断中发现，公司的流程文件审批流程中几乎所有的附件，即流程说明文件都没有被打开过，或者多数审批人没有阅读。在这种情况下，他们很快地完成了审批。

第四章
流程设计成功的关键因素

你是否有类似的经历：很多文件明明大家都审批了，到了正式执行出现问题的时候，很多部门会抱怨文件没有写好，流程制定得不严谨，他们不认同，要求重新修订。

流程文件在完成编制后，如果流程设计小组基本达成共识，一定要提交流程管理部门进行审核，并组织跨部门文件评审。

流程管理部门审核的目的是把握流程设计的质量，当然更多的是规范性。虽然我认为实质重于形式，但必要的形式还是需要的，否则形式也会影响实质。

流程管理团队需要根据企业的实际情况，制定符合本企业能力要求，有一定改善牵引作用的流程设计质量评价标准。这里一定要把握牵引的度，不要过高，也不要过低。比如有一些要求是底线：必须定义角色，并将角色匹配落实到岗位；必须定义每一个活动的输入与输出；必须清晰定义每一个角色的职责，每一个活动的主导角色要唯一等。对于一些要求相对高的项目，可以先定义底线要求，通过优秀案例评选与分享的方式，逐步提升内部流程设计的水平。

在流程管理团队完成流程文件设计质量审核后，由流程控制员负责组织跨部门评审，评审重点关注：关键点、风险点、分歧点。尤其对于分歧点要充分讨论，通过讨论尽量达成共识；如无法达成共识，要记录分歧点讨论结果，供流程文件审批人决策时参考。很多企业在流程跨部门文件评审的时候，部门负责人不重视，往往随便安排一个代表参加，参加完后也不关注讨论情况，结果在流程文件审批的时候，明明达成了共识，又跳出来反对。此时，我们一定要有一定的严肃性，对这类行为要坚决改正。

流程文件评审要关注流程设计质量，即实质的改变。流程至少要有四个方面改变（解决过往问题、导入外部标杆、实现增值设计、实现知识固化）中的一个。我们可以试着提问：现状问题分析中的关键问题的解决方案体现在流程设计中了吗？这个方案能够从根源上预防问题再发生吗？是否参考了外部标杆？是否导入了外部标杆？是否通过专业的流程设计方法，体现了流程设计的改善，比如去除了不增值环节？提炼了作业规则？理顺了职责界面？是否对流程关键节点进行了作业文档的总结与输出？

做管理就是这样的，无规矩不成方圆，规矩如果想清楚了，尤其是必须遵守的底线，一定要想方设法保证被执行。否则，什么事都可以例外，都可以不守规矩，就不要推行流程管理了。

优秀的企业，在进行流程文件评审的时候，往往相关部门负责人会充分参与，因为部门负责人最核心的使命与价值就是建立规则。流程管理专业部门要多想办法营造这样的认识与氛围。把管理者充分调动到流程文件评审中，可以最大化地整合他们的智慧，大幅提升流程设计的质量、重视度与共识度，提升公司的流程管理意识。

我在为企业提供管理咨询之前，一般会要求企业提交两份现状流程文件：一份是业务域的；另一份是职能域的。通过对现状流程文件的分析，我可以快速地了解企业流程设计的水平，为后续的辅导快速找到切入点。以我的经验，如果参照华为公司流程说明文件的标准，大多数企业的流程说明文件写得还是太空了，对于企业的价值太小了。

我非常期望每一份流程文件审批发布后，管理者带着对于未来价值实现的盼望与业务改善的兴奋感来推行，让每一次流程设计都承载着管理改善，给公司带来管理的进步，给流程从业人员带来尊重与认可。

第五节　深化运营，快速迭代

管理的难点在于改变人的行为，改变人的认识，改变人的价值观。这需要时间，需要长时间的重复与坚持，才能内化成内心无比认同的价值观、习惯及条件反射式的潜意识。

制定出来的任何标准、规范都是可以衡量的，但是在工作中有大量不可衡量的因素会影响到工作的产出与质量，这些因素则完全取决于人的态度。例如，你可以要求客服人员微笑对待客户，也可以对他的工作进行衡量，比如露出八颗牙齿。但考核无法判断一个人是真心微笑还是刻意装出来的微笑，客户却能够一眼看出来。所以，除非发自内心地改变，任何规章制度都无法成就卓越的工作者。内心的改变，来自对企业文化价值观的认同。

流程真正落地需要一个相对漫长的过程，需要大家转变管理思维，建立流程思维：端到端、客户导向、价值导向、业务导向、流程中心、系统思维等。转变思想观念，从垂直的职能导向向水平的流程导向转变，真正建立为客户创造价值的思维是非常不容易的。

管理需要下笨功夫，没有捷径可走。学习的标杆再好也需要一个消化吸收的过程，没有速成班，需要踏踏实实地运营与迭代。好的管理是迭代出来的，以我们的经验，哪怕是一个小的L3~4流程，没有经过3年以上的迭代，也不太可能产生竞争力，形成比较高的设计水平。

以我作为预算管理流程所有者的经历来说，我接手公司预算管理工作后用了3年的时间，才将预算偏差率从原来的50%以上减少到15%以内。成功最大的法宝就是过程中不断地迭代。

一个好的流程是在业务场景中不断地被检验，从成功与失败中总结与迭代出来的，它需要一定的时间才会见效，而且需要持续迭代，才能匹配业务需求。

流程管理本质是思维的改变，有了流程思维，就会有强大的流程迭代的能力与习惯。

相关阅读：什么是流程思维

好友向我推荐了一本书——《流程思维：企业可持续改进实践指南》，恰当时我的流程领路人王玉荣老师的新书《流程思维》也出版在即。

我从2005年开始做流程，一直在想：到底什么是流程思维？一定要总结一下，到时再来认真向以上两本书的作者学习，这样效果会更好。

我对流程思维提炼了六个关键词：端到端、客户导向、价值导向、业务导向、流程中心、系统思维。

（1）端到端

从企业内部来看，是从利益相关方需求开始到利益相关方需求得到满足。对于业务流程而言，就是从客户需求到客户满意。比如从线索到回款（LTC），对应的是客户采购需求到客户采购满意。

从企业外部来看，是从行业最终用户视角，端到端地穿越不同企业，形成行业价值链条的端到端的集成。其逻辑与企业内部是一样的，不同的是必须协调行业价值链所有的供应商、分销商等相关方，共同为最终用户提供端到端的产品与服务。

对于管理/支撑流程而言，端到端流程是从公司战略/经营目标到流程绩效结果的达成，即目标实现。

（2）客户导向

企业存在的唯一理由是为客户创造价值，企业价值创造只会发生在企业的外部：面向客户的界面。

企业的经营管理要一切指向客户价值，让客户去定义产品、定义流程、定义管理体系，因为原点来自客户。

企业要选择客户、理解客户、提出有竞争力的价值主张、全力实现价值交付，确保客户价值得到完美实现。所以，企业需要重视客户，理解客户，洞察客户的需求，倾听客户的声音，发掘客户的价值，帮助客户成功。

但是遗憾的是：很多企业规模越大，离客户越远，对客户越傲慢，越是以自我为中心。从绩效上看，企业最缺的就是客户维度的绩效；从行动上看，企业最缺的是为客户着想的思维，在出现利益冲突时，总是想着让客户买单；在资源配置上，很多企业不具备客户洞察力，比如不少企业都没有配备产品需求洞察与分析的岗位，如产品经理。

（3）价值导向

每一条流程都有为之付费的客户，因此都要指向客户价值，每一个活动都要指向流程的价值主张。想一想：你参加的每个会议都有价值吗？公司的大量的报表产生了价值吗？大量的IT系统贡献了价值吗？

每一个部门都要知道自己的独特价值定位——为公司贡献了什么价值？很多企业对销售人员的激励是满意的，因为是价值导向的，但对于研发、供应链、质量及广大的后台部门，激励是不满意的，因为不知道创造了什么价值，不知道哪个部门应当多拿钱。

企业要有创新思维，敢于质疑每一个习以为常的管理体系设计：挑战每一个流程/活动、制度、组织、IT等，它们有必要吗？你有流程再造的勇气吗？运用第一性原则，将不能为客户创造价值的活动、部门、人员都去除。

（4）业务导向

企业成功经营的密码都在业务里，优秀的企业一把手往往具有战略思维，能够一眼看到事物本质。这就是强大的业务洞察力：战略/经营制胜的关键业务场景在哪里？关键的业务环节在哪里？关键的能力要求是什么？如何才能够快速地补强？这些想清楚了，胜利就是必然。

职能管理最大的瓶颈不在于专业，而在于业务导向不足，不知道业务需要什么，业务的痛点是什么。要去思考"我的职能资源与能力如何才能帮助业务成功"，而不是一味地想"如何把我的职能专业做强、做精，做到遥遥领先"。

流程是对业务的承载，业务导向才能够让流程更真实地反映业务，让业务更加顺畅。我看到很多职能人员沉迷专业工具的研究与实践，热衷业务研究的人太少。奈飞公司的人力资源总监说，如果只向全体员工推荐一门课程，他会选择"公司业务运作和客户服务的基础知识"。就像足球运动，不论你是教练、前锋、中场、后卫，甚至是体能训练师，都要深度地理解足球项目的业务全过程，理解业务场景，理解业务成功关键因素，这样才能成为一名优秀的岗位任职人员。

（5）流程中心

企业需要从以职能为中心向以流程为中心转变。因为为客户创造价值的是流程，而不是部门。卓越的运营来自卓越的流程，卓越的流程来自精心的设计。

每一个业绩差距背后都有流程能力不足的影子。流程才是产生问题的根本原因。流程总是可以被优化的，流程中的人总是可以被开发的。

先从客户视角来看企业需要什么样的业务流程，据此把流程设计好，再来看匹配什么样的组织，让组织能够支撑流程成功；然后看匹配什么样的人才，让人才把流程执行好，为流程贡献竞争优势；最后看匹配什么样的绩效，把价值评价做好，识别哪些环节价值大，谁的贡献大，做好投资的优化与激励的优化，导向更高效的价值创造。

（6）系统思维

要将企业视为一个整体，将企业与相关方视为一个整体，思考如何才能获得整体的效益最大化，构建整体竞争优势。

形成从两难/矛盾想法中构建一个优于任何一方的方案的综合思维，实现整体绩效的改善。比如处理好质量与成本的矛盾、进度与质量的矛盾、创新与利润的矛盾等。

关注端到端流程的整体效益,而不是每一个分散的环节或组成部分的效益,实现横向整合效益的最大化。

形成系统思维的前提是你要理解系统,将复杂的系统进行解构。流程就是最好的系统解构的抓手,如果你不借助流程,没有企业流程架构,系统思维就是一句空话。

有了流程架构,组织架构、IT架构就相对容易规划了,有了这些架构,培养系统思维就不会太难了。

第五章
什么是好的流程设计

第一节　策略正确，价值明确

流程设计质量的第一个标准是：明晰了有竞争力的价值主张，并定义了流程的绩效指标。

流程设计最重要的事情是明确流程的价值主张，而且这个价值主张要有竞争力。价值主张有竞争力建立在两个基础上：一是对准了客户的关键需求，即我们常说的痛点、怕点和爽点。这需要有强大的需求洞察力，因为80%的客户需求是隐含的，客户无法清晰地表达出来，需要流程设计人员去挖掘与洞察。二是相比竞争对手，你的流程表现比竞争对手做得更好，更有竞争力。

流程的价值具有以下特点：

客户导向：流程的价值是客户眼中的价值，而不是你以为的价值。要做到客户导向真的不容易，很多时候，我们以为自己理解客户，以为客户的需求是什么样的，实际却完全不正确，甚至南辕北辙。华为公司将客户需求洞察力作为公司核心能力就是这个道理。

我为某饮品企业提供咨询服务时，该公司销售副总对研发部及供应链部门说：你们的产品开发要对准市场需求，不能够站在内部视角。例如，在产品开发与质量控制上，你们强调了很多指标，如含糖量、无菌、蛋白质含量等，但客户并不专业，对于产品质量的判断来自感官，产品的颜值要高，看上去健康、安全、高档、质量好。你们要做的就是如何在保证产品功能性能指标的同时，与客户拉通标准，将产品与技术优势，转化为客户眼中的价值，转化为市场的胜势。

因人而异：不同类型的客户，甚至是同一类型客户中的不同人，对流程的需求都可能是不一样的。选择不同的目标客户，选择不同的价值主张，流程价值就不一样。你不可能把产品卖给所有人，也无法让所有的客户满意。对于企业来说，要做好目标客户的选择，将业务设计瞄准价值客户的价值需求。价值客户是那些战略地位高，通常在行业里有标杆示范效应的客户，采购规模大、产品价格相对好，能够给公司带来较大利润的客户。

优先分级：需求的重要度不一样，有些是关键需求，有些是非关键需求，要抓住客户的痛点、怕点、爽点。尤其是抓住那些在行业中客户没有被充分满足，而企业又有机会做好的需求，这是企业超越竞争对手、获取快速增长的关键。

动态变化：随着市场环境的变化，客户的需求也在变化，流程的价值主张也需要随之变化。流程就是要随需而变，企业要构建一张市场及客户需求捕捉网，对市场及客户需求快速地感知并快速地响应与改变。

流程的价值主张要与企业的品牌及产品的价值主张保持一致，形成面向客户，面向战略的一致的价值主张。通常而言，企业有三种价值主张：

（1）卓越运营（总成本领先）

➢ 为客户提供持续的、一致的、及时的、低成本的产品与服务。由于产品的市场定位不一样，功能与性能有差异，在客户层面表现出来的就是最佳性价比，在同一个市场档次的产品里，拥有最低的成本，可以给出最低的价格。

➢ 通常在客户眼中的表现有：稳定的高质量、成本最低、交付速度快、产品/服务选择性适中，不会过于强调个性化。

➢ 业务流程重点会放在 IPD（集成产品开发）及 ISC（集成供应链）流程上，通过产品开发与卓越的供应链运营打造一个质量好、价格低、交付快速、产品组合匹配需求的产品与服务，同时会通过营销流程建立一个高性价比的品牌形象。质量与成本首先是设计出来的，一个强大的产品研发流程是低成本战略的关键，要求企业建立强大的产品架构规划能力，构建一个低成本的产品平台，同时在产品研发过程中导入精细化成本管理。然后，再通过强大、高效的供应链来实现快速、准确、及时、低成本的稳定运作，确保持续稳定的批量供应表现，将极致性价比的产品与服务持续地交付给客户。

（2）产品领先

➢ 为客户提供高度满意的、超出现有的市场表现的产品与服务，往往会突破现有的业务边界，通过产品技术创新带来令客户惊喜的产品。

➢ 通常在客户眼中的表现有：高功能性能的优异产品，比如性能远超竞品，产品的外观惊艳、高端，提供独特的、实用的功能等；技术领先于同行，在市场率先推出新品，引领产品技术的趋势。

➢ IPD（集成产品开发）与 MTL（市场到线索）是该价值主张下的核心流程。通过 IPD（集成产品开发）流程要解决产品竞争力（功能/性能/质量等）、产品上新速度（领先对手推出新品，且领先越久越好）的挑战。这有赖于强大的市场需求及技术趋势的洞察力、强大的产品和技术路标规划能力、强大的核心和关键技术开发与预研的能力、强大的平台化产品开发能力。通过 MTL（市场到线索）流程要解决塑造成功的产品品牌与价值主张的挑战，让客户认为公司产品是市场上最好的、领先的、最高端的。

（3）客户亲密（解决方案领先）

➢ 为客户提供切合需求的、最优的全面解决方案。与市场同行相比，你最懂客户，深知客户的需求与痛点，且提供了最适用的解决方案。

➢ 通常在客户眼中的表现为：对客户的需求理解到位，甚至比客户更理解客户；解决方案与服务的质量好，客户满意度高；客户关系非常亲密，客户表现出很强的黏性，长期客户保留率高；企业对客户需求反应快速，为客户带来商业成功的同时，企业也获得了相应的回报。

➢ LTC（线索到回款）、MCR（客户关系管理）、MTL（市场到线索）、ITR（问题到解决）是该价值主张下的关键流程。通过 LTC（线索到回款）流程要建立强大的客户需求洞察力与解决方案提供能力；通过 MCR 流程，要做厚客户界面，能够快速、准确、全面地捕捉客户需求，深度地理解客户需求，并快速地响应与解决，建立全方位的客户关系，形成企业与客户的深度融合；通过 MTL（市场到线索）流程建立客户值得依赖的品牌形象；通过 ITR（问题到解决）流程，提供快速及时、完美的客户体验服务，确保客户满意度处于高水平。

一个好的流程设计要提出有竞争力的价值主张，回答"客户是谁，是否抓住了价值客户？""客户的核心需求是什么？""是否抓住了客户的价值需求？""你的差异化的价值主张是什么？"等问题，要与业务整体的价值主张保持一致，同时要明确、清晰，有行动导向。

第五章
什么是好的流程设计

对于面向外部客户的业务流程来说，价值客户就是：战略客户、利润客户与大客户的结合体。

战略客户就是"战略地位较高，能作为样板用户，可以带动其他客户消费的客户"。比如家电行业，美的、格力、海尔就是战略客户，你把产品打入他们的供应链体系，基本可以顺利进入其他家电企业了。

利润客户就是"能接受的价格给公司带来的利润大于机会利润的客户"，通常给公司带来更大的利润，至少要保证不低于公司的平均利润水平。

大客户就是带给公司订单量大的客户。看看销售占比就清楚谁是大客户了。

对于面向内部客户的管理流程来说，价值客户就是：最重要的部门、最大价值的部门、影响力最大的部门／个人。

最重要的部门就是从公司战略与经营角度思考，承载了公司价值主张或核心竞争力打造的业务流程，研发、营销、销售、服务、供应链中的一个或多个。比如我服务过的某企业，当下的战略突围重点是快速缩短与行业领导者在产品质量与成本方面的差距。相比较而言，公司的营销、销售、服务能力在行业是有竞争力的，所以，研发与供应链流程是最重要的流程，这两个端到端流程中的所有者部门及关键部门就是管理流程最重要的客户。

最大价值的部门是基于管理需求来判断，可能带来最大价值回报的部门。比如对于制造企业而言，成本管理的主战场往往在产品开发及供应链流程中，产品开发、供应链流程中的所有者部门及关键部门就是管理流程最重要的客户。

对于影响力最大的部门／个人，在企业工作的人员都有切身的体会：在任何一个公司都可能有能够强制执行流程的部门或一级部门负责人，这个部门可能得到老板充分的授权，这个负责人可能是老板面前的红人，也可能是在公司的威信很高，还可能是有超强的专业能力。搞定这些部门／个人，基本就搞定了大多数部门。

很多企业的流程设计没有灵魂，没有明确的价值导向，导致为了流程而设计流程，这就是管理最大的内耗，是典型的不增值行为。

不同的价值导向下，流程设计会有巨大的差别，甚至会出现在某一种价值导向下的一些重要流程在另一种价值导向下被去除掉。这就要求我们在做流程设计时，要有明确的价值导向，提高流程设计的质量。

第二节　流程精简，运行高效

一个好的流程一定是增值活动密度高于同行的，这才是企业卓越运营的根本保障。

华为从2016年开始把"日落法"当成管理手段，任正非强调，每增加一段流程，要减少两段流程。华为为此还成立"日落法工作组"，这个小组的主要工作就是带着基层的痛感，找到流程改进点，然后交给变革体系去落实改进。

流程设计，是一次流程再造的机会，是一次给流程做不增值活动"大扫除"的机会。

首先，我们要想：这个流程有客户吗？对于客户的价值是什么？也许你会发现这个流程压根没有客户，所以可以果断地把这个流程去除。

曾提供过咨询服务的一家企业的企管部同事告诉我，他们部门实在太忙了，几乎所有的事情都与他们相关，光是无数的会议就让部门人员精疲力竭。我问企业部同事小A："能否举个案例？"他说："比如最近发生了公司员工宿舍楼狗咬人的事情，需要召开一个专题讨论会议：是否要打狗，或禁止小区养狗。"企管部自然也被邀请参与。我问他："你在会议里的价值是什么？你们有专业的知识来支撑决策吗？"小A告诉我："这件事上企管部不专业，最大的价值就是协调，当出现不一致意见的时候代表公司协调。"

这就是典型的不增值。专业的事情没有所有者，没有部门和责任人对它负责。没有专业支撑与责任界定的协调就是不增值的。

接下来，我们要进一步追问：流程中的每一个活动都指向客户价值吗？对于不创造价值的活动就要去除、合并或简化。

一般完成流程设计之后，我会问三个问题：

①通过流程增值属性分析，是否识别出不增值活动，并进行了相应的优化？有没有将不增值的活动去除或简化？

②对于流程活动之下的任务是否识别出不增值环节，并进行了去除或简化，比如简化了表单，减少了不必要的信息字段；简化了规则，简化了岗位界面等？

③是否通过规则化、自动化，将人手从确定性工作中解放出来？

我们要高度警惕管理类的工作，里面隐藏着大量的不增值活动，比如审核、评审、确认、审批、决策、监督、指挥、协调、会议、报告、报表等。

以我的经验，相当一部分企业审批流程价值导向是不清晰的，审批流程设计是基于职能权力的，而不是基于价值逻辑。大量审核/审批节点不清楚审核/审批背后的目的，没有建立审核/审批规则，其中还充斥着大量由于组织层级带来的重复审核/审批。

有大量的报表无人阅读，是专业部门臆想出来，用来展现专业能力与成果的。能够引发有价值的决策或行动的报表/报告更是少之又少。

大量的会议目的不清，议程缺失，议而不决，决而不行，行而不果。有人戏称，所谓的职业经理人，不是在会议中，就是在开会的路上。

我曾服务过一家中国500强企业，刚入职时，每天都加班到晚上十点多，非常疲惫。工作一段时间后，我发现70%以上的时间用在会议上，仔细一想，发现大部分会议中自己没有产生价值，我参加或不参加对会议结果几乎没有影响。

我想，只要把无效的会议时间减少，工作效率就可以大幅提升，完全可以在不加班的情况下更出色地完成工作。

我采取了两招来提升效率。第一招是找到我的内部客户——销售部，请销售部给我的部门负责人发了一封邮件，要求我加大对业务支撑的力度，申请将我从部门会议中解脱出来。这一招，把基本一半的会议砍掉了。第二招是优化个人参会流程，提前思考好价值点在哪里，对于无关的信息直接忽略，只关注与我有关的内容。同时，在会议讨论与自己贡献无关的事情时，打开电脑处理手头的工作。到了需要我发言的时候，我只需将已经准备好的意见发表出来。有些会议很空洞，我就用格式化的语句来应对。

这样操作下来，我很快就在8小时内完成了工作，同时显著地提升了工作的产出质量。我成为部门内几乎唯一的到点下班回家的员工，但我的绩效等级在部门却是中上水平。

第三节　责任落实，组织适配

很多企业设计流程，却不同步调整组织。结果可想而知，流程成了支撑组织运作的工具，流程本质没有发生变化，不是端到端的，仍然是职能导向的。

实际上，每一次流程设计都是一次组织或大或小的调整或优化的机会，流程设计的本质就是要改变组织，让组织围绕支撑流程成功而设计。

如果是端到端一级流程的设计，一定离不开组织架构层级的调整。端到端业务流程是水平的，跨越了多个职能部门，没有一个部门能够对它的结果负全部责任，必须是跨部门协同才能完成。

那么，问题来了：怎样判断哪个部门是流程所有者？如果不调整组织，你会发现找不到任何部门来负责，因为他负不了责任，组织不支撑。流程所有者并不是一纸任命就完事了，任命背后要解决权力、责任、利益与能力的问题。

如果你要推行IPD（集成产品开发）流程，谁来做IPD流程所有者？好像非研发部门莫属，那么问题来了：研发部门如何搞定产品规划、产品charter开发？这里面似乎一半是市场，一半是技术。谁来搞定新产品导入量产流程？这里似乎一半是技术，一半是制造。企业需要构建产品线组织，不论它是重量级的还是轻量级的，通过产品线组织将市场、采购、生产、服务、质量、测试、财务等职能集成起来，成为一个端到端的组织责任主体。企业需要构建强矩阵的运作机制，来支撑产品开发团队（PDT）的有效运作，让来自职能部门的各类代表（制造、服务、采购等代表）能够真正地围绕产品开发项目经理的指挥，紧密、高效地协同起来，让产品开发项目组成为产品开发流程团队的运作核心，而不再是职能部门。

如果推行LTC（从线索到回款）流程，你会发现销售部门是当仁不让的流程所有者部门，但销售部门负责人能够有效地指挥LTC（线索到回款）流程跨部门团队吗？比如销售部门的责任中心定位是否需要调整，如果还是收入中心的定位，销售部门只关注赢单，而不关注盈利，只会一味地呼唤炮火，但从来不为炮火费用负责，研发部门、交付部门会服从他的领导吗？如果没有一个铁三角项目组织阵形，产品/解决方案经理、交付经理如何参与到销售项目中？如果不定义各阶段的责任与主导者，这个销售项目组能够高效运作吗？如果不建立面向一线作战部队的授权机制，还是层层上报审批，组织能够面向市场快速反应吗？

如果推行ISC（集成供应链）流程，你会发现到底谁对需求负责。销售预测多少就生产多少吗？还是由生产部来负责，尽量追求生产效率最大化？你得考虑计划管理组织的构建，要有端到端承担计划管理责任的组织，比如计划管理委员会及集成计划管理组织。我见过有组织将PC（生产控制）放到制造部，将MC（物料控制）放到采购部，这种架构下，集成计划必然是句空话，实际运作一定是各自为政，一定是相互甩锅。

同样要关注谁对订单端到端交付负责。很多公司将订单管理部门放到销售组织，因为他们最关心订单，但他们做得更多的是跟进、协调、统计等间接工作，甚至是不增值的"二传手"工作，怎么能够对订单准交负责？

谁对公司采购物料总持有成本负责？是采购部吗？如何有效地把研发、质量相关部门集成整合进来，形成公司级的采购团队，协同作战，让大家面向同一个目标进行作战？企业可能得思考要构建采购委员会、采购专家团队的组织阵形。

哪怕是一个三四级流程的设计，同样要考虑组织的适配，比如职责、考核机制等。

记得为某企业提供流程管理培训时，公司HRD（人力资源总监）问我："每次出现新员工入职，由于办公用品未配备到位或IT软硬件资源不到位，导致新员工抱怨甚至离职时，我都会被老板骂，感觉很冤枉：明明问题出在行政部或信息管理部，我作为HR部门的责任已经到位了。但老板不听我解释，他认为招聘就是人力资源的事儿，出了任何问题都是我的责任，我该怎么办？"

我说："你能够改变老板的认知吗？"答曰："不能。"我接着说："那就好办了，既然老板认为新员工入职流程是你的责任，你就是这个流程的所有者，也拥有对这个流程进行设计、推行、跟进、检查、评估与改进的权力，建议你把新员工入职流程写长一点，从原来以人力资源发出入职员工信息为终点，改为到员工具备办公条件为终点。在这个流程中，定义行政部门的工作任务及时效标准，信息管理部的工作任务与时效标准。然后，基于流程行使你对行政部、信息管理部的工作督办权，并建立问题升级解决机制。我相信老板会支持你，而且后续这类问题会有效得到解决。"

后来实践证明，我建议的做法是行之有效的。

在设计三四级流程的时候，我们要重新思考流程中角色由哪个岗位来承接，不一定是基于现有的组织分工来确定，而是基于效率与风险兼顾的原则，找到最合适的岗位。效率原则就是找到最适合的岗位，最明白、最高效的岗位，这是一次优化组织职责的机会。

为什么要推行流程管理？本质就是要建立流程型组织。为什么要建立流程型组织？目的是改变企业的价值创造方式。从直线职能制组织架构下，由一群职能精英来指挥广大员工的精英价值模式向端到端业务流程团队、职能精英与一群骨干共同围绕客户需求而协同的客户价值模式转变。

战略决定业务，业务决定流程，流程决定组织，企业管理的路就是构建流程型组织。企业的组织要支撑流程成功运作，企业运作的主线是围绕客户实现跨职能团队协同作战，面向市场需求、竞争需求进行价值创造与交付。

第四节　规则清晰，风险可控

流程的核心内容有两部分：一部分是基于风险的管控，确保流程目标的达成；另一部分是业务最佳实践的固化，确保流程的效率。这涉及两方

第五章
什么是好的流程设计

面的内容：一是规则是否清晰地梳理出来，并不断优化；二是是否识别关键风险并建立有效的管控措施。

你是否有这样的体会：流程设计完成之后，流程团队严格按照流程执行，但最终从流程运行结果来看，也许与之前没有太大的改变，效率没有明显的提升，该犯的错照样犯，还是不可控。

一位客户的研发负责人管着几百人的研发团队，但他仍然在直接负责公司关键的研发项目，担任项目经理、技术专家，仍然承担了很多设计文档的审核工作。我问他为何不授权，把自己解放出来，让自己有更多的时间去关注研发平台能力建设、研发团队能力开发、基于未来的技术创新等。他告诉我，虽然大家都按IPD（集成产品开发）流程工作，但他如果不盯紧一点，各类问题就会不时爆发，后果不可控，他放心不下。

问题背后的本质很简单：该企业的经验未转化成规则，未识别关键控制点并建立有效的管控措施。

一个好的流程设计就要达成这样的目标：降低对人的依赖度，依靠人，但不依赖人。如果能够做到，公司发展就更加稳健、可持续。对于成熟业务，管理者可以放心交给团队，交给流程制度，可以放心睡大觉，而将精力用于面向未来、面向竞争、面向创新的战略布局与核心能力建设。

麦当劳员工的薪资并不算高，但依然有很多打工赚零钱的学生以及下岗人员蜂拥而至。对于某些企业来说，按照麦当劳的薪资标准招聘人的后果就是没人做事。那么我们需要思考：麦当劳公司为什么能低薪用好人，而我们公司不能？

以我的经验看，很多企业普遍存在的问题是流程设计缺乏规则，写得太空，很多时候只解决了跨岗位流转的问题，对于如何流转的经验没有转化成规则，导致流程没有力量。

在伦敦上学的外国学生，最大的体会是：学校里从来没有人管你，但谁也不敢犯错，所有规定完备，必须按照既有规则办，除非你不想毕业，或者是聪明到超过规定的制定者。不过，后者基本很难做到，因为英国人最擅长制定规则。

管控到位的流程是可以摆脱对人的依赖的，是可以托住业务流程质量的底线的，执行人员虽然有差异，但最终的质量能基本保证。体系与机制相对健全的企业，不论管理者是什么出身、能力如何、经验如何，最终企业的管理都不会太差，会处在一个相对较高的水平。

我们要看流程设计是否识别了流程运行过程中的关键风险点，是否基于关键风险点确定了流程的KCP（关键控制点），并在KCP（关键控制点）中建立了有效的控制措施。

典型的风险有财务内控风险、质量风险、信息安全风险、环境风险、数据风险等。基本集成了各类管理体系的管控要求。

关键风险的识别质量同样是需要时间迭代提升的，需要企业有很强的复盘总结能力。业务一个周期一个周期地跑，就会积累很多的数据与经验，各类风险与问题就会充分地暴露出来。对于发生频率高、后果影响大、发现/识别难度大的风险，要不断地识别出来，这些风险是具象的、场景化的，背后都有具体的案例支撑。对这些典型案例深度复盘，就能够找到有效的管控措施。

大家都知道，飞机制造公司都追求做到同一个原因不会引起两次空难事故，他们如何做呢？每次空难发生后，会尽可能地找到黑匣子，然后做深度的复盘与总结：问题发生的根因是什么？在流程的哪个环节发生的？下次如何才能有效地规避？形成相关的工作标准，比如设计标准、物料选型标准、测试标准、检验标准、工艺标准等，这些标准是后续流程执行人员必须遵从的。由于这是关键控制点，流程活动完成后，要设计评审/检查点，在对应的评审/检查清单中，要增加对是否执行上述标准的检查。这样就完成了一个闭环，有标准规范保证你不重复犯错，有检查来防止你不执行标准，构建了双重保险，再犯同样错误的概率就低了。

对于风险识别与KCP（关键控制点）识别，最好是基于端到端流程拉通进行。流程KCP（关键控制点）的建立要做到少而精，不能够遍地开花。如果太多了，K（Key）就失去意义，就不关键了。

对于风险的识别要具体、明确，最好是有数据与事实支撑，不能够描述得过于空泛、抽象，像正确的废话，没有行动导向。

对于 KCP（关键控制点）的风险控制措施要做到面向关键风险的控制，有明确的规定动作、标准与要求，标准与要求是管控措施的灵魂。

读者可以拿下面的标准去对公司流程文件做一个检查：

- 流程中识别了关键控制点吗？
- 流程活动说明中有对应防范或控制风险的管控标准或要求吗？
- 管控标准或要求可执行吗？是否能够被大多数流程执行人员理解并掌握？

第五节　知识丰富，经验复制

企业最苦恼的是，专业岗位上中高级别人才太少，大量的初级水平人员成长不起来，企业高度依赖少数专业高手。更可怕的是，这些人越来越累，越来越老迈，越来越没有活力了。

人才为何成长不起来？其中一个重要原因是，企业不具备知识管理能力，不能将公司过往的经验持续沉淀在公司平台上，成为一个有记性的企业，从成功中吸取最佳实践，从失败中总结掉坑的原因，制定对应规避措施。

ATM 咨询提出：流程管道，知识活水。知识要长到流程的管道上才能更好地发挥价值，因为流程才是知识应用的场景。知识最好的承载点是流程中的活动，通常有五种承载形式：作业指导书、模板/表单、清单、FAQ、案例。

不少企业的实际情况是，供应链业务域，操作手册相对健全，但在市场、研发、销售、服务、管理业务域，操作手册相对缺乏。

同时，很多情况下操作手册没有起到应有的作用，没有引起操作人员的阅读与学习的兴趣，或者操作人员看完之后，还是不知道怎么做。对于操作手册质量的标准，要做到让一个新员工基于操作手册及简单的培训指导能够快速上手。

以生活中的案例来说，我有时会炒菜，尝试一些没有做过的菜品，基本可以按照网络上的做菜小视频完成相应的操作，几次实践下来就能让自己满意。我觉得这些小视频对居家人士来说是一份符合要求的操作手册。

模板也是大多数企业缺失的。华为公司认为，职业化的过程就是模板化的过程，通过模板化实现标准化。如果有了高质量的模板，很多工作就变得简单了，你只要跟着模板一步一步走，就能够交付一份还不错的成果。优秀员工的价值不是他亲自投入一场场战斗中，而是为公司贡献高质量的模板，让他的经验通过模板千万次地被复制，让价值成千上万倍放大。

我曾经为内控主管设计了内审合格报告及不合格报告模板，成功地将内审报告编制时间从原来的 1 周缩短到 4 小时以内。这就是模板的力量。严格意义上说，绝大多数职场人的工作都是一个套模板的过程，都是有套路与模板可循的。

企业实际编制 FAQ 的行为就更少了，但不代表不需要，实际上 FAQ 更加场景化，更受操作者喜欢。在修车时，你可以看到修车小哥拿一个平板就能够搞定很多故障问题，只要把故障问题代码或描述录入系统，就能够快速搜索出针对这个问题的维修解决方案，大幅提升了维修工作效率，降低了对维修工的专业要求。

企业非常需要清单，但大多数场景是缺乏清单的。我们大量的流程是做评审、审核、验证、审批等，但很多控制点没有清单，这会带来三个严重的危害：

- 控制活动失效，一堆人评审、一堆人签字，流程照样出问题，控制活动流于形式。
- 由于没有规则，给操作者很大的权力寻租空间，增加企业产生腐败的概率。
- 高度依赖人的能力与责任心，也是导致企业授权不足的重要原因。

在不同的业务域，我们都有过成功的经验，比如拿下难啃的项目，成功地开发出一款大卖的产品，成功地完成流程变革，显著提升公司的效率等。但这些经验往往冲进了下水道，不能够复用。在公司业务取得成功之后，第一件事就是编写案例，把成功的过程总结出来，把过程中的关键点与成功经验总结出来。虽然大多数情况下不能直接复制案例，但足以为后来者提供借鉴。

如果公司能够在流程设计中，将关键节点的知识文档建立好，并能够持续迭代，与时俱进，就相当于把最佳实践固化到平台上，人才的培养就变得非常迅速。如果公司再配上好的授权、选拔与培养机制，良将如潮的局面就会形成，一群厉害的精兵强将就会涌现出来。

我在企业有过上述实践，通过把SAP系统开发工作形成操作手册，开发对应的培训教材，为学员提供实战用例，加上导师有针对性的辅导计划，实际效果是一个应届本科毕业生不到半年就可以成为SAP系统开发的熟手。这项操作给公司带来了巨大的生产力。

第六节　基于人性，激发活力

最好的流程制度不需要人监督，因为流程执行人员比任何人都在意流程的结果。

我觉得关键点在于两点：一是员工能力与流程匹配，保证员工具备执行流程的能力；二是流程评价与考核机制的设计，保证流程执行的结果与关键岗位人员的利益关联。

某企业新产品孵化了两年多，一直无法突破，销售额停留在百万元级别。于是，企业更换了销售负责人，从市场上找来了能力更强的人。新来的销售总监接手一段时间后发现产品力不行，于是提出要对产品重新定位、重新研发。研发部门对此很有意见，提出要有详细的新产品立项数据与论证，销售部门不愿意提供，于是找老板打官司。老板说："销售代表客户，还是听销售的吧。"

这个案例就是典型的责权利不对等。从利益的角度看，产品力不强，销售是最急的，他有意愿把产品策划做好。但从能力的角度看，销售是没有市场洞察与产品charter开发能力的，因为他看到的更多的是客户短期的需求，而不是市场中长期需求，更谈不上对客户产品需求的深度洞察，以及基于产品的深度分析与竞争对手分析。从责任的角度看，产品策划责任更是悬空的，公司没有任何一个部门对产品策划的结果负责，即对产品上市成功负责。

一份好的流程与制度，要让真正想干事的人有种释放感，而不是束缚感，能够将人的身心全部聚焦企业的效率与产出上，而不是让员工总想着钻空子，想着牺牲公司的利益，寻求个人利益。

一个好的流程与制度是基于人性设计的，做到扬善抑恶，这需要管理者的智慧。

以华为公司接班人培养工作为例，基于不同的人性假设，有不同的管理措施：

第一种：基于性本善假设，与管理层讲道理，如果主管不发展自己的接班人，你就一直无法脱离现岗位，自己累不说，未来也不可能会升职。但干部本人的想法是：公司本来升职机会就少，就算有，也不知道猴年马月才能轮到我。更现实的做法是，先保住现在的职位，真正出现晋升机会时，再培养接班人也不迟。否则，提前培养好接班人，很可能让自己被动，甚至把自己取代了。

第二种：基于性本恶假设，和管理层定规矩，每个干部必须培养一名接班人，否则会被评为不称职，并纳入个人岗位绩效考核，影响你的升迁与收入。干部本人的想法是：企业业绩才是王道，只要我的业绩好，又保证我的不可替代性，保住位置问题不大。如果人力资源部门或老板把我逼急了，到时找个人凑数，搞一些学习活动，对付一下，做到态度正确。

第三种：从人性角度分析，很少有人愿意培养接班人，那就采取隔级培养方式，让干部培养自己的下级接班人，而不是自己的接班人。对于干部来说，既不担心培养起来的接班人会威胁自己的职位安全，又不用担心下级异动风险。采取这种假设与安排，干部不再将接班人培训工作看成约束，而是有内驱力，将积极性与主动性充分地释放出来。

第六章
流程设计十步法

第一节　流程建设项目策划

一、营造项目紧迫感

我在一家外企开展的流程建设项目工作非常成功，大概花了不到一年时间，完成了公司80%流程制度的编制，得到公司的高度认可，我也因为这项成绩在公司站稳了脚跟，并在入职一年后被提拔为流程管理总监。

事后复盘发现，项目紧迫感是充分的。我清晰地记得，入职后我问领导，公司为什么如此重视流程建设。领导给我讲了公司开展流程建设工作的背景：

公司发展已经有十多年的历史，去年一批骨干员工与干部突然离职。他们离开不是因为对公司不满，而是想换个环境发展，或出去见识外面的世界。没有想到的是，这些人离开之后，原来很成熟、很顺畅、很平常的业务居然无法正常运转了。比如信用证开具流程，资金经理离职后，公司没有一个人知道如何完整地把信用证开出来。这就说明公司的流程完全没有沉淀，都在干部及骨干员工的脑袋里，他们离开公司了，流程也被一同带走了。

由于有切肤之痛，加上高层的重视，工作的紧迫感非常强。从总裁到一级部门的总监都深感其痛，公司管理层达成了高度的共识。

公司成立了以运营高级副总裁亲自挂帅的效率提升小组，专项推动流程建设工作。目标很明确，就是要把80%的隐性流程显性化，把当前最佳的业务实践固化下来，为公司后续的发展提供一个基础的管理平台。

这种紧迫感，也保证了后续流程设计的质量。我清晰地记得，物流部门输出入仓、出仓、盘点相关流程后，我在流程文件评审时，对流程责任人说："你的流程文件写得太空泛了，缺乏对于不同场景的操作指导，也缺乏相应的规则来保证质量、防范风险。"对方很抗拒地回应："我们平常就是这么做的，而且我们一看就很清楚。"本来我还想从理论上解释一番，没有想到物流总监跳出来说："我非常认同陈立云的意见，你们平常在这些环节出了一堆问题，在这次流程设计过程中必须要有规避措施。你们还要考虑人员变更，尤其是新员工接手时，如何保证流程质量仍然可控。"

十多年后，我去另一家公司推动流程架构规划及流程建设项目，虽然个人的专业功底大幅提升，但项目成果却相形见绌。这家公司依靠资本、技术超级雄厚的母公司进行基于相同核心能力的相关行业创业。

公司CEO说，回顾母公司过往创业历程，一直不重视管理体系的建设。在新创办子公司时，公司CEO希望能够从一开始就构建一个世界级的管理体系，让公司处于一个高的平台，支撑公司发展得更快速、更稳健。

但实际情况是，我能够感受到公司最重要的事是趁着市场增长，快速地抢占市场，抓住行业爆发的关键期，迅速成长为行业的领导者，为后续的上市奠定基础。管理体系建设对于业务增长的支撑是不直接，甚至是有所阻碍的。所以，我认为公司并没有足够的紧迫感，甚至流程管理工作不是公司当下的重点工作或者主要矛盾。后面我们在工作推进的时候，非常地痛苦，流程输出的质量也不高，效果自然不佳。

其实，对于创业型公司，流程设计的挑战更大。由于很多业务都不成熟，甚至是新的，流程设计需要大量地借鉴标杆，且需要各部门经理级别及以上人员参与，将他们过往的优秀实践经验固化下来，才能为未来设计出高效的流程。但在这家公司进行流程建设的过程中，几乎感觉不到来自中高层的关注，工作基本交给了操作层的员工，流程设计的质量自然不佳，发布后的效果也一般。

我们知道，组织变革推动所犯的最大错误，就是没有在其管理者和员工中建立起足够的紧迫感。这个错误是致命的，因为当人们的自满情绪高涨时，组织转型很难达成目标。变革领导者往往高估了自己推动组织重大变革的能力，低估了促使人们走出舒适区所需的努力。没有紧迫感，人们就不会做出额外的努力，而这种努力往往是不可或缺的，他们就不会作出必要的牺牲，而是躺在现有的功劳簿上，抵制公司要求的变革。

企业在全面系统地推行流程建设工作时，需要想清楚目的、价值、需要投入的资源，需要适当地营造紧迫感，让大家明白流程建设的必要性与紧迫性，让关键的利益相关方至少一半是发自内心地认可。

如果无法建立这种紧迫感，我们不建议采取专项行动来系统地开展流程建设工作，而是可以把时间拉长一些，化整为零，慢慢推进。

二、成立流程建设领导组

项目成员构成：Sponsor（赞助人，通常是公司 CEO 或分管流程工作的副总）、具有全局观的相关一级部门一把手（不是所有的部门负责人）。

流程建设领导组主要的职责如下：

- 对流程建设项目的全面成功负责，对项目组发挥领导作用。
- 引领流程建设项目方向，促进管理层达成共识。
- 批准流程建设项目规划，为项目组提供相应的资源。
- 参加项目专题研讨及项目月度例会，把握项目方向、质量与进度。
- 解决遇到的主要冲突/问题，并进行决策。

在很多企业，项目领导组只是发挥了给项目站台与支撑的作用：你看我们几个大领导都亲自参会了，够重视了吧，你们有什么问题与需求提出来，我们来搞定。

这远远不够。领导组没有花时间了解项目内容，甚至没有理解项目的目的、意义、愿景及解决思路、解决方案的关键点，比如：

流程建设的策略是什么？是分批进行还是全面铺开？是先慢后快，还是匀速推进？是重点突出，还是一视同仁？

流程建设的导向要求是什么？是自上而下端到端拉通，还是从下而上分头进行？

流程建设的重点是什么？解决隐性流程显性化？解决流程精简？解决向下授权的问题？解决 ×× 业务痛点？解决关键节点最佳经验总结固化问题？解决管控标准问题？……

流程建设后续的规划是什么？如何推动后续的流程运营管理：推行、检查、评估、优化、E 化？（见过不少企业花了大量时间推动完成流程建设工作，之后就陷入了迷茫：不知下一步该如何走，不知如何让这堆流程文件产生价值。）

领导组发挥的是引领的作用，要给项目组定方向、明重点、把关键，否则项目很有可能偏离公司的战略方向。

另外，邀请的是具有全局观的相关部门一把手，不是所有的部门的一把手。有位一级部门负责人在参加我的培训之后向我反馈："陈老师，今天听您的课，我很认同，也很向往，但我担心回到工作岗位后，又会回归到职能部门总监这个位置上思考，毕竟人是趋利避害的。"坦白说，这类管理者就不属于具有全局观的，就不适合进入流程管理领导组。这种差异化的做法，不仅保证了领导组的水平，还会激发内部职能部门负责人向标杆学习的动力，甚至可以关联干部管理机制，能够进入流程管理领导组的成员有更好的回报，比如能够得到优先提拔的机会。

对于项目 Sponsor（赞助人）角色，要特别说一句，领导作用真的很重要，不能是在一年一度的大会或项目启动会上表个态、说几句话，一定要在项目推进过程中让大家感受到你的关注。比如，可以定期主动找项目总监或项目经理了解项目进展、问题及需要的支持，也可以在项目组相关邮件中及时回复，表达你的意见等。我曾经抱怨过我的项目 Sponsor，他就是只在年会与启动会时做了一个激情的演讲，之后从来不找项目组沟通，我们发出去的邮件从来不回复，人情练达的职业经理人一看就知道，项目 Sponsor 根本不关注流程工作，流程工作推行自然步履维艰。

三、构建愿景、制定策略

使命让我们的生命更有意义，但使命通常较为抽象，看不见、摸不着。遇到困难的时候，我们容易灰心丧气。使命是愿景的方向标，而愿景则是使命的里程碑。愿景是一幅未来的画面，提示了人们为什么要努力做这个项目。愿景让我们看到未来不久发生的事情，有画面感，更能激励人心。

项目愿景的作用有三个：一是明确了变革的整体方向；二是激励人们采取行动向正确的方向前进，即使开始时人们会经历痛苦；三是快速高效地帮助或协调项目所有人员的行动，确保一致。

愿景在变革中扮演关键角色，会激励大多数人投入变革行动。没有一个恰当的愿景，变革转型工作很容易变成一系列混乱、不协调、纯粹浪费时间的零散项目。没有一个明确的愿景来指导决策的制定，每一个决策都会引起一场无休止的争辩，最小的决策都会引起白热化冲突，从而消耗变革能量，挫伤士气。

好的愿景评测标准：不仅指出流程建设项目的价值和意义，还框定组织的范围和指明方向，如果公司看到赚钱就做，将失去方向；能够让项目成员热血沸腾，甚至是热泪盈眶；能够激发项目成员对项目工作的希望和自豪感。

流程建设项目愿景示例："固化内外最佳实践，理顺横向协作机制，提升增值密度，减少业务风险。"

固化内外最佳实践：通过外部对标分析，结合公司的情况将外部最佳实践经验导入，并做适应性调整；找到内部标杆，将最佳实践总结提升形成流程说明文件——作业五件套（操作指南、模板/表单、清单、FAQ、典型案例）。通过内外部标杆实践固化，要让大家能够感受到标杆实践给公司带来的改变点及价值点，实现能够将标杆经验复制，并提升团队整体绩效的目标。这是一个令人心动的愿景：让小白像老手一样工作，大幅降低对于优秀员工的依赖，快速提升员工能力。

理顺横向协作机制：首先要将流程的责任落实到位，确保全流程和流程中的每一个活动责任及职责落实到位。企业中有两种典型责任不落实的情况：一是没有将流程的责任定义清楚；二是对于流程责任落实情况的检查与评价不到位。

流程责任定义不清晰又有三个层次的含义：

第一层次是无人真正承担端到端业务流程经营责任。

IPD（集成产品开发）流程中，谁对新产品市场成功、财务成功负责？谁承担新产品收入、毛利、市场占有率的经营责任？往往研发部门、销售部门、供应链部门、市场部门均不承担，最终还是公司承担。解决这一问题不仅需要明确IPD（集成产品开发）流程所有者部门，还要对所有者部门进行相应的职能职责调整，有利于它更好地承担端到端业务流程经营责任。比如成立产品线组织，来负责端到端IPD（集成产品开发）流程的运作，对产品线的市场占有率、收入、毛利、费用、净利负责。

LTC（线索到回款）流程中，谁对流程的收入、毛利、销售费用、成品库存、应收负责？企业销售部往往只承担赢单的责任，毛利会涉及销售与研发；成品库存会涉及销售与制造；应收会涉及销售与交付团队。这些责任往往没有明确主责人，最终还是公司承担。公司承担就意味着没有责任人。解决这些问题涉及销售组织阵形的调整，以及对销售部门定位的调整。比如华为公司将销售部门转型为利润中心，对端到端LTC（线索到回款）流程经营结果负责，负责区域经营业绩。

第二层次是没有定义全流程的绩效测量指标及能力建设要求，导致流程所有者责任落实不到位，很空洞。你很难评价流程所有者的表现，流程所有者也感受不到工作的压力，找不到工作的方向。

第三层次是没有将跨岗位职责界面定义清楚，导致实际业务运作过程中，经常出现跨部门扯皮的现象；也没有将流程活动的责任定义清晰，在流程说明活动中，对于要做的事情有明确定义，但没有明确做这件事情的目的与责任。审批流程就是典型的代表，大多数企业审批流程中，没有明确定义每一个审批节点的目的与责任——控制什么风险，对什么风险负责。导致的后果就是，为了审批而审批，既消耗了资源，又没有起到风险控制的作用。

提升增值密度：积极推动管理变革，将不增值活动最大化去除，实现增值密度提升20%以上，大幅提升企业运营效率。

减少业务风险：建立针对财务内控及质量风险的有效管控措施，确保公司业务可控，基本不受执行人员能力、态度、资历的影响。

四、沟通/宣传流程建设项目

在流程建设项目正式启动之前，要做好与项目组所有相关人员的沟通，尤其是与关键利益相关方的沟通。通常的做法有：

第一，组织开展流程设计"松土"培训，重点讲"是什么"及，对于"怎么做"把大致的思路说清楚即可，不用过于细致。在讲"为什么"的时候，最好能够结合公司的现状、痛点来讲解，这样更接地气，听者有切肤之痛。如果是公司高管，尤其是一把手来讲，效果会更好。在讲流程建设之后的愿景时，可以用标杆公司的案例来讲解，但要求既有高度，又有深度，在公司高度关注的点上能够展开，让大家看到底层的逻辑，而不是停留在抽象的理念、原则上。

我在为某客户企业讲解流程规则梳理的重要性的时候，就举了一个亲身经历的案例：在一个企业的服务过程中，通过将员工 IT 系统账号、权限配置逻辑梳理出来形成一个管理标准，将这个管理标准提交办公会评审决策，形成公司授权认可的制度文件。将原来大量的、低效的账号、权限开通审批流程简化为对标操作，直接由系统管理员，根据申请人的岗位按标准开通即可，将大量相关人员的审批活动去除了。

第二，要深度地与流程建设项目关键利益相关方，即各一级部门负责人进行沟通，了解他们的看法：积极、中立还是消极。我的经验是，全心全意积极支持的部门是少数的，甚至是一个也没有。多数是中立甚至是消极的，往往消极的占了一大半。对于消极的负责人，我们一定要通过沟通了解清楚背后的原因，并采取有效措施消除他们的消极心态。

我曾经遇到过一个部门的负责人对流程建设项目的态度非常消极，甚至是抵触。通过沟通发现，他不认为流程建设是当下的主要矛盾，也不认为流程建设真的能够提升工作效率，而当下他的部门工作繁重，实在抽不出时间承担流程建设任务。我们采取的对策是：耐心沟通，让他明白流程建设的重要性，以及流程如何帮助他提升部门效率，从繁重的工作中解脱出来；调整流程建设节奏与重点，对他反馈的痛点业务优先进行改革，通过流程设计针对性地解决效率提升的问题，让他能够看到效果。后面的实践证明，这样做的效果不错。

第三，由公司高层，最好是一把手来组织读书会，选择经典的书籍给各一级部门负责人阅读，一个月后组织召开读书分享会，让大家来讲学到了什么，有哪些点是可以立即应用的，有哪些已有的行为是需要坚持的，有哪些不当的行动是需要立即停止的，有哪些点是不清楚的，需要进一步探索的。通过读书会，可以解决认识对齐的问题，通过分享会可以进一步提升共识，并且明确流程建设项目需要重点解决的问题，通常更有针对性。

第四，请外部专家来公司组织召开专题研讨会。在会前由流程管理部与外部专家做好策划。研讨会通常分成两个部分：一是由外部专家讲解流程建设项目的方法论，这里需要基于公司的痛点问题及需求进行定制，针对公司的痛点与重点需求进行相对深入细致的讲解，最好能用正/反案例分别讲解；二是进行研讨，引导企业方关键利益相关者提问，把实际工作中遇到的困惑，或者他认为未来开展流程建设工作可能面临的挑战向外部专家提出来，由专家给予针对性的解答。

对于流程建设项目，如果有 50% 以上的关键人员是支持的，就可以着手实施。如果这个人数比例没有达到，还得继续沟通、继续造势，培养公司对流程建设项目的共识与紧迫度。

五、消除流程建设项目阻力

企业为什么能够比对手做得更好？因为拥有比对手更强的组织能力。

为什么组织能力能够强于对手？因为企业拥有更强的管理变革能力。

为什么变革能力更强？因为企业高层拥有更高的领导力，能够直面变革阻力，直面问题与矛盾，打破既有的利益格局。

在流程建设项目开展过程中，难免会遇到阻力，比如某个业务部门不配合，不按计划完成输出，或者提供一个没有质量的输出应付了事。

对此，流程建设项目主导方一定要想方设法地消除阻力，否则就会起到不好的示范效应，导致更多的人不配合、不积极，影响项目整体效果。

通常的做法是：寻求高层支持、非正式沟通解决。

有些经验丰富的流程经理新加入公司时，会向公司分管流程工作的副总申请一个特权：在流程项目推行的前 6 个月，不论哪个部门投诉他，请领导无条件支持他。6 个月之后，不再需要这项特权。

高层的支持非常重要。美的公司为什么执行超强，很重要的一点是管理部门很强势，坚决自上而下地执行来自集团总部及事业部总经理的要求。

我非常敬佩的一位 IPD 咨询老师，他可能是我所认识的 IPD 咨询老师中推行 IPD 变革成功率最高的一位。他的一个非常重要的经验是，对于阻碍 IPD 变革的中高层干部，要坚决打击，甚至说服公司 CEO 将其撤职或调岗。

如果公司没有一个强有力的支持变革的高层，那么流程管理部门负责人可以用非正式沟通来解决问题。我觉得最关键的有两点：一是态度要谦卑而柔和，表示对反对者充分尊重，征求他对于流程建设项目的意见与建议，充分地听取并改进；二是适当地妥协，但底线与原则不能够让步，艺术地把握尺度。

六、打造流程建设项目样板流程

流程建设既是一场运动，追求流程覆盖率，同时也是一次专项突破，追求业务的改善。由于流程数量很多，你很难保证每一个流程都有改善、都有亮点，但必须保证有一定比例的流程让大家看到效果，感受到价值。

如何选择样板流程？

- 重要度高，且预期价值较高。
- 成熟度高，实施难度相对不大。
- 恰好有合适的人选来负责，流程归口管理部门负责人有意愿，且能够安排适合的人员来具体执行。

样板流程的数量建议每个一级流程业务领域选择一个即可，不宜太多。对于选定的样板流程也要做优先排序，根据流程重要度可以进一步区分为A、B、C三类，目的是更好地分配资源，确保价值最高的A类样板流程能够得到充分的资源保障，确保实现最好的输出，产出最佳的效果。

对于样板流程，流程管理部的同事包括流程管理部内部专家都要投入充足的资源来做好过程管理，确保流程设计的质量。最好能够参与流程设计的每一个过程，参加他们的内部讨论或研讨会，发挥流程专家的作用，引导流程设计团队一步步地完成高质量的流程设计。

对于非样板流程，做好进度跟进及关键节点交付物质量评审即可。当然，也需解决业务部门流程建设过程中遇到的各类问题。

七、分批全面推进流程建设

在前文已经介绍过分批推进的思路，这里不再赘述。流程建设分批计划最好是自上而下提要求，再自下而上收集。只要能达成总体的覆盖率目标，各批次的节奏控制可以相对灵活。流程建设分批计划一旦形成，就会列入各职能部门年度经营计划，纳入组织KPI的考核。

八、经验总结并固化到文件中

每完成一批次流程设计，甚至是每完成一个或几个流程设计时，建议流程管理部门同事内部及时组织复盘。

为了保证复盘效果，企业需要做好过程文档的归档，以及过程问题的记录。复盘要围绕流程设计流程来进行，将经验沉淀到各类流程文件中：流程建设计划安排、流程设计培训教材、流程设计指南、流程设计模板、流程设计样例、流程设计FAQ、流程设计评审清单等。

完成复盘总结后，及时更新流程建设相关工作计划及流程文件，将好的经验及时地固化、宣传与推广，将问题及时地予以规避，确保同样的问题不再犯。

第二节　Step1：定义流程边界

在做流程设计的时候不能够想到哪里写到哪里，一定要严格遵循流程架构，清晰定义流程的边界，否则流程之间无法有效地集成与拉通，就会出现重叠、交叉或断点。

大家不要轻视流程边界定义工作，流程边界是最容易出问题的地方，也是最容易产生价值的地带，业务运行的问题往往就出在接口处。虽然我们谈流程型组织，但流程也是需要分段管理的，如果边界定义不清，就会出现类似于"部门墙"的"流程墙"。

通常在做流程架构规划时，只是对流程大致的边界进行了区分，往往相对粗略，真正精确的定义需要在流程设计过程中才能实现。

流程设计的过程是对流程架构进行验证与优化的过程，如果在流程设计过程中发现流程架构与实际不符，就需要调整流程架构，最终要遵循沿着架构建流程的原则，确保流程设计与流程架构完全一致。

一、模板与表格

表 6-1　流程模板

上游流程		下游流程		起点	
触发事件		触发事件		终点	
业务场景					

相关概念解释：

➤ 上游流程：其输出作为本流程输入的流程。不是每个流程都有上游流程，一个流程的上游流程可能有多个。

➤ 下游流程：接收本流程输出做为其流程输入的流程。不是每个流程都有下游流程，一个流程的下游流程也可能有多个。

➤ 触发机制：触发流程开始或结束的机制，通常有三种：事件触发、时间触发、人为随机触发。

➤ 事件：是在流程过程中发生的事情，它们影响流程的流转。触发事件：是触发后导致流程开始或结束的事件。触发事件是一种状态，它代表了一个时点。流程开始触发事件指流程将从这里开始，流程通常是从外部触发的。比如客户投诉处理流程开始的触发事件是：接到客户投诉电话。当开始触发事件是多项时，有两种逻辑关系：一是 XOR（异或），多个特定事件其中只要出现一个为真时，即触发流程；二是 AND（且），多个特定事件都为真时，流程启动。结束触发事件是指流程将在何处结束。当结束触发事件为多项时，逻辑关系为 XOR（异或），即其中一个为真时流程结束。

➤ 起点：流程中的第一个活动。

➤ 终点：流程中的最后一个活动。

➤ 业务场景：场景的概念首先来自营销界，认为特殊情况要做特殊分析，用户和产品之间需要通过场景连接。比如平时不会买鲜花的人，可能会在节日或纪念日，给自己的太太买一束鲜花表达爱意。用户愿意为一个个体场景下的方案买单。用《场景革命》的作者吴声老师的话来说明场景的重要性：产品解决一个问题，场景持续解决问题。借鉴个人公众号"饼干哥哥数据分析"中的文章"回归到营销理论,谈谈到底什么是业务场景"对场景的定义:回归到用户使用产品的底层逻辑是用户先有一个目标,或者说任务,然后他在实现目标的过程(环境)中,存在一些痛点,需要使用某款产品来帮助达成目标。这里的目标(why)+环境[when(时间)、where(地点)、condition(状态)]+痛点(pain),就是业务场景。

二、操作方法与规则

由流程设计助手组织本流程涉及的相关角色的代表召开研讨会进行讨论,基于流程架构输出流程视图及流程清单,可以快速地识别出流程的上、下游流程。大家一起讨论输出是否准确,如确定无误,再来识别流程开始的触发事件及流程结束的触发事件,要注意触发事件是否识别齐全。

大家不要小瞧触发事件的重要性,有很多企业流程文件没有明确触发事件,意味着流程不知道什么时候开始启动,意味着还是主观来判断流程的开始或结束,流程没有形成自运行机制,没有摆脱对人的不必要的依赖。

我们来看两个真实的案例:

(一)反面案例

市场部根据新产品发展趋势预测和公司新产品年度发展规划,收集相关的新产品资讯。新产品资讯来源可包括(但不限于):

①在市场活动中收集到的相关信息(包括市场形势及产品需求、客户产品需求建议、产品市场销售反应、竞品状况及动向等)。

②收集到的新产品最新实物样品信息。

③追踪到的新产品发展动态信息。

④收集到的涉及产品性能、结构、环保等方面的重大质量信息,包括质量事故和顾客投诉。

⑤个人提出的创意或改良、改进设想。

这份文件选自某客户产品设计和开发控制程序文件中的第一个活动描

述。存在的问题是，没有说清楚什么时候会启动新产品资讯收集工作。导致的结果就是流程不容易落地，流程执行人员拿到这份文件之后还是不清楚怎么做。

（二）正面案例

表 6-2 活动模板

活动编号	活动名称	输入	活动内容	输出	模板/标准/工具
001	提供经评审的无约束产品要货预测	市场分析信息	每月8日前，销售主管提供月度的滚动要货预测。月度的滚动计划的输出要求为跨度3个月，按产品细分，并给出置信区间和上下限	评审后的按月度滚动的预测	预测模板

在这份文件中，明确地规定了触发机制：每月8日前，这个流程的执行就是确定的，新来的销售主管看到文件，就非常清楚什么时候要把滚动要货预测准备好，而不至于一头雾水，需要寻求老员工或领导的指导。

接下来，我们来识别业务场景。对于如何识别业务场景，建议按4W1H的方式进行识别：

➢ Why：基于业务目的的场景，如货物出仓会分为销售出仓、借货出仓、调拨出仓、领用出仓等。

➢ Who：基于流程客户的场景，如企业将外部客户分成大客户、中型客户及小客户，由于不同类别客户的价值主张不同，对应的服务流程设计就不一样。

➢ When：基于时间的场景，尤其在周期性强的领域最为显著，如高峰期与闲暇期、紧急时期与正常时期等。

➢ Where：基于地点的场景，如面向终端客户的业务的销售地点会分成直营店、加盟店、联营店、大客户公司等。

➢ How：基于方式/条件的场景，如按支付方式可分为现金支付、转账支付、汇票支付、扫码支付等。

业务场景原则上要求识别全面，否则一旦出现已经存在而未识别出的业务场景，就会发现流程无法完全适用，会给业务运作带来混乱。

对于业务场景的识别，同样建议由流程设计助手组织流程相关业务专家按4W1H方法进行会议讨论，基本可以快速地将业务场景识别相对齐全。即便识别不全，后续在流程运作过程中，发现有遗漏再将新的场景补充进来，并审视流程如何根据新的业务场景进行对应调整即可。

例如，有公司将采购流程按业务场景分成：非需求计划采购、需求计划采购、工序外协、受托代销、VMI采购、直运采购、统签合同分次采购、齐套采购、固定资产采购、费用性物料采购；将销售按业务场景分成：普通销售（先发货后开票）、普通销售（先开票后发货）、寄售、分期收款、委托代销、直运销售、零售（直营门店）、零售（直营专柜）、零售（加盟店）、调拨销售。

我们以新员工入职培训为例做一个场景4W1H分析：

① Why：场景一，文化价值观培训，建立新员工对企业价值观的认同；场景二，专业知识与能力的培训：熟悉工作流程、掌握工作岗位所需的基本知识和技能。以华为公司为例，文化价值观培训采取一周集中培训的方式；专业知识与能力的培训采取分营（一营、二营、三营）训练的方式。

② Who：场景一，应届新员工；场景二，社招新员工。由于这两个场景的差异较大，通常企业对于这两个场景会分两个流程做差异化的设计。

③ When：场景一，批量入职人数够开班人数时；场景二，员工零星入职，不够开班人数时。这两种场景下流程设计也会不同。

④ Where：场景一，海外新员工入职；场景二，国内本部新员工入职；场景三，国内本部外的新员工入职。

⑤ How：场景一，出现疫情等特殊状况时，就需要采取远程的培训方式；场景二，正常状况时。

业务场景不同，流程设计就不同，通常我们有3种方式来满足不同业务场景的需求：

①流程差异化设计，即不同业务场景单独设计一个流程。通常按照顶层共享、底层差异的原则进行流程差异化设计，体现在L4层级，即基于不同的业务场景将L3流程做分类设计。

②建立覆盖所有场景需求的流程，通过建立流程裁剪规则来满足不同业务场景的需求。流程裁剪在产品开发流程中有普遍的应用，基于不同的业务场景，会对产品开发流程从阶段、活动及交付物三个方面进行裁剪。

③采取同一个流程，要么在流程中基于场景需求建立不同的分支，要么在涉及 L4/5 活动的说明中分场景描述不同的操作方式。

在流程规划时，我们对于业务场景的识别是相对粗略，甚至是被忽略的。在流程设计过程中，对业务场景的梳理，有助于我们在原有流程清单的基础上，根据业务场景进行细化，使得流程清单更完善，更好地与业务场景相匹配。

三、典型案例

表 6-3　到货流程

流程名：制订到货计划					
上游流程	合同注册	下游流程	制订发货计划	起点	维护合同信息
触发事件	提供 CPP 合同信息时	触发事件	完成到货计划时	终点	制订到货计划
业务场景	供应中心海外发货、海外 Hub 发货、供应中心国内发货、国内 Hub 发货、货已发补手续、借贷冲销				

四、实战心得

业务场景对于流程管理也是一个较新的概念，企业往往没有业务场景识别的意识，也缺乏业务场景识别的能力。相当一部分企业在做流程设计时，是没有系统考虑业务场景的，导致在实际业务运作过程中流程无法支撑业务，没有真实地反映业务，一定程度上导致流程不执行。

我经常举的一个例子是，学会开车很容易，快的几分钟就能上手，但要把车开好却非常难，可能是一生要学习的功课。因为开车有无数个场景：在高速上行驶、在闹市区行驶、在非常狭窄的小道行驶、在泥泞崎岖的乡村行驶、在盘旋陡峭的山路行驶、在漆黑无人的旷野行驶、突遇爆胎等异常故障等。而多数人在学车的时候大都没有培训过这些场景，这些经验必须有了实战经历之后才会积累到。

有一次开车过斑马线，我远远看到一个老人在过马路，信号灯也很快就变绿灯了，以我的经验判断，正常减速过去完全可行，但没有想到老人居然停在路中间不动了。我赶紧紧急刹车，才避免了交通事故的发生。这次经历帮助我养成了一个习惯：凡是通过红绿时，始终将右脚放在刹车位置，以备不时之需。

流程是否要考虑各种异常业务场景？我认为是不需要的，覆盖主要的业务场景即可。但这不妨碍你把业务场景识别全面，有些很少发生的业务场景，如果很难或需要投入较大的成本做流程设计与运营，我们可以直接忽略，或者提炼了一些基本原则来指导这些低频发生的业务场景的处理。

流程承载业务，是业务的真实反映。在业务运作过程中，会不断出现新的场景，当新业务场景出现的时候，现有的流程无法指导操作。此时，通常的做法是，由流程所有者带领流程团队共同讨论确定流程处理方案，按公司授权报公司相关领导决策后执行。当业务运行 3~6 个月，流程团队需要将临时的流程处理方案梳理总结出来，形成正式的流程文件。

业务场景对于流程管理的意义非常重要，尤其是基于流程目标找到关键业务场景中的痛点，围绕这些痛点制定流程方案，并持续优化，有助于形成流程的竞争力。

第三节　Step2：分析流程现状

现状分析是流程设计与优化的前提，把流程现状、需求及痛点弄清楚了，流程设计就成功了一半。企业管理者往往能够观察或者感觉到业务的问题，但困难在于很难系统地分析，找到业务问题的关键点及关键问题的真实根因，或者不知道从哪里下手解决，拿出有效的解决方案。

在现状分析中，我们提倡遵循"以假设为前提，以事实为依据"的原则。

以假设为前提，就是依靠过往的经验或成熟的理论模型来寻找问题的解决方案。面对问题时，基于过往的经验来判断最可能的原因与解决方案是什么，缩小范围，这样可以大幅提升我们解决问题的效率。否则，我们就要把可能产生问题的所有影响因素罗列出来，然后逐一排查，工作量巨大，往往会无法应对日常大大小小、层出不穷的问题。

以事实为依据，就是放下过往的知识、经验或成见，对于作出的假设，从问题与事实出发，回归基本逻辑寻找原因与解决方案：问题是什么？问题产生的根因是什么？问题的利益相关方有哪些人？他们对于问题的看法是什么？问题解决的难点与关键点在哪里？如何入手解决？哪些问题能够解决？哪些问题不能解决？问题能够解决到什么程度？问题解决的时间大概有多长？我们要注意区分现象与事实，不要被问题的表象迷惑。

通常，企业开展流程设计时，有以下三种场景：

（1）隐性流程显性化

业务已经发生，有一套事实的流程在运行，但没有被文件化呈现，而是停留在相关人员的脑袋里。当熟悉流程的人员离开后，流程往往会被同步带走。

此时，非常需要将隐性流程显性化，以规范的流程文件形式固化下来，将隐性流程资产变成公司显性化流程资产，在组织平台上沉淀下来。

伴随着企业管理水平的提升，很多规模化企业往往都已经完成了基础的管理制度建设，但隐性流程显性化还远远不够，主要表现在三个方面：一是流程中大量的规则没有被显性化，导致流程高度依赖人，效率与质量均存在巨大的提升空间；二是企业内更多的是职能导向的流程，没有建立并拉通端到端的流程，导致跨部门/岗位协作效率低下；三是最佳实践没有被显性化与固化，导致企业成功经验得不到快速地积累与复制，企业进步的速度太慢。

（2）新业务流程建立

新业务就是企业从未开展过的业务，比如企业原来一直做直销，公司战略调整之后决定开展分销业务，分销业务对公司来说就是新业务。

新业务流程建立通常有两种做法：一是先开展业务，从行业里找到优秀的人才，通过人才来驱动业务发展，待积累一定经验之后，再将内部成功的实践通过流程固化下来；二是先借鉴行业内外标杆实践，建立一个基线版的流程，通过一个相对科学、规范的流程来驱动业务的发展。

这两种做法都是可行的，要看企业当下的主要矛盾是什么。如果企业的主要矛盾是快速地抓住机会，解决速度的问题，解决市场占有率的问题，效率不是主要矛盾，往往采取先招聘优秀的人才，辅以有力的激励机制来驱动业务快速发展，快速占领市场，待行业增速下降之后，再来考虑流程设计的问题。但如果企业当下的主要矛盾不是不够快，而是不够好，存在大量的质量隐患，同时对效率要求极高，如果采取粗放的堆资源的方式，很容易出现亏损或者重大产品质量问题，甚至是品牌风险，先做流程设计则更合理。

如果是新业务流程建立场景，则不存在现状分析阶段，但需要开展标杆研究，待确定标杆对象并获得标杆企业流程设计方案之后再进入流程设计阶段。

（3）已有流程的优化

企业已经完成了基础的流程制度建设，但这套流程制度不能够满足公司当前业务需求，通常表现是：一是部门导向的流程建设，流程是段到段的，而不是端到端的，在跨部门流程界面存在一定的重叠、交叉、矛盾、空白，端到端的流程缺乏整体设计与责任机制；二是流程设计的水平低下，没有真实地反映业务，没有有效的风险管控，没有有效解决跨岗位协同问题，大量的规则没有被定义，没有通过流程设计减少不增值活动等，没有带来业务的改善，且通常表现为写一套，做一套；三是公司缺乏统一的流程设计标准与方法论，不同的部门设计的流程差异较大，水平参差不齐，需要统一流程设计标准、模板及方法论。

流程现状分析包括两部分：流程写实与流程现状问题分析。

一、流程写实

我在为企业提供培训辅导时，在流程设计演练环节，有不少学员直接将公司现行文件中的流程图拿出来作为现行流程图。这种做法是不可取的。因为很多企业流程文件中的流程与实现运作的流程是不一致的，同时流程文件中的流程图往往颗粒度很粗，并没有真实地体现不同业务场景跨岗位活动流转过程。

流程写实，就是将流程现状如实地呈现出来，以流程图的方式表达。很多时候，企业并不知道真实的流程是怎么运作的，尤其是端到端的业务流程。因为职能制的组织架构下，大家往往只对自己负责的那一部分熟悉，并不关心与熟悉上、下游流程环节。每个职能部门对于同一个流程的理解是不一致的，通过流程现状写实来拉通各部门对于流程的认知。

（一）模板与表格

1. 流程写实模板（建议采取一图一表的方式展现）

（1）流程图

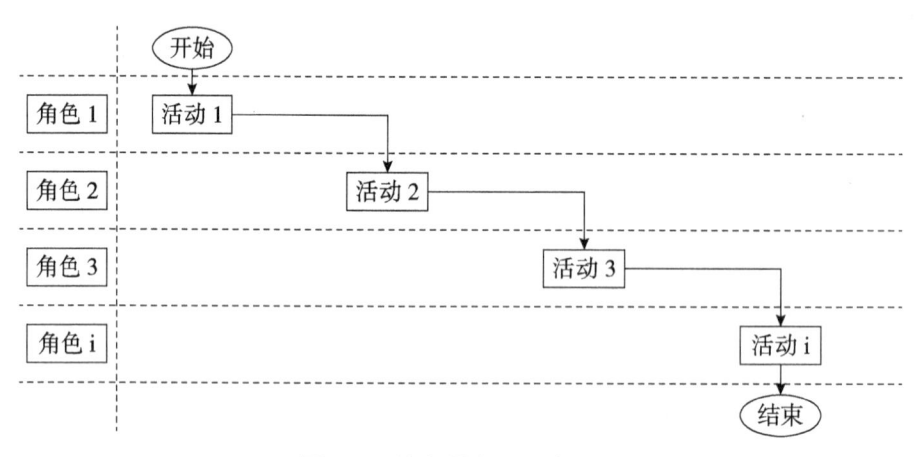

图 6-1　流程写实——流程图

建议采取水平式泳道图的方式来表达。利用"泳道"特点清晰且直观地体现出流程环节发生在哪个角色，从而区分出事件主体并反映各角色之间的协作关系。

如图 6-1 所示，一个角色有且仅有一条泳道，该角色所有的活动，均在对应泳道中展现。整体采取左进右出的方式来表达流程各活动的流转顺序。

2. 流程现状写实表

表6-4 流程现状写实表

活动	任务	规则	主导岗位	配合岗位	表单	IT系统	退回比例	退回原因	等待时间（分钟）	处理时间（分钟）
提交费用报销申请	登录OA系统									
	查找并打开费用报销流程									
	按《费用报销申请单》逐一填写费用报销单	费用科目选择规则、责任部门选择规则	申请人	费用会计	《费用报销申请单》	OA	/	/	0	40分钟
	点击"申请"按钮									
	寻找费用报销单									
	填写纸质《费用报销申请单》	费用科目选择规则、责任部门选择规则								
	将发票按财务要求粘贴在费用报销单背面	发票粘贴规则、规范发票的规则								
业务初核	略	费用科目选择规则	直接上级		同上		0	略	120	3

121

向流程设计要效率

续表

活动	任务	规则	主导岗位	配合岗位	表单	IT系统	退回比例	退回原因	等待时间（分钟）	处理时间（分钟）
业务复审	略	责任部门选择规则	签字责任人		同上			略	240	3
财务初审	略	费用科目选择规则	费用会计		同上		50%	（1）填写不规范;（2）附件不齐全;（3）发票粘贴不规范;（4）发票不符合要求	30	10
财务复审	略	责任部门选择规则	财务经理		同上		0	略	30	3
付款	略	费用科目选择规则	出纳		同上		0.1%	略	240	5

以流程写实表的形式，将现状流程相关要素（任务、角色、表单等）更立体地展现出来。同时，通过收集了流程周期时间及退回比例，可以更加直观地揭示流程运行的状况及识别流程存在的问题。

（二）操作方法与规则

通常由流程设计助手识别该流程涉及的所有岗位/角色，可以采取两种方式来对现状流程进行识别：

1. 流程穿越

以观察员或体验员的身份，在流程中从头到尾做一次全过程穿越。你可以选择正在发生的流程，也可以选择已经结束的流程。如果是正在发生的流程，在穿越的过程中，要及时记录每一个过程流程运行的情况：经过了哪些活动；流经了哪些岗位；每个活动向下展开了哪些任务；每个活动的输入与输出是什么；各活动用到了什么表格/模板或工具，过程出现了什么问题。如果是已经结束的流程，则按流程顺序，收集整理所有相关活动的记录，整理出实际的流程运转过程，记录的内容同正在发生的流程。如果存在不清楚或有疑问的地方，需要找流程执行当事人询问，确保完全理解且符合逻辑。

在流程穿越之前，要做好准备工作。首先，要对全流程业务有一个大致的理解，做到对流程运行逻辑整体清晰。其次，要结合已识别出的业务场景，确保对主要业务场景分别进行流程穿越，不一定要求全场景覆盖。一定要考虑变更、退回返工、紧急处理等常见异常业务场景的处理。最后，做流程穿越的时候，最好选择最优的业务与最差的业务两种类别，通过最优的业务找到公司内最佳的业务实践，通过最差的业务识别存在的典型问题及风险，为后续流程设计提供更丰富的信息输入。

多年前，笔者以神秘顾客的身份，对某五星级酒店以及它的主要竞争对手做过一次流程穿越对比，对酒店接待办理入住、入住后的服务、中西餐服务、退房结账流程进行了相对完整的穿越。

我在每一个客户接触点都会精心设计一系列问题及观察点清单。比如，当我来到酒店门前，门童迎接过程，会设计两个关键问题：一是对旅游、美食推荐的询问，以考察酒店增值服务能力；二是以东南亚客户的身份，用英语与门童交流，以考验酒店人员素质。在服务体验的过程中，会有意地制造各种意外，来考察酒店问题解决能力。

最后，为酒店提出了一份完整的流程穿越与分析报告，找到了不少高价值的流程改善点，得到了酒店的高度认同。

流程穿越的成本相对较高，不适合全面开展，往往适合企业关键流程的设计。

2. 研讨会

通常由流程设计助手组织流程执行团队所有角色，以及部门流程控制员，重要的流程还可以邀请公司流程管理部的流程设计专家一起参与。

研讨会是业务专家与流程专家协同共创的过程。流程专家擅长结构化的思考，将业务按流程过程结构化地解构并清晰地表达出来；业务专家熟悉业务过程，有大量的业务知识、经验与技能，且对业务本质有深入的洞察，他能够在流程专家的结构下贡献业务的实际运作逻辑、运行关键问题及优化建议。

通常由流程专家负责引导研讨会过程，引导时可使用如下问题：

➢ 这个流程的触发机制是什么？时间触发还是事件触发？如果是事件触发，触发事件是什么？是否存在多个触发事件，多触发事件的触发模式是什么样的？是 XOR 还是 AND？

➢ 流程涉及哪些角色？还有其他的角色吗？

➢ 第一个活动名称是什么？活动名称能够准确反映活动的内容与结果吗？

➢ 流程由哪个角色/岗位承担？是否涉及多个角色，如涉及其他角色，主导职责在谁？配合职责各是什么？

➢ 它的输入是什么？输入的质量标准是什么？由谁负责提供？输入传递的方式是什么，通过 IT 系统、邮件，还是纸质件？

➢ 该活动的主要任务有哪些？存在哪些业务规则/标准/要求？不同的业务场景下是否有差异化？是否考虑了特殊/异常/紧急的状况？对于退回及变更的操作如何？活动过程中是否有交接？信息或实物是如何传递的？

➤ 活动的输出是什么？输出的质量标准是什么？是否产生了过程成果？对成果有定义吗？输出有固定的模板/表单或工具吗？活动的输出需要传递给谁？传递的方式如何？

➤ 这个活动可以结束了吗？第一个活动结束后，下一个活动是什么？

按以上问题重复引导第二个活动。以此类推，直到全流程结束。

流程设计助手负责研讨会记录，快速地将流程现状识别研讨会的结果形成文件，在会议结束之前组织对研讨会成果进行讨论确认。

需注意的是，为保证流程引导效果，流程专家需要提前做好功课，对待设计的流程有一个初步的了解，熟悉业务流程的过程及运转逻辑，而不是一无所知就上来引导。很多引导是基于业务进行的，流程专家熟悉业务加上流程思维，可以与业务专家碰撞出更多的火花，找到有价值的流程设计改善点。

完成流程现状梳理后，最终以"泳道图"及"流程现状写实表"的形式输出。

3. 典型案例

（1）流程写实——流程图

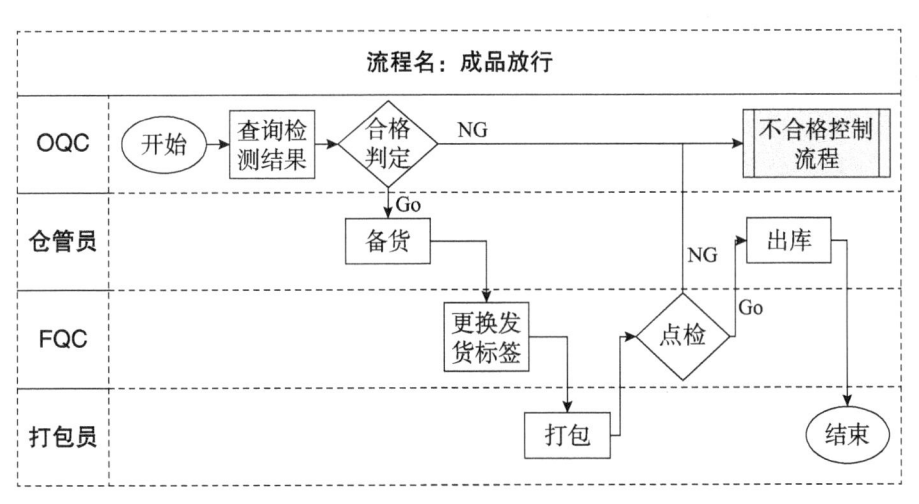

图 6-2 成品放行流程图

（2）流程写实——流程现状写实表

类似表 6-4 所示，此处不再重复描述。

4. 实战心得

在现状流程图识别时，容易犯以下错误：

➢ 不愿意花时间做现状流程的识别，而是简单照抄现有的流程文件中的流程图，导致识别结果与实际业务流程不符合，为后续的流程设计提供了一个错误的输入。

➢ 流程图没有与业务场景相匹配，没有覆盖典型的业务场景，导致流程图过于简单，不能反映真实的业务。真实的业务远比流程图复杂，流程图至少要覆盖经常遇到的典型业务场景。

➢ 角色/岗位识别不到位，要么不全，要么颗粒度太粗，只到了部门层级没有到角色/岗位。有些企业虽然识别到了岗位层级，但由于岗位划分太粗，以至于还是无法责任到人，不知道具体由谁来负责。

➢ 活动识别的颗粒度太粗，没有基于岗位责任划分以及流程逻辑打开到合适的颗粒度。比如将众多人员审批的流程浓缩为一个审批活动及审批人角色。部分企业将活动识别得过于细致，主要表现为同一个角色执行的活动被分解为多个活动。建议在不影响理解业务流程逻辑的前提下，单个角色主导执行的多个活动尽量合并成为一个。

在流程现状写实表输出方面，容易出现以下困难：

➢ 对于活动之下的任务描述过于粗放，也有少部分人描述得过于细碎。

➢ 对于规则识别困难，不知道哪个地方需要规则，也很难把现状的规则提炼出来。

➢ 对于退回比例很难统计或估计，不容易给出一个准确的数值。

➢ 对于退单原因描述不全，担心会有重大的遗漏。

➢ 对于等待时间及处理时间很难统计或估计，不容易给出一个准确的数值。

这些困难是很正常的，大家不用纠结，只要做到通过研讨会研讨，将与会人员的集体智慧发挥出来，且能够达成共识即可，更精准的设计会在后续的流程设计章节中详述。

二、流程现状问题分析

问题导向对流程设计是一个非常行之有效的原则。如果我们能够在每一版流程设计中，有效地解决流程运行过程中的关键问题，该业务的管理水平就会上一个台阶。同样的错误不再犯就是卓越。

在流程写实完成之后，流程问题分析就有了基础，可以沿着流程运作过程开展流程问题分析。

（一）模板

表 6-5　流程现状问题分析表

NO.	流程活动	问题描述		重要度	原因分析	解决对策
		发生了何事	引发了何种不良结果			
1						
2						
3						
…						
	全流程					

（二）填写说明

流程活动严格保持与现状流程图一致，如有差异，同步进行调整。

"发生了何事"的描述格式：时间＋人物＋地点＋具体事件描述（要求易于追溯；易于理解；描述发生频率）。

"引发了何种不良结果"描述：

首先，从客户与财务层面去分析并描述，是否对客户产生了不良后果。比如客户层面，引发了投诉；降低了客户评价；降低了客户内部评价等级；减少了订单份额；取消了订单；取消了合作等。再如财务层面，减少了收入；增加了成本；增加了费用；增加了库存/呆滞；增加了应收/坏账等。最好能够定量描述，不追求精确，只要大家能够达成共识，大致准确即可。

其次，从运营（业务流程绩效）的角度来描述，即对业务流程的周期、质量、成本等方面产生了什么影响，并且要描述这些影响对于客户与财务的定性影响是什么。

最后，从内部成长（组织能力）的角度来描述，对应的影响是什么，比如流程缺失，流程遵从度低，流程量化不足，人员成长慢等。同样要回答这些结果对于客户及财务的影响是什么，需要做定性的描述。

我们非常期待在这部分的描述中让大家看到问题背后的价值，找到高价值问题，就找到了高投资回报的流程设计改善点。原则上，只有对客户与财务有实质影响的问题才是有价值的问题，影响越大，价值越高。对于不良结果的分析，会让我们发现一些没有价值的问题，或者叫伪问题，也容易提升流程设计团队的价值思维。

"重要度"判定原则：不良结果严重度高且发生频率高的问题重要度最高；不良结果严重度高但发生频率低、不良结果严重度低但发生频率高的问题重要度中等；不良结果严重度低且发生频率低的问题重要度低。重要度判定的目的是让我们聚焦高价值的问题，对于重要度低，但又需要投入较多管理成本的问题，我们可以忽略它。

原因分析：找到问题背后流程设计存在的缺陷，从流程设计层面进行彻底解决。原因分析的方法可以采取经典的5W法，即连问5个"为什么"。这里的5个是泛指，也许少于5个，也许多于5个，要一直追到管理体系要素层面，即到流程、组织、人才/能力、绩效/机制、工具/IT、策略为止。5W法大致的逻辑如下：

1. 5W法介绍——以丰田公司经典案例为例

（1）案例背景

从工人在车间的地面上发现了一小块油污开始，丰田公司在处理问题的同时，不停地寻找事件引起的根源，从修理机器到更换垫圈，再到更改购买垫圈的规格，一直到最后改变了采购部门的价格策略为止。这确实是一次成功的缺陷预防，类似的事情一定不可能再在丰田发生，有效地保证了丰田产品的品质。

（2）分析思路

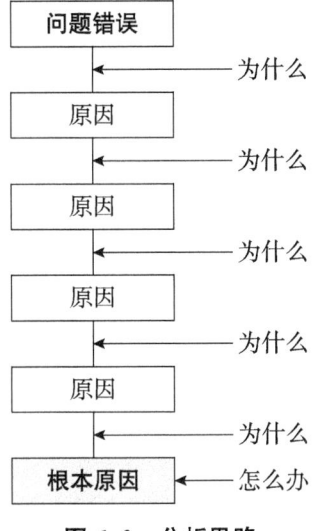

```
问题错误 ← 为什么
   ↓
  原因   ← 为什么
   ↓
  原因   ← 为什么
   ↓
  原因   ← 为什么
   ↓
  原因   ← 为什么
   ↓
根本原因 ← 怎么办
```

图 6-3　分析思路

（3）分析过程

表 6-6　分析过程

Why	问题/原因	解决对策
1	车间地面有一块油污	擦净油污
2	因为机器漏油	修理机器
3	因为垫圈磨损老化	更换垫圈
4	因为购买了较差的原料制成的垫圈	改变垫圈规格
5	因为以较低的价格买了这批垫圈	改变采购策略
6	因为采购部门在采购时以期望节省短期成本的方式询价	改变采购部门的价格策略

2. 基于管理体系要素做原因分析的逻辑

➢ 流程：模式与流程运行方式，模式涉及商业模式、业务模式；流程运行方式包括程序与规则、作业方法、模板与工具。

✓ 组织：分工与协作机制——是否支撑业务流程成功运作？涉及的组织架构设计与流程架构是否匹配？岗位设置是否匹配流程需求？

✓ 人才：涉及人才的数量与质量两个维度，质量方面又要看人才能力，看其知识、能力与经验是否满足流程要求。

✓ 机制：解决人员的态度与积极性问题，通过改变评价与考核机制来实现，涉及绩效考核的导向、绩效评价指标、激励分配机制是否合理。

✓ IT：解决IT工具是否高效的问题，自动化提升作业效率、透明化提升管理效率、数字化提升决策效率。

➢ 解决对策：找到了根因，解决对策就相对容易了。需要强调的是，解决对策要能够体现在流程设计相关文档中，如流程说明文件、管理制度、组织文件、作业指南、表格、模板、清单、FAQ、组织架构图、部门职责说明、岗位说明书等。

（三）常见问题

问题描述抽象、概括、含糊不清。比如描述问题是"岗位职责不清，经常扯皮"，但没有以事件为例来阐述，即没有描述谁与谁之间，由何事发生了扯皮，扯皮的过程是怎样的，双方的分歧点是什么，扯皮的结果如何。再如问题描述是"流程效率低下"，没有说清楚流程效率低下是与什么标准对比的结果，不知道标准是流程的绩效目标，还是客户的需求，抑或同行的绩效水平。效率用什么指标来衡量，是周期时间、投入产出比，还是其他，有多低，能否用具体的数值来说明，这些都没有描述清楚。

问题描述没有说明事件发生的频率，导致后续无法对问题重要度作出准确的判断。事件发生的频率可以用高、中、低来表示，也可以用每月发生的数量来表达。

在问题描述中的"引发了何种不良结果"中，没有看到问题的价值。这一点是最难的，也是最需要功力的，需要3~6个月的刻意训练才可能达标。出现这个问题的主要原因是站得高度不够，没有站在公司全局的高度，缺乏商业思维与客户思维。这样总结出来的不良结果，从公司层面看，或者给总经理看，让领导层提不起改善的兴趣。比如不良结果总结为：缺乏信息化的报表与台账，数据散乱在个人的电脑Excel表格，不利于拉通来查阅。众所周知，企业里最不缺的就是报表，但最让人质疑的也是报表。

报表到底产生了什么价值？有谁在看？看完之后有什么后续的行动？有会议讨论吗？有决策行动吗？借着报表提升了决策质量或效率吗？给公司带来了效益吗？等等这些才是我们需要挖掘的东西。

原因分析不到位，过于浅层，在原因分析中看不到兴奋点与解决问题的信心。我们对于原因有一个很简单的判定标准：你找到的原因能够解决问题吗？如果问题解决了，问题是否得到了根治？按照上文给的方法去检验，从管理体系要素（流程、组织、机制、IT等）上找到了原因吗？

解决对策没有落实到流程设计相关文档中，往往是一个临时性的方案，无法形成长效的文件化管理机制；解决对策成熟度低，不创新、不具体，员工看完之后不知道怎么做，这些措施往往是老调重弹，没有去分析为何过往这些措施无效，有何创新点来保证本次措施能够落地；解决对策不靠谱，不具备实施的条件等；解决对策不系统，往往是单点的考虑，没有从管理体系全局去思考，围绕流程从组织、人才、机制、IT、策略等方面做系统思考。解决对策出现这些问题往往是由于原因分析不到位。

（四）案例分析

1. 定岗定编流程反面案例

表 6-7　定岗定编流程

序号	流程活动	问题描述 发生了何事	引发何种不良结果	重要度	原因分析	解决对策
1	制定部门年度KPI及部门重点工作	各部门对于公司年度经营目标及公司年度重点任务未统一认识，导致部门KPI与年度经营目标挂钩不紧密	定岗定编工作有偏离	高	相关政策未予明确	建立健全战略制定、战略澄清、战略解码、绩效分解、激励问责等相关制度，确保各级组织乃至个人均清晰地知道公司的战略及重点工作

续表

序号	流程活动	问题描述 发生了何事	问题描述 引发何种不良结果	重要度	原因分析	解决对策
2	梳理并优化各职能流程工作流程	该步骤缺失或者只关注部门内部流程未涉及跨部门协同	岗位设置不合理	高	未设置标准制度或文件	明确要求，编制文件，宣贯到位
3	定编分析	1. 未进行或未合理进行"人"和"事"之间关系的分析，即有多少事要用多少人去做；未进行现有人员的工作量的评估，如是处于半工作或不饱满状态还是基本满负荷状态，是否有内部调配空间或者需要增加编制 2. 未明确公司人力成本可增长值	1. 定编定员不合理 2. 可能造成人力资源的浪费；增加了人力成本	高	1. 制度缺失 2. 未进行人力成本管控	明确制度、选定评估工具，进行培训

2. 反面案例分析

（1）对"发生了何事"填写内容的分析

描述：各部门对于公司年度经营目标及公司年度重点任务未统一认识，导致部门 KPI 与年度经营目标挂钩不紧密。

分析：只描述了"对于公司年度经营目标及公司年度重点任务未统一认识"的现象，未描述具体的事件，看不出认识如何不统一，具体的分歧点是什么——是所有部门都如此，还是部分部门如此，具体是哪些部门？是什么 KPI 与年度经营目标挂钩不紧密？脱节在哪里？是导向不一致，还是公司经营目标没有向下分解至部门 KPI？还是权重不合理，缺乏具体事实作支撑，无法将阅读者带入到具体的场景中？没有给出发生的频率，当然这个案例中频率很清楚，是一年一次。

（2）对"引发何种不良结果"填写内容的分析

描述：定岗定编工作有偏离。

分析：

➢ 偏离的具体内容是什么？是编制定多了，还是定少了，抑或编制结构分配不合理，对于战略落地涉及的关键人才编制配置不足？或是对于成熟业务配置过于宽松，没有体现持续改善的要求？或是不同业务域人员编制配比不合理，核心价值链环节编制不足，非核心价值链环节编制富余？等等。比如我见过一家企业，研发人员数量过少，但后台人员数量过多，这种情况非常不合理，但也能够解释得通：今天公司的爆品还是N年前的老产品，新产品成功率极低，新产品收入占比极低。公司的前景是极其令人担忧的。

➢ 出现偏离之后，给公司带来的损失或危害是什么？比如人效下降；战略业务得不到充足的人员编制支撑，迟迟无法快速发展。给客户带来的损失或危害是什么？比如影响了客户对公司品牌、产品、服务的评价；影响了客户的满意度，甚至导致了客户的流失。不少企业在服务战略级大客户的人员编制上配置不足，导致虽然公司产品成功地进入行业标杆客户，但始终无法成为该类客户的优先供应商甚至是战略供应商，行业标杆效应无法形成。这就是战略机会点的巨大浪费。

（3）对"重要度"填写内容的分析

描述：三个问题重要度均为"高"。

分析：没有把重要度区分开，对于三个问题的重要度评价都是"高"。如果三个问题解决起来都很费时费力，很显然不做区分是不利于问题的解决的。实际情况是可以将三者区分开来的，重要度是相对的，最重要的问题往往只有一个。无法将重要度区分开来，本身就说明问题分析不到位。

（4）对"原因分析"填写内容的分析

描述：相关政策未予明确。

分析：

➢ 描述得过于笼统：相关政策到底是什么政策？

➢ 针对"各部门对于公司年度经营目标及公司年度重点任务未统一认识"的问题，没有说清楚是公司年度经营目标及公司年度重点任务本身就没有形成书面化的材料，或是战略规划报告本身写得不够明确、不清晰，过于抽象，还是编制过程中，各部门没有参与，而是老板一个人关在房间里写出来的；或是战略规划报告完成之后，没有组织宣贯。再往管理体系要素层面思考：公司有战略管理的流程文件吗？有战略规划报告的模板吗？有战略规划的能力吗？有战略管理的职能部门支撑吗？在流程中规定了各部门参与战略规划过程，以及开展战略规划报告宣贯工作的要求吗？

➢ 针对"部门 KPI 与年度经营目标挂钩不紧密"的问题，首先要思考部门 KPI 制定的方法与逻辑，最为关键的是战略解码是否到位，是否将公司战略目标解码为关键成功因素，再将关键成功因素解码为战略举措，再将公司的战略目标与战略举措向下解码为部门的 KPI 及战略举措。部门的 KPI 制定出来之后有上下对齐的评审吗？同样要从管理要素层面分析流程、组织、人才、能力等方面的问题。以我的经验，这里背后还有部门责任中心定位不清的问题，没有清晰地明确部门的责任定位，未明确是利润中心、成本中心，还是费用中心。基于部门责任中心定位，要将端到端的流程经营责任落实到部门 KPI。

从上述分析中，你可以看到真正深入进行原因分析，离不开业务专家，如果公司没有战略管理方面的专业人才，原因分析要到位是不可能的事情。从我的分析中，你应当会有问题解决的方向感与兴奋感，它往往代表着管理方法的创新。记住：穿旧鞋是永远走不出新路的。

（5）对"解决对策"描述的分析

描述：建立健全战略制定、战略澄清、战略解码、绩效分解、激励问责等相关制度，确保各级组织乃至个人均清晰地知道公司的战略及重点工作。

分析：好的地方在于，分析意识到了流程制度的缺失，有了流程制度的保证，战略管理就有了制度的保障。不足的地方在于：第一，没有打开管理视野，缺乏系统性。为什么公司没有制定战略管理制度？是否是因为战略管理组织或职能缺失？没有专职的战略管理岗？或是战略管理人员的能力不足，根本就不具备战略管理的专业能力与业务理解力？还有可能是公司对于战略管理认知与意识不足导致的。如果组织、人才、能力、意识不到位，制定出来的战略管理制度大概率是无效的，是一堆废纸。第二，解决对策成熟度不足。这项任务是明确的，但如何做？谁来做？能够落地实施吗？你抓住了其中的关键点吗？你在解决对策中看到了解决问题的信心吗？显然没有，谁来做都很痛苦。当然，主要是原因分析过于简单，不深入导致的。

3. 正面案例示例：成品放行流程

表 6-8　成品放行流程

流程活动	问题描述		重要度	原因分析	优化思路
	发生了何事	引发何种不良结果			
检测结果查询	每天 QC 人员在查询检测结果共享 Excel 表时，对数据缺漏、低级错误还需进行二次复核后反馈上游修改；每天查询约 20 个型号的产品，每个型号平均约 28 个指标，合计 500+ 指标的数据，进行两次核对确认，均依靠人员循环识别	1. 浪费人力，仅初期结果查询工作就占据 QC 人员（5人）40% 的时间 2. 严重影响了流程的速度，如果能够实现自动化，流程可缩短 4~6 小时，有助于缩短订单交付周期，改善客户体验	高	1. 数据传递、查询、跟踪、复核均用手工模式，未实现自动化 2. 多个表格没有拉通，存在大量重复数据，增加了查找工作量	推行实验室数据管理系统，统一相关表单格式，确保数据源唯一，梳理相关规则，数据传递、查询、跟踪、复核实现自动化

第四节　Step3：内外标杆分析

很早以前听过一句话："模仿是最好的创新。"真正底层的创新是不多的，更多的是组合创新。管理也是如此，在知识经济的今天，很多时候你百思不解的问题，多年前很多企业都遇到过，已经有了成功的解决思路与方案。

笔者在某行业排名第一的公司工作时，参加一次公司级项目评审决策会议。CEO 在评审时对项目负责人提了三个问题，让我印象深刻。

> 目前做的这个项目，在全球范围内哪家公司做得最好，你知道吗？他们的技术路线与解决方案是怎样的？

> 目前做的这个项目，在全集团内谁最专业，你知道吗？是否向他请教过，或者把他过往的项目文档及技术资料认真研读过？

> 目前做的这个项目，在你们公司/事业部谁最专业？他是否在你的项目团队中，如果不在，你是否向他请教过？

这三个问题让我意识到标杆分析的重要作用。

标杆研究，就是将企业各项活动与从事该项活动最佳实践者进行比较，从而提出行动方法，以弥补自身的不足。实施标杆分析的公司必须不断对竞争对手或一流企业的产品、服务、管理体系、经营业绩等进行对比评价，来发现优势与不足，激发公司学标杆、超标杆的热情，驱动公司成为行业的领导者。

一个普通的公司和优秀公司相比，在质量、速度、成本、效率等绩效上的差距可能是 10 倍之多。

在质量学院公众号的文章"有效问题解决工具系列之一：标杆研究"中，对标杆研究的定义为：标杆研究是一种改善产品和过程绩效的过程，通过持续地识别、理解和应用世界级的产品及过程的突出经验、过程、特征和绩效来实现。标杆研究用来比较产品、过程或服务，这些标杆可以是内部的，也可以是外部的。

通过标杆研究，找到最佳实践，再借鉴到企业实现管理水平的快速提升。标杆实践需具备以下一条或几条标准：

> 经反复实践证明起作用的做法，不是偶然的成功，有普适性与内在的必然性。这一条是必需的，偶然的成功没有参考价值，基于逻辑与组织能力的成功实践才是标杆研究的对象。

> 起作用的实践，能够在业务中行得通，能够解决问题。

> 效果好的实践，能够产生好的效果，效果要体现在经营业绩上。

> 带来竞争优势的实践，能够相比竞争对手为客户提供更有竞争力的价值主张，与竞争对手拉开差距。

> 使公司避免麻烦的实践，减少不符合带来的质量成本。有些标杆实践不是成功经验，而是失败教训。有人说，成功是偶然的，失败是必然的，

失败教训有时可借鉴意义更大。

> 提高组织能力，提升管理成熟度，比如提升标准化水平等。

标杆研究的好处有：

> 避免重复工作，不要重复发明轮子。站在成功巨人的肩膀上，快速将最佳实践在公司内部导入并复制，将公司的流程运作水平快速提升到高水平上。

> 加速流程变革，提升管理水平。标杆提供了现实可行的技术路径，不用再去做技术可行性研究与论证，快速地将标杆实践结合公司实际做适应性的调整，可以快速地实现流程的变革。因为标杆是：

a. 经测试和证明过的实践。

b. 标杆案例可以有效地说服持怀疑态度的人，因为他们可以看到效果。

c. 榜样的力量是无穷的，找到差距时，可以克服惯性和自满并创建一种危机意识。

> 引导从行业之外去寻求改善的方法，从而"跳出原有框架"。往往看得到的对手都可以打败，最怕看不见的跨界对手的"打劫"，因为他们往往会带来跨行业的标杆实践，会形成对现有行业的颠覆式创新。

> 强迫组织检查现有的过程，这样做通常会带来改善。

> 通过过程负责人参与标杆研究而使实施更加可行。

业务标杆研究方法：

①选择标杆。找到拟改善流程的标杆对象，即在这个流程业务域中做得最好的行业，这个行业中做得最好的企业。比如金融行业的风险管控可能远远领先其他行业，因为风险管控是金融行业的命脉；供应链企业，如分销，对于效率，包括人效、库存周转、应收周转等的管理水平可能远高于传统制造业。

②确定项目范围。范围应当包括你现在在哪里，以及你未来的期望。还应当包括下列目标：你将使用的项目方法、人员技能需要、时间期限和预算等。标杆研究往往需要投入一定的资源，这个资源运用得好的话，投资回报往往是超高的。

③选择相应的测量指标。选择合适的流程 KPI，以衡量流程改进是否达成了预期的目标。

④研究已识别的最优方法。包括流程架构、组织架构、IT架构、流程图、管理制度、模板/表单、清单、SOP/技术规范等。常见的手段有图书馆研究、专家访谈、参观交流、参加培训、参加同行交流、委托专业咨询公司等。通过研究来确认最佳实践。

⑤评价适用性并适应性调整。首先要找到公司现状流程与标杆流程的差异/差距，对这些差异点进行深层次的分析，系统地理解背后的设计原理及实施条件。结合公司的实际情况，包括发展阶段、业务规模、业务复杂度、文化价值观、人员能力、领导风格等，对标杆进行适应性的改造，本着实质重于形式的原则，重点借鉴标杆实践的理念、原理与逻辑，而不是照搬全抄。我的观点是，对标更倾向于削履适足，而不是削足适履。

⑥计划和实施变革。因为有许多新的活动，实施过程需要策划，包括定义职责、确保适当的沟通和参与、使用资源等。

⑦测量结果。作汇报分析，这是非常重要的，可以让我们明白成功在哪里，或者失败在何处。

下面结合实际经验，谈谈我是如何做流程标杆研究与借鉴的。

一、外部标杆研究

（一）确定标杆

➢ 优先找到同行业的领导者作为标杆。注意一定要有全球视野，从全球范围找到行业的领导者，而不能仅限于国内。

➢ 如果同行业没有合适的标杆对象，比如大家都差不多，或者企业已经是行业领导者了，我们就要考虑做跨行业的对标。跨行业对标优先选择行业特点相近的，比如产品特点相近。按ISO9000标准对产品分类，有硬件、软件、流程型材料、服务四类。如果公司产品是流程型材料，能选择流程型材料的相关行业，就不要选择硬件产品行业。比如做新能源电池正负极材料的企业，在制造流程上的标杆可能来自大化工行业，如水泥企业，因为大化工在产品线规划设计方面是相对领先的，而成本是流程型材料的核心竞争力之一。也可以将业务模式进行抽取，比如平台类业务、项目类业务、产品类业务。产品类业务还可以进一步细分。然后按照业务模式相似的原则寻找标杆对象。

➢ 如果在跨界的相似行业也找不到合适的标杆，则需要跳出行业来看，通常后台支撑流程相对标准化的企业，适合做跨行业的对标。此时选标杆，最重要的是看标杆企业的规模、企业文化、人才结构等，产品及行业差异可以忽略，而且不同业务领域可以选择不同的标杆来研究。比如精益生产流程适合研究日资标杆企业，供应链流程适合研究飞机行业以及汽车行业的标杆企业，产品开发流程适合研究高科技行业中的标杆企业等。

（二）标杆研究

1. 文献研究

从中国知网、维普中文科技期刊数据库、万方数据知识服务平台、龙源数据库等查询相关业务流程的文献，包括公开发表的文章、大学的论文。

文献研究通常适合前沿理论的研究。我的经验是，硕士、博士论文，尤其是关于业内知名企业的硕士、博士论文，质量相对较高，从中能够看到一些企业的领先实践，对我的启发比较大。

2. 阅读相关图书

图书也是一个非常好的研究对象。今天的图书真是太丰富了，有大量来自标杆企业的高管的著作，他们将过往的管理实践出版成书。比如很多公司都在学华为，研究华为管理方法的人很多，有华为内部的人，也有外部的研究者，所以写这方面内容的书也有很多，如果你善于学习，并有一定的提炼总结能力，完全可以通过阅读这些图书，将华为公司各业务领域的管理逻辑解构清楚。

在阅读图书时要注意，一定要精读，要能沉下心来。很多时候，你将书打开，第一感觉是平淡无奇，似乎没有抓住你的眼球的东西，但慢慢读进去却可能有惊喜发现。如果是知名作者或者推荐率高的书籍，建议你慢慢看，多看几遍，否则很容易错过精华。另外，读书一定要转化，不可雁过无痕。我的经验是：一是将重点或有感触的点用笔画出来；二是写读书笔记，最简单的就是将有用的字句转录到文件中，最好形成PPT方便后续使用，当然这个过程要做结构化的整理，使之有条理，易于后续阅读；三是将图书的内容转化成自己能够用于工作实践场景的方法论，不追求完美，重要的是能够自圆其说，能够指导实践。为了便于读者理解，下面展示一个通过文章阅读提炼出来的"物料优选库建设方案"。

物料优选库建设方案

1. 物料优先库的价值

为设计工程师提供新设计选型支持，推动选用符合技术方向、质量稳定、可靠性高、供应渠道可靠的物料。

将物料应用信息及时反馈到设计前端，限制选用或禁止选用技术、质量或商务方面存在问题的物料，保证产品中物料的可靠性。

提高物料复用率，降低物料管理成本。

提高产品物料归一性，降低产品制造成本。

2. 什么是物料优选库

有物料选型等级标识的物料库称为物料优选库（PPL）。

物料优选库中的物料必须来自合格的供应商，是便于采购而且相关的商务风险最低且可控的。

设置物料优选库的目的是建立公司最具采购综合竞争力的资源池，用来引导研发物料选用、采购物料备料等。

物料优选库由物料管理部主导，协同产品开发、资源开发等部门每半年做一次梳理调整。

3. 物料优选等级定义

物料选型等级分为优选、限选、禁选，作为公司物料内部选用的标识符，是对物料成本、质量、交付综合评判的结果，物料选型等级跟随公司物料编码。

> 优选：物料成本、质量、交付周期都有优势，在产品研发中优先使用。

> 限选：物料无质量问题，在成本、交付方面的竞争力相对较弱，需要限制对其的使用。

> 禁选：物料出现重大质量问题、处于市场生命周期末端，或库里已

经有低成本方案将其完全替代,不允许新开发的产品上再调用。禁选状态物料是可以继续下单采购的,所以不影响老产品生产使用。

4. 对物料选型流程的要求

一个物料一旦被选定,其成本、质量、交付周期已经基本确定,靠后期商务谈判改善收效甚微,因此在物料选型阶段就要充分确认物料需求和被选资源。

➤ 研发工程师根据新物料需求在PLM系统发起新物料选型流程,需要填写该物料所在产品型号、功能、性能参数、尺寸、应用环境、意向物料和品牌(如果有)等信息。定制物料、客户指定物料或者客供料无需提交选型流程,由研发工程师直接申请编码即可。建立良好可行的新器件引入及优选库优先使用的工作接口。器件优选库提供器件的关键特性参数索引算法、新器件类别划分及新器件试用机制的构建,使得开发人员能够快速查找到符合设计需要的器件。

➤ 器件工程师接收到新物料选型需求后,首先确认公司的物料库中是否有类似物料可以使用,当优选物料无法满足需求时,可考虑使用限选物料,当限选物料无法满足要求时,需发起新物料选型。

➤ 器件工程师负责向供应商发起选型。通用物料优先在现有合格供应商中选取,每次选型必须覆盖该类物料所有合格供应商,综合对比评估。如现有供应商的资源无法满足,需知会资源管理工程师和供应商质量工程师,并联合资源管理工程师在外部资源中寻源。

➤ 器件工程师将所选的品牌、供应商、制造商部件号、规格书等信息填写至流程中,由研发工程师确认物料的功能、性能与需求的匹配度,如有必要,可以向器件工程师索样初步确认。

➤ 采购工程师、供应商质量工程师对器件工程师所选的品牌、供应商有驳回权利,但驳回必须填写原因、推荐品牌/供应商等信息。

➤ 如果现有品牌无法满足选型需求,需要导入新的品牌,由采购工程师负责主导供应商的导入,并在PLM系统维护制造商、供应商信息。

➤ 建立物料选型原则:

普遍性原则:所选的元器件要是被广泛使用验证过的,尽量少使用冷门、偏门芯片,降低开发风险。

高性价比原则：在功能、性能、使用率都相近的情况下，尽量选择价格较低的元器件，降低成本。

采购方便原则：尽量选择容易买到、供货周期短的元器件。

持续发展原则：尽量选择在可预见的时间内不会停产的元器件。

可替代原则：尽量选择 pin to pin[①] 兼容品牌比较多的元器件。

向上兼容原则：尽量选择以前老产品用过的元器件。

资源节约原则：尽量用上元器件的全部功能和管脚。

降额设计原则：对于需要降额设计的部件，尽量进行降额选型。

5. 物料优选库如何建立与完善

①老物料的入库

➢ 建立/整理基础物料数据库。物料基础信息包括物料的编码、名称、厂家、品牌、型号、单位、供应商、关键参数（从开发角度关心的关键参数是哪些，对于有特殊设计需要的，可以增加关键字段来确保器件的信息完整及可被检索性的增强）等信息。

➢ 在基础物料数据库梳理完成的基础上，结合物料质量（同类物料的测试方法、验收标准、关键质量信息门限等标准）、成本［物料件成本、供货方式、标准货期等与后期采买行为密切关联的资料，定期更新该物料的PCN（产品变更通知）及EOL（生命周期结束）等生命信息］、交付周期及历史使用反馈等信息对物料进行优选属性分类。

➢ 各种属性的物料分别集合成不同的物料库，如优选物料库、限选物料库、试用物料库、禁选物料库等。

②新物料的入库

➢ 研发工程师根据设计需要，提交物料信息表、物料技术规格书、参考物料信息等资料给物料认证团队进行审核。

➢ 物料认证团队接收到研发工程师提供的物料申请资料后，组织相关方进行物料可用性、可采购性以及可靠性评估或验证，根据审核结果决定物料的优选属性并发布物料编码（仅针对新物料申请）。一般新申请物料属性是试用物料，待使用一段时间以后再进行评估变更至优选或限选。

---

① 管脚到管脚，常用与描述电子设备的连接方式。

③动态管理机制

优选物料库的基础是试用物料和限选物料，试用物料经过一定项目或产品的积累，逐步沉淀出优选物料。试用物料有可能经过一段时间的试用后根据实际情况决定其转为禁选或限选物料。限选物料可以通过再评审确认转为优选物料。限选物料也可能因为某些不可逆的缺陷而变为禁选物料。

随着公司产品的系列变化、升级换代等，原有的优选物料可能会因为不再适合公司的发展而变为限选或禁选。

优选库动态维护和更新关键点：

对现有的物料库进行筛选，保留符合优选条件的器件，同时划分出部分优选物料或限选物料，在物料库外加以标注。

积极引导合格供应商参与我们的器件优选库的维护和更新，以保证厂家的器件信息、商务及质量信息能在第一时间得到更新和补充，减少沟通的延时和信息准确性的降低。

在设计开发部门、采购部门、质量控制部门及数据库维护部门之间建立良好通畅的沟通渠道，确保各环节得到的信息能在第一时间得到验证并及时在优选库发布。

6. 物料优选库相关 KPI 建议

➤ 产品物料复用率＝产品 BOM（物料清单）中复用的已有物料数量/BOM 总物料数量 ×100%。

➤ 产品复用达标率＝产品物料复用率达标的产品数量/统计范围内产品总数量 ×100%。

3. 公网研究

国内的网站主要有百度文库、知乎、道客巴巴、豆丁网、微信公众号、各类视频网站、微博、今日头条个人专栏等。由于本人英文阅读能力不足，对于国外网站关注较少。

公网研究的关键是要善于设置不同的关键词，我曾经在 IT 相关文档中找到了极其珍贵的流程架构及设计文档。同时，要有一定的搜索量。曾经有一位标杆研究大师级人物和我分享过：如果你没有看完搜索页的前 100 页，你没有试过十几个关键词，你没有高效英文阅读能力，不要告诉我找不到资料。

以我的经验，如果你的搜索能力强，很多需要的材料在网上都能找到，关键在于：你的搜索能力是否过关？你是否有结构化思维，将分散的资源架构起来，像用一根线将一个个珍珠串起来，形成一条精美的珍珠项链。这背后需要逻辑推理，有时很难找到现成的答案。

4. 竞争分析

企业前进的路标之一就是竞争对手，尤其是标杆竞争对手。如果能够把竞争对手的业务流程研究透彻，你就能够快速地借鉴、转化，并在此基础上进行创新，实现从抄到超的转变。

竞争分析主要的手段有：

➢ 找到竞争对手的服务商，比如管理咨询服务商、IT实施服务商、原材料供应商、经销商、猎头服务商等，通过他们了解一些竞争对手的相关信息。

➢ 找到来自竞争对手的关键员工，可能是公司现有的在竞争对手工作过的员工、招聘应试人员，也可能来自公司员工的朋友等，通过竞争分析专业引导人，提出一系列的专业问题，实现关键信息的挖掘与总结。

➢ 持续跟踪竞争对手官网、新闻动态、产品等信息。

我有一个做招聘的朋友，她在公司负责高端人员招聘。她有一个非常好的习惯：不论招聘是否成功，都会与参加招聘的高端人才成为好朋友，会持续长期保持联系；她会有意识地了解应聘者所在企业的人力资源管理信息——组织架构、薪酬政策、绩效政策、关键领域（营销、研发、供应链等）的绩效评价与考核模型、人才策略、培养体系等。随着长期的积累，她已经成为公司内对于竞争对手最熟悉的人，业务部门领导最喜欢找她了解竞争对手的信息，她也成了人力资源部最受欢迎与最受尊重的经理人之一。

5. 实地调查

可以通过供应商渠道或神秘顾客等方式，进入竞争对手的现场，实地调查竞争对手业务流程信息。这样获得的信息是最直接的信息，也是最有冲击力的信息。实地调查之前，一定要做好充分的准备，列出详细的调查清单，包括调查点及调查方法。

如前文介绍，我曾经为某五星级酒店提供过去竞争对手酒店体验服务的流程穿越服务，通过端到端地体验竞争对手的服务流程（入住、用餐、健身房、游泳池、故障处理、退房结账等），围绕客户关注关键点，为企业提供来自亲身体验的调研报告，提出相应流程优化建议。

6. 专家咨询法

向业内的资深人士、专业教授、相关媒体撰稿人、专栏作家等咨询，他们往往对本行业的情况非常熟悉，可能有很高明的见解，并且他们的消息来源渠道广泛。更重要的是，企业的竞争对手也非常愿意与他们接触，以期获得专家学者、媒体人士在宣传上的支持。

这里的关键点在于：找到对的人；提出对的问题。你平时要积累人脉资源，要适当地参与一些高质量的同行交流，主动与专家建立联系。你也要克服心理障碍，不要担心他们不理你，或者给对方增添麻烦。我也算是业内小有名气的"专家"，我的体会是多数专家是开放的，愿意与他人交流与探讨，这本身就是一个教学相长的过程。真正感到厌烦、不愿意回答你的问题的原因是：提问者不会提问题，要么问题问得太大了，比如如何提升企业的执行力，让人很难回答；要么问题过于概念化、没有价值，从网上就能找到答案；要么问题问得太初级，让人感觉需要给你做科普，要耗费大量的时间。我的经验是，通过沟通快速地判断对方是否是你要找的专业人士，然后每次提问之前做好准备，想清楚要了解的关键问题，每次沟通时间力争控制在30分钟左右。如果双方感觉对话质量高，就可以延长沟通时间，但仍建议控制在1小时内。如果仍然有不清楚的地方，建议下次找时间再进行沟通。沟通完成之后，建议将你的相关成果与对方进行分享，也算是对专家的回馈，同时再次表示感谢。

7. 委托咨询法

委托市场调查公司、管理咨询公司等专业的情报搜集与分析机构，帮助搜集与分析竞争对手情报。通常，知名的管理咨询公司擅长做标杆研究，因为他们本身就有大量的知名企业咨询案例，同时有专业的研究团队持续跟踪与研究标杆企业的实践。很多时候，你在考察或选择咨询公司的时候，要将标杆研究能力作为一个非常重要的考量因素，因为标杆实践是有利于快速指导落地的，如果只有理论，只有方法论，大概率咨询的效果是不佳的。

(三)对标提炼

建议直接按流程说明文件的格式进行提炼,包括目的、范围、术语、定义、边界、流程 KPI、流程图、职责、流程活动说明、相关文件、支撑文件等。

为便于大家理解,我基于许栩老师的《供应链计划》,整理出 S&OP 流程标杆实践如下:

S&OP 流程九大活动详细介绍

活动一:数据准备与处理

1. 输入

1.1 供应信息

● 供应的基础信息数据:订货/生产/检验/运输等提前期;批量数据(最小起定量、最小生产批量、最佳起订量、最小送货批量等);物料参数(保质期、包装规格、存放条件等);仓库容量(因仓库存放多种物料,一般以物料的最高库存代替)。

● 供应能力信息:主要体现为一些内部和外部的约束条件,主要包括即时库存(包括客户库存、公司库存、供应商库存);产能数据,即供方能提供的生产能力,供方包括物流合作伙伴,这里指的是供方承诺能够提供的,而不是供方的全部产能;财务能力;新产品开发信息,如开发时间、新物料采购提前期、导入时间等;新供应商开发信息。

1.2 需求信息

包括已产生的实际订单数据,除此之外,主要是用来支撑或辅助需求预测的数据,包括历史需求数据、历史需求预测数据及预测准确率分析;新品信息、退市信息;市场活动信息,如促销、涨价、限售等;市场情报信息,如竞品促销、竞品的新品上市等;政策层面信息,如环保收紧、物流限制等。

2. 操作程序

每月 1 日需求计划岗按相关制度和流程向相应的责任部门或责任人发出请求,相应人员在 3 日前完成回复,在 5 日前完成处理。

数据处理的操作程序:

> 检查与更新供应的基础信息，如提前期批量等。

> 导入库存数据及各种在途订单，库存包括客户库存、公司库存和供应商库存。需注意各库存数据截止时间节点需要一致。

> 询问或更新供方产能数据、新供应商开发信息。

> 接收公司财务异常信息。

> 按采用的方法收集历史需求数据并进行必要的清洗，收集数据的颗粒度越小越好，比如按最小的 SKU 收集（如同一规格物料有 5 种颜色那就是 5 个 SKU）；最好每天收集。当然，如果有困难或收集成本太高，可以延长周期，最少也需要按周收集。

> 收集历史需求预测数据并进行预测准确性分析。

> 请求销售端提供新品动态、下架计划、促销计划、价格调整计划及相关竞品信息。

> 了解并咨询相关政策变动与要求。

活动二：初步预测

1. 时间安排

每月 1 日启动，要求在 8 日前完成，如果需要专家进行定性预测，需求计划人员每月 3 日向相关专家发出请求，要求专家在 6 日前完成回复。

2. 操作程序

● 做总业绩预测。总业绩预测是对金额进行预测，分为两种：一种是滚动 12 个月预测；另一种是滚动 3 年预测。年度预测以年为单位滚动，每年最后一个月做一次即可。

● 做分类业绩预测。具体的分类按公司要求而定，如按区域、产品线、客户群等分类，业绩预测做到滚动 6 个月的预测，也是对金额进行预测。

● 做明细产品需求预测。要求细化到每一个产品（可按 BOM 展开到每一个物料），同时可分类汇总。明细产品需求预测是对数量进行预测，做滚动 3 个月的预测。

3. 相关规则与方法

初步预测是无约束预测，不要有太多顾虑，不要担心未来太多的未知因素，因为后面还有预测调整和正式预测环节。不要过分纠结预测准确率。

预测的方法：

➢ 基于需求可预测矩阵进行产品分类。每两个月采取历史 13 周数据进行需求可预测矩阵产品分类：成熟产品（数据稳定性、历史数据量都好）、成长产品（数据稳定性好，历史数据量少）、小众冷门或呆滞产品（历史数据量多，数据稳定性差）、新产品（历史数据少，数据稳定性差）。对不同的产品类别采取不同的预测方法。

➢ 总业绩预测与分类业绩预测：如果有两年或以上的数据，不管有没有季节性都使用 hot-winters 三参数指数平滑法进行预测；如果只有 1~2 年的数据，使用简单的移动平均法进行预测；如果是一年以下的数据，如新公司或新区域的数据，以专家意见加权评估法进行定性预测。

➢ 明细产品需求预测：对于新产品采用销售人员组合法做初步预测；对于小众冷门或呆滞产品，采用部门主管意见法或专家意见加权评估法，做初步预测；对于成长型产品，采用移动平均法或一次指数平滑法做简单的初步预测。对于成熟产品，如果历史需求有三个季节长度或以上的数据，都使用 hot-winters 三参数指数平滑法进行预测；如果只有 1~2 个季节长度的数据，使用简单的移动平均法以季度长度为移动项进行移动平均；如果有 2~3 个季节长度的数据，可以选择采用 hot-winters 三参数指数平滑法或移动平均法。

活动三：预测调整与正式预测

1. 人员与时间安排

由需求计划人员组织相关人员来完成，在初步预测结果出来后立即进行，要求在每月 10 日前完成正式预测。

2. 操作程序

● 定量调整（适用于对加价促销、精品上市等外部因素影响的调整）。采用人工定量调整的方法进行，就是预测人员人工选择相关历史数据计算得出相应系数，以此系数对初步预测进行定量调整。例如"双 11"期间，找出去年或前年"双 11"前后的销售数据，计算出"双 11"前后增长系数，以这个增长系数对时间序列作出的初步预测进行调整。

● 定性调整（适用于对商业运行环境、市场突变等因素进行调整）。建议使用专家意见加权评估法。

● 出具正式预测：将正式预测结果发给预备会议的组织者，供方相关负责人如物控、采购、物流、生产等供应链内部伙伴，抄送销售、市场、财务等部门。

3. 相关规则与方法

预测报告至少需要包含以下内容：滚动的预测结果（总业绩需求，滚动12月；分业绩需求，滚动6个月；明细产品需求，滚动3个月）；对上次预测的调整情况；历史预测准确率及其分析。

活动四：供应计划

1. 每月10日接到正式预测后即启动，要求在每月12日前完成。

2. 物料供应计划由供应计划人员完成，物流供应计划由物流计划人员完成。

3. 操作程序

● 数据准备与处理。需准备的数据有库存数据，供应商未完成订单与供应商库存数据，订货提前期变更数据，批量变更数据，物料参数更新数据，新品物料信息、供应商异动信息、供应商价格付款条件等调整信息、新增供应商信息、人力环境信息、供应商产能信息、对供应产生影响的政策信息等。

● 正式预测分解：对需求计划提交的正式预测进行分解和展开。物料需求按BOM展开；物流发货需求可按分类业绩预测中的区域业绩预测展开（将业绩按平均价格折算为重量，以区域增加重量得出物流发货的具体需求）。

● 制订无约束供应计划：根据收集的数据以及正式预测分解的需求，制订物料及物流需求总量计划，滚动3个月无约束物料需求计划和物流发货需求计划。

● 制订有约束供应计划。

● 根据供应能力评估结果，调整供应计划，制订有约束供应计划与无约束供应计划，一起提交预备会议组织人。

● 供应能力分析与评估：列出近期与远期供应能力的不足清单与富余明细。

● 当供应满足不了所有需求时，只能按优先级选择性满足需求。优先级排序的建议：紧迫性高、业绩贡献大的排在第一，紧迫性小、业绩贡献大的排在第二,紧迫性高、业绩贡献小的排在第三,紧迫性小、业绩贡献小的排在最后。

活动五:S&OP 预备会议(会议目的是做初步的供需平衡,形成一个计划,为最终的供需平衡做准备,明确供需双方的疑问和需求已达成共识,寻找约束下的初步解决方案,减轻正式会议的负担与压力)

1. 时间与人员安排

每月 13 日召开 S&OP 预备会议。一般由供应链部门负责人担当,如果公司设有专门的 S&OP 部门,则由 S&OP 经理担当。

参与人员有需求计划负责人、供应计划负责人、物流计划负责人、物流负责人、生产负责人、采购负责人、订单管理人员、市场人员和销售相关负责人。

2. 操作程序

● 上期 S&OP 执行情况回顾与分析,重点在于对未执行或执行不力的情况进行分析与探讨,找出原因,寻求纠正措施和解决方案。

● 需求预测评审:对需求计划提交的正式预测进行解读和讨论,以分类业绩预测和关键项明细需求为主。需求计划以市场、销售人员为主要参与方,讨论形成修改意见和保留意见。

● 无约束供应计划评审:分解后的供应计划,包括物料需求计划和物流计划,会议中,分别对这两个计划进行讨论,形成意见并记录共识与分歧。

● 约束讨论与解决:重点针对分类业绩预测及关键项的明细需求预测,供应计划相关负责人列出所有的约束条件,会议首先评估约束条件的约束性,即讨论这些约束条件是否真正成立,对确实存在的约束条件,寻找解决方案,包括初步方案、备选方案或建议等。例如产能不足时可外包、增加设备或增招人手、增加加班等。供需不平衡常见的初步解决方案如下:

第一,供过于求时:首先,以无约束的供应计划为可执行的供应计划,并据此制订明细的供应计划,包括主生产计划、采购计划、物流发货计划等;其次,增加销售投入,如增加销售促销预算,以扩大需求;再次,增加新产品或开发新区域,同样为扩大需求;最后,供应团队减少加班、恢复调休或承接外部业务等。

第二,供不应求时:首先,按供应计划优先级矩阵对客户需求进行排序，确定需求的优先顺序；其次，按照瓶颈资源的最大量进行计划排产；再次，采取措施增加供方的产出，如外包扩产、加班加点等，最后评估并放弃部分次级或低质需求。

➢ 新品讨论：由一个专门的议程进行新品讨论，从上新进度需求预测到供应，列出时间表，提出各项约束条件。

➢ 确定本次会议分歧后续继续沟通的时间及参与人，并明确他们参加会后沟通的意愿。

➢ 确定正式会议的时间，制定正式会议的议程。

➢ 拟定初步供需平衡方案和预备会议报告。

活动六：预备会议，结果沟通

1. 时间与人员安排

预备会议分歧项的沟通，通常在预备会议后一天内完成，最迟要求在正式会议之前（15日）完成。

会议主导者一般是计划职能的人，S&OP专员承担提醒和跟踪职能。

2. 操作程序

● 沟通主导者准备分歧项目的相应材料，联系所有参与人，提醒按预备会议中确定的会后沟通时间到场沟通。

● 多方就分歧问题进行沟通讨论，必要时可请分歧项目的垂直领导参加。

● 沟通达成一致的，沟通主导者将沟通结果提交预备会议的会议主持人，将沟通结果更新至初步的供需平衡方案。

● 分歧无法达成一致的，或因资源权限不够的问题会后沟通无法解决的，沟通参与方共同讨论2~3个建议方案，然后沟通主导者将无法达成一致的原因和建议方案提交给预备会议的会议主持人，补充到预备会议报告中。

● S&OP专员跟踪会后沟通的结果。

活动七：正式会议

1. 时间与人员安排

正式会议建议在15日正式召开，最迟不超过20日。

正式会议的主持人为S&OP经理。参与人员为公司CEO、供应链最高领导、财务最高领导、销售最高领导，以及销售、市场、产品、销管、S&OP、需求计划、供应计划、采购、仓储、物流、制造等部门负责人。

2. 作业程序

- 回顾上期 S&OP、上月计划的实施及执行情况，评估得失及上月 KPI，尤其审核那些严重未执行事项和大幅低于预期目标的关键指标。
- S&OP 预备会议汇报初步平衡计划展示，未达成项说明（约束条件）。
- 约束条件讨论与财务分析，关键制造产能及核心供应商分析，就预备会议没有达成一致的问题进行决策。
- 供需计划对比，确定约束项解决方案与行动计划，供需计划调整与确认。
- 批准调整后的基于供需平衡的需求计划，即一个计划（指的是统一的需求计划，其他所有计划均以这个确定的计划为基础延伸而来）。
- 新产品、新客户、新项目与相应淘汰项目讨论。
- 制订各项目行动计划，S&OP 输出准备。

活动八：S&OP 输出

1. 时间与人员安排

要求在 S&OP 正式会议后两天内完成。

正式会议报告由会议主持人负责，经供需平衡调整后的需求预测、需求计划由需求计划经理完成，新产品计划、下市计划由产品经理或市场经理完成。

2. 作业程序

- 正式会议报告。S&OP 正式会议报告有三个内容：会议纪要；会议形成的决议（包括对上一期 S&OP 相关方的惩处与奖励）；具体事项的安排（责任人/完成时间/过程跟踪要求等，尤其是约束项的解决方案）。
- 被约束后的需求预测，这是 S&OP 的核心输出。
- 新品计划。在 S&OP 正式会议上需要形成一揽子关于新品的决议，由之形成专门的新品行动计划。
- 产品淘汰与退市计划。对那些业绩不佳、未来趋势不好的产品需要淘汰和退出市场，往往需要在正式会议中由高层做出明确的取舍，并据此制订执行方案与计划。
- 制度与流程。有时正式会议在一些事情上会碰撞出火花，以此为契机，要求相关部门制定/修改相应的制度或流程，这是 S&OP 的重要输出之一。

- 财务支持与财务计划，主要指的是相关资金计划。

活动九：S&OP 执行与跟踪

1. 时间与人员安排

S&OP 正式会议结束后，各项输出发出后，S&OP 即开始执行。

各部门相关责任人按照流程规定、正式会议决议要求和 S&OP 输出的指令进行执行和日常操作，S&OP 专员负责 S&OP 执行事项的全程跟踪与汇报。

2. 作业程序

- S&OP 专员跟踪各项输出，确保发送到位。
- 需求计划员依据约束后的需求预测制订需求计划，经审核后下达各职能部门。
- 各职能人员依据需求计划和其他相关数据制订各执行计划，经审核后下达执行。执行层面的计划包括物流计划、物料需求计划、主生产计划、采购计划和相关新品、退市品及财务计划等，由各自职能部门安排完成。
- 各部门按照执行计划安排落实、执行，以及过程中的反馈与协调。
- S&OP 专员在事前确定各时间节点进行跟踪跟催，以及问题收集与反馈。流程中需明确承担责任和追责的相关步骤与方法。
- 预测纠偏。

（四）标杆导入

标杆导入切不可完全照搬，我们非常反对大家"削足适履"，因为你可能不具备那样做的条件：行业超高的毛利可以支持管理变革的成本；对于战略有超级定力；标杆与自己的行业高度相似；有高效执行与超强的学习能力等。我建议，对于大多数企业来说适合"削履适足"，当然，这一过程中不能够将鞋子的精髓与灵魂搞丢了，一定要保证理念、原理、原则、逻辑与标杆一致，结合企业的管理成熟度与现状，对标杆的做法做适应性的调整。

标杆导入重点要考虑：

- 业务的复杂度差异。多数企业业务复杂度低于华为，业务决定流程，你的流程当然要简单，如果简单套用华为的做法，当然跑不动。

- 组织的发展阶段。不可精细化过度，也避免精细化不足。
- 人员的能力现状。如果你不具备相应的能力，有些方法论与工具就不适合导入，就需要做简化或调整，或者要解决人员能力的问题。
- 组织的管理机制匹配。不要忽视标杆需要的管理配套支撑，要能够将流程相关的组织、激励、文化导向等方面的支持能力挖掘出来，看看我们公司现状条件如何，基于当前的配套能力，流程如何设计。

二、内部标杆研究

（一）标杆来源

内部标杆包括内部优秀员工标杆、内部优秀业务标杆，比如标杆项目。从优秀员工身上提炼成功的经验，形成可复制知识文档。

（二）标杆经验萃取组织保证

1. 领导作用

如果想做好对内部的标杆研究、内部标杆经验的萃取，就需要领导重视，发挥最高管理者的重视作用。

我在 AMT 从事咨询工作时，公司有一个很好的做法：Home Friday。每个周五，不论项目工作有多忙，不论你在哪个城市做项目，公司都要求所有的顾问回到分公司，参加 Home Friday 分享交流会。在这个会上，安排有分享价值的项目组进行主题分享，听者可以在这个过程中自由提问。这一举措不论对分享者还是听众都有巨大的提升，我们的顾问非常喜欢，也正是这种机制的坚持，让顾问得到快速成长。在咨询行业有个说法是，做顾问一年的收获相当于在企业三年的收获。

2. 解决标杆个体的意愿

首先，要营造乐于分享的文化，要有开放进取的心态，不能保守。这要自上而下地进行，由高层用实际行动作出表率。如果公司是一个乐于分享的组织，你不分享，就不会被公司认可，就不会被团队成员接受。

其次，要构建分享激励机制。对于管理者来说，最好的分享就是开展流程设计与优化，将管理经验承载到流程文件中，同时培养下属，把你的经验传承到团队，培养更多的人才。对于专业人员来说，最好的分享就是输出公司的流程/知识资产，将个人的经验变成组织的知识资产，为更多的人赋能，快速提升组织整体专业水平。对于管理者而言，就要体现在干部评价与任免标准中，体现在绩效评价与考核制度中，要强化管理者对于流程体系建设的责任、对于团队培养的责任；对于专业人员而言，就要体现在专业人员的任职资格评审标准中，要体现在专业人员的激励制度中。在这种机制下，如果你不分享，就没有升职加薪的机会，甚至会被淘汰出局。

（三）标杆经验萃取方法

第一步：选取主题。

当我们面对一个标杆个体时，有很多主题可以挖掘，因此如何找准标杆个体最擅长的优势点很重要。

选取标杆个体优势主题的四个来源：冠军事件、亮点绩效、高频同质的高光时刻、常见标签词。

第二步：回忆事件。

找到要萃取的主题之后，就要开始深度挖掘经验，还原主题相关事件，找关键根因、要因。在这个环节，掌握访谈技巧极为重要。

访谈框架可以参考下面的步骤搭建：

①开场破冰

寒暄赞美：一般会说一些赞美的话，例如"我听很多人都夸您在××方面的经验丰富……"

明确主题："我们今天访谈的目的是总结您在××主题方面的优秀经验和教训，并且在公司内向××岗位分享。"

②发问

开场问题："可以介绍一下您在××方面的成绩/战绩/数据吗？"

具象事件问题："可以介绍一下您印象中在××方面特别成功的具体事件吗？"可以按照STAR［Situation（情景）、Task（任务）、Action（行动）

和 Result（结果）]方法进行结构化的提问。

抽象专业问题：对于通用逻辑问题，先问大结构问题，例如，"一般做这类事，您分成哪几个大的阶段/模块？"再围绕大结构问题进行细化。对于专业问题，例如，针对飞机维修专家，可以问："常见的异常问题有哪些？您是如何验证故障原因的？"

道法术器坑问题："在处理这类任务时，您在道法术器坑层面的经验是什么？"

道即理念性的经验，不是具体行为，而是心智模式/行为"方式"（角色认知、动机信念、价值观、行事理念、制胜策略）；法即框架性的经验，具有整体宏观的特点（整体的时间框架、整体的要素框架、有效的模式方法）；术是细节性的经验，具有微观具体的特点（关键影响点、差异化的独到做法、快速简化的捷径、灵活的细分场景）；器为工具性的经验（话术、清单、模板）；坑是反面的经验（常犯错误、冷门大风险）。

③聆听

认真听对方的回答，最好有眼神及内容的回应，比如"这真是一个关键点""这个做法很实用"等。

④引导和追问

"还有吗？""对于××细节能够打开描述吗？""后来发生了什么……"

⑤信息加工

在访谈的过程中要快速地记录，并将与经验萃取主题相关的信息标识出来，适当进行整理：分类、整合、排序等。

⑥确认收尾

将第⑤步的关键结论与标杆个体进行确认，确保结论理解无偏差。

第三步：提炼经验。

当使用访谈话术问了许多问题之后，需要利用工具进行收尾，并提炼核心经验，做好查漏补缺。基本上，任何人的经验都可以从道法术器坑5个层面总结出来，用好这个工具可以帮助我们梳理关键的要点。我建议采取作业五件套的方式来进行呈现：作业指南/手册、表格/模板、清单/话术、FAQ、案例。

第四步：萃取模型。

当我们确定关键要点之后，就需要进行结构化的建模。模型化，可以帮助我们更好地升华经验，让经验不再是零散的点，而是结构化的体系。比如我在《跟我们学建流程体系》这本书中，对于流程架构规划方法进行了模型化处理，如POS（战略/业务/支撑）、OES（业务/使能/支撑）、PDCA法等。

（四）萃取结果评审

完成萃取结果之后，最好能够组织同行进行评审。广泛地听取大家的意见，看看是否有遗漏，比如是否有重要的场景没有考虑到，有好的做法可以补充进来；结果有错误，比如某个经验做法是偶然的成功，没有必然性，没有抓住内在的逻辑；是否易于理解与操作，如果回答是"否"，则需要通过讨论进一步优化。

（五）萃取结果应用

在完成经验萃取后，一方面考虑将其融入流程、规范指南中，并录入知识库，供相关人员参考和应用；另一方面对知识成果进行宣传、推广，如项目回头看、年度培训计划、专业研讨会等，确保项目知识能够共享至合适的群体，通过借鉴应用让知识价值最大化。

笔者服务过的一家企业，为了快速建立S&OP流程能力，公司从外部找了一位S&OP业务高手。流程团队负责来担任知识萃取访谈与引导者的角色，把这位S&OP业务高手过往的经验全面细致地提炼出来，形成书面化的文字材料。最终结合公司的实际情况，组织计划部同事进行转化，完成了S&OP流程、各活动操作说明、相关作业文件、相关作业规则。实际推行下来，效果非常好。

我们经常看到，从外部招聘来的高手，做事可以，但让他说出怎么才能把事做好，特别是让他写下来，他经常会写不出来。流程管理部同事需要承担知识萃取官的角色。在上面的知识萃取的过程中，笔者也深刻体会到了业务高手人才画像的重要性。如果你期待找一个业务高手来构建新业务流程能力，你要关注：

➢ 他清晰地知道"怎么做"吗？你要问得足够细致，最好给一个具体的业务场景，而且是实际业务中的问题，看他如何解决。

➢ 他清晰地知道"为什么这样做"的底层逻辑吗？你要问得足够深：流程设计之前的背景是什么？背后的原理及原则是什么？适用的条件是什么？推行经历了什么样的过程？等等。

➢ 我们更应关注业务专家是否经历过从 0 到 1 的过程，从差到好的变革，从好到优的创新过程，经受"战争"检验的干部与专家是最佳的标杆人选。

第五节 Step4：流程本质设计

一、模板与表格

（一）空白表格

表 6-9 流程本质设计表

客户	客户的核心需求	差异化价值主张	流程目的	流程 KPI	流程目标

（二）字段说明

1. 客户

ISO 标准对客户的定义是："接受"产品的组织或个人。套用这个标准，流程的客户就是：接受流程输出的组织或个人。流程客户既包括外部客户，也包括内部客户，内部客户就是流程的下道工序。

流程有五类关键客户：

➢ 外部客户，即公司产品的购买者及使用者。

➢ 股东，即公司的投资方。

> 合作伙伴，典型的合作伙伴有供应商、经销商/代理商。
> 员工。
> 内部客户，即下道工序的部门、岗位代表。

2. 客户的核心需求

客户的需求很多，你无法全部满足，要对客户的需求进行分类与排序。真正打动并赢得客户的是那些关键的少数需求，即核心需求。一俊遮百丑，很多时候核心需求抓住一个即可。

核心需求可以参照产品需求分析框架，从痛点、爽点、痒点三个方面来洞察与分析。痛点是解决烦恼（问题），让客户摆脱恐惧感；爽点是即时实现（时间）的需求，给客户带来愉悦感；痒点是实现用户自我虚拟构想，从而获得满足感。

3. 流程目的

流程目的是流程基于客户需求，借助流程设计与运营，想达到预先设想的行为目标和结果。通常会以对流程输出物的结果要求的形式来表达。

4. 流程目标

流程目标是在一定时限内流程目的所要达到的标准。

5. 流程 KPI

流程关键业绩指标，用于对流程目标达成情况进行度量或评价。

二、操作方法与规则

（一）识别流程客户

> 建议由流程所有者组织流程设计团队来研讨。
> 通常流程客户是成对出现的。在所有流程中都需要考虑股东，因为要消耗资源，要付出成本，会影响公司的财务表现；另一个客户是流程最主要的服务对象：外部客户、合作伙伴、员工、内部客户。
> 当客户数量比较多的时候要排序，从中识别出关键的客户。流程设计一定要抓住关键客户的核心需求，不需要面面俱到，非关键客户需求可以舍弃。

（二）识别客户核心需求

1. $APPEALS 模型

我们可以参照产品包需求分析框架 $APPEALS 模型来展开，各要素如下：

表 6–10　$APPEALS 模型

需求维度	定义	要素分解
价格	反映客户为一个满意的产品希望支付的价格	对应企业就是产品成本，包括设计、产能、技术、原材料、生产、供应商、制造、元部件、人力成本、管理费用、装备等方面的成本
可获得性	描述了客户在购买过程中是否容易、高效（让客户有自己的方式）	可触达（营销、销售、渠道、广告、配送）、交货期、个性化（配置、选配、定制化）
包装	描述了客户期望的设计质量、性能和外观等视觉特征	外观感受：风格、尺寸、数量、几何设计、模块性、架构、表面、机械结构、标识、图形、内外部包装
性能	描述客户期望产品所具备的功能和特性	功能/性能：功能、界面、特性、功率、速度、容量、适应性、多功能
易用性	描述产品的易用属性	易用：用户友好、操控、显示、人机工程、培训、文档、帮助系统、人工因素、接口、操作
保证	描述了产品的可靠性、安全和质量方面的保证	广义的质量：可靠性、质量、安全性、误差范围、完整性、强度、适应性、动态性、负荷量、冗余
生命周期成本	描述使用者全生命周期的总成本	TCO（总拥有成本）：包括寿命、运行时间、停工时间、安全性、可靠性、可维护性、服务备件、旧产品迁移路径、标准化、基础结构、安装、运营成本
社会接受程度	除用户外影响购买者采购的其他因素	其他相关方需求：间接影响、顾问、采购代理、标准组织、政府、社会认可程度，如环保、绿色健康等；政治、法律、法规；股东、管理层、员工、工会

我们以报表制作流程为例进行分析，如表 6–11 所示。

表 6-11 报表制作流程

序号	需求维度	报表制作流程需求分析
1	价格	报表制作的成本，包括人力成本、材料成本（比如纸张、IT系统）等
2	可获得性	使用者很容易获取到，最好是需要时就出现；出报表速度快；能够基于管理者需求进行差异化定制
3	包装	报表制作精美（往往内部客户对此需求不高，但外部客户则较看重）
4	性能	报表功能情况：描述、分析、行动建议 性能：问题分析深度及建议的价值度
5	易用性	报表是否易于阅读，直观
6	保证	报表质量的稳定性
7	生命周期成本	/（不涉及）
8	社会接受程度	/（不涉及）

识别客户需求还有更简单的操作方式：瞄准客户认证与选择供应商的评价要素（评标要素），尤其是那些权重高的要素；瞄准客户年度供应商绩效评价的要素，也要关注那些权重高的要素。

比如，某公司供应商认证要素包括 STQRDCEC，即 security，网络安全；technology，技术；quality，质量；response，响应；delivery，交付；cost，成本；environment，环境；corporate social responsibility，企业社会责任，八个方面。

通常，选择供应商时会考虑以下因素：质量（来料质量、线上质量、质量管理体系审核评分等）、成本（TCO、协同降本、成本透明度）、交期（准交率、包装、缺货预警等）、技术（技术能力、协同创新等）、响应/灵活性（采购周期、供应商柔性、加急处理等）、服务（网点覆盖、响应周期、问题解决及时率等）、财务管理与经营（财务健康、利润合理、人员稳定、战略清晰等）。

某企业供应商选择评分如表 6-12 所示。

表 6-12 某企业供应商选择评分

评分维度	权重	评价标准	得分
价格	60%	投标报价得分 =（评标基准价 / 投标报价）× 100 × 0.6	

续表

评分维度	权重	评价标准	得分
质量	20%	1. 关键性能参数质量评分（40分） 2. 投标与招标规定的符合性（10分） 注：重要技术参数不符合招标规定，由评委提出，经评标委确认，作为无效投标	
商务	20%	1. 典型案例评分（10） 2. 行业地位（5） 3. 资格认证（5）	
总分	100%	= 价格评分 + 质量评分 + 商务评分	

从中可以看到价格是客户最核心的需求，如果这是公司的目标客户中的典型客户，那么对于公司而言就必须将成本领先作为流程的价值主张，体现在流程架构与设计中。同时，要关注招标文件中所列示的关键性能参数，这些参数的质量指标要作为产品开发以及供应链流程的重要KPI。从典型案例评分中可以看到，标杆客户及标杆项目的意义。在LTC（线索到回款）流程中，要关注对于标杆客户及标杆项目的获取与交付，同时要重点关注这些项目的交付质量，是否形成口碑、形成示范效应。

某企业的供应商年度绩效评价表如表6-13所示。

表6-13　××年度供应商绩效考核表

月份	1	2	3	4	5	6	7	8	9	10	11	12	总计
一、交期（35%）													
批次及时交货率（20%）													
平均交货周期（15%）													
交期综合评分													
二、质量（35%）													
退货率（20%）													
不合格率（15%）													
质量综合评分													
三、新品开发（20%）													
平均开发周期（5%）													

续表

月份	1	2	3	4	5	6	7	8	9	10	11	12	总计
报价成功率（5%）													
产品开发及时率（5%）													
产品开发一次成功率（5%）													
新产品开发能力评分													
四、持续改善能力（10%）													
质量改善报告规范次数（4%）													
质量改善有效次数（6%）													
持续改善能力评分													
五、总分（100%）													

从表 6-13 中可以看到，在交付、质量、新产品开发、持续改善方面客户的评价指标，这些指标要成为对应流程的重点 KPI。因为这些指标做好了，就意味着客户对于公司的年度绩效评价高，公司的供应商等级就会随之提升，公司在客户订单中的份额也会提升，会得到更好的付款条件，甚至会得到更多的新产品参与的机会，从而带来收入增长与更好的盈利表现。

2. 对需求重要度进行排序

可以按 10 分制对每一项需求进行打分，然后进行汇总排序；也可以简单地将需求重要度分成高 / 中 / 低，由流程设计团队讨论给出结论。

对于需求的重要度排序要符合策略导向，通常不同属性的流程，具有不同的策略导向，具体如图 6-4 所示。

图 6-4 需求重要度排序

按照流程面向外部还是内部，以及是控制导向还是效率导向，将流程分成四种类型：

（1）面向外部相关方，有较严的控制要求

这类流程最重要的是，流程产出的效果是否符合客户的期望。比如订单交付、服务交付流程，最重要的是按客户要求的质量、时间、地点要求完美交付。从广义角度来看是质量优先的，效率放在第二位。

（2）面向外部相关方，有较高的效率要求

这类流程往往是客户界面的流程，即与客户密切接触的流程，比如报价流程、合同谈判流程等。市场需求快速多变，流程设计重点在于：灵活的同时要遵从相关法律法规要求。灵活就意味着要加大一线授权，能够快速响应。

（3）面向内部相关方，有较严的控制要求

这类流程最重要的是满足内控的要求：资金资产安全、报表真实准确、遵从内部要求、财务稳健。比如应收流程、资产管理、采购管理等。有些公司会从内控的角度识别出高风险流程，比如涉及采购、销售、资产、资金管理等高风险流程，这类流程重点关注内部控制要求，使风险处于可控状态。

（4）面向内部相关方，有较高的效率要求

这类流程最重要的是效率，是成本导向的，重点在于缩短周期、降低成本、提升资产利用率，比如采购流程、库存管理流程等。

这四个象限之间并非泾渭分明，往往会有交叉，但有一个象限属性占主导地位，流程设计就要充分体现这个主导属性的策略导向。符合流程策略导向的需求就是关键需求。

例如，预算管理流程，对于流程的效率不用太多关注，只要在规定时间内，比如农历年后 1~2 周能够将预算确定发布即可。至于预算过程中投入的人力成本，也不是重点需求。对于预算编制的质量，保证预算目标设置合理，既不要出现过低导致面向战略牵引不足，而错过战略机会，又要防止过高，导致团队失去挑战目标的信心而提前放弃；预算资源分配合理，为战略新业务配置充分的资源，以进行饱和攻击，减少成熟业务资源投入占比，倒逼成熟业务改善提效；预算目标分解有效地将公司经营目标压力向下传递，而不是只有公司总经理一个人焦虑，让每个部门都穿上红舞鞋拼命地跳起来……这些才是关键，这里的任何一个有偏差，都可能导致公司整体经营业绩出现致命的问题。

3. 提出流程的价值主张，这个价值主张相对于竞争对手要有差异化

首先，流程的价值主张要符合公司业务战略提出的价值主张，必须与其保持一致。

比如早年美的主打性价比（成本领先）战略，美的投入了大量的财务人员去做成本管理，人数远远超过格力公司，支撑了精细化的成本管理，也支撑了低成本战略的落实。而格力投入了大量的技术人员去做产品开发与质量管理，人数远远超过美的公司，支撑了它的产品开发与质量管理流程，也支撑了产品领先战略。随着美的公司战略的调整，我们也看到了美的持续加大技术研发、质量投入，也体现在美的毛利率的持续提升上。

其次，要回归到IPD（概念到上市）、MTL（市场到线索）、LTC（线索到回款）、ITR（问题到解决）四个端到端流程上，将公司的价值主张转化为这四个端到端流程的价值主张。比如产品领先战略下，对于IPD流程的价值主张是：技术断裂点的构建、产品上市速度领先于对手、产品竞争力领先于对手、产品开发周期领先对手、产品质量领先于对手等。

最后，将以上四个端到端流程的价值主张传递到使能流程与支撑流程上，形成它们的价值主张，使能流程与支撑流程对准业务流程的价值主张，支撑业务作战需求，多打胜仗。

为了便于读者理解，我对每一个端到端流程设计了一个通用的价值主张及KPI库，如表6-14所示。

表6-14 端到端流程通用价值主张及KPI库

职能	L1 流程	价值导向	KPI
战略	DSTE（战略规划到执行）	规划准（机会差距小）、执行强（达成率高）、调整快	战略KPI达成率、战略任务达成率、机会差距额度、战略调整周期等

续表

职能	L1 流程	价值导向	KPI
市场	MTL（市场到线索）	品牌力强、主动线索多	品牌认知度、品牌美誉度、合格线索金额、营销费用产出率
销售	LTC（线索到回款）	赢单、盈利、客户满意	订货/新签、收入、战略业务（产品/客户/行业/区域）收入占比、毛利率、回款率/呆坏账率、成品库存周转率、订单交付客户满意度、客户流失率/客户复购率、客户推荐率、重要客户收入、客户渗透率/覆盖率、目标客户渗透率、客户关系亲密度、平均客户利润、无利润客户占比、产品或服务取消率、老客户销售增长率、平均客户开发周期等
服务	ITR（问题到解决）	快速、准确、及时、体验好	服务收入、响应周期/解决周期、问题一次解决率、服务满意度、战略客户服务满意度、服务人员效率、每月投诉次数等
研发	IPD（概念到上市）	市场成功、财务成功、战略成功	新产品收入/毛利、产品竞争力、研发周期/产品成熟过程所需时间、质量、新产品目标成本达成率/老产品BOM成本下降率、开发效率、模块复用率、物料优选率、新产品和技术开发投入占比、新产品收入占比、相比对手新产品上市周期、新产品开发成功率/三个月销量达成率等
供应链	SCM（供应链管理）	快速、准确、及时、低成本、可靠性	平均订单交付周期、供应链响应周期、订单准交率、出厂质量/市场质量、制造成本达成率/下降率、库存周转天数、直接人工效率、厂房效率、设备综合效率、供应链总成本、S&OP计划准确率等
采购	PROC（采购）	快速、准确、及时、低成本、可靠性	平均采购周期、物料准交率、来料检验/上线质量、采购成本下降率、原材料周转天数、物料优选率、采购效率、供应链弹性、供应链产能、采购急单率等
质量	QM（质量管理）	产品质量好、质量成本低	可靠性、产品出厂质量、质量成本下降率、客户质量评价得分、质量人员效率等

续表

职能	L1 流程	价值导向	KPI
财务	FIN（财务管理）	预算达成率高、投资收益高、内控好、资本力强	预算目标达成率、ROI、内控成熟度、财务费用率、市值、报表出具周期、财务人员效率、汇兑损益、业绩预测准确率、成本测算准确率、标准成本偏差率等
人力	HRM（管理人力资源）	人效高、人才密度高、士气高	人均收入/毛利/利润、人力成本费用率、人才准确度/密度、员工士气评分、核心员工流失率；招聘周期&质量、新员工成长周期、干部培养目标达成率、主动离职率等
流程IT	BT & IT（管理变革与信息技术）	自动化、智能化、管理成熟度高、效率高	流程成熟度、数据质量、自动化/在线率、数字化率、人均收入/毛利/利润、流程覆盖率、流程遵从度、IT减人贡献、数据决策支持满意度等
行政综合	MBS（管理业务支撑）	内部满意度高、效率高	员工满意度、行政费用率、行政服务响应/解决周期、政府关系、社区关系、安全等

重点说明三点：

①表 6-14 中"价值导向"列的内容是通用的，而且相对全面，企业需要根据自己的战略来选择，且不建议面面俱到，要突出自己的价值主张，重点是借鉴表 6-15 的思路：明确端到端经营的理念，即每一个 L1 流程要端到端地为利益相关方创造价值，而不是执行任务，行使功能。

②每个 L2~6 流程都要指向 L1 流程的价值主张，服务 L1 流程的 KPI，否则没有意义，谨防出现脱离 L1 流程价值主张与 KPI 的情况，即局部最优化，而整体不优，甚至是局部很好，整体很差。

③KPI 要指向价值创造，才不会僵化，才不会出现索尼公司被 KPI 搞死的悲剧。这与时下流行的 OKR（目标与关键成果法）工具思想是一致的，价值主张是相对不变的，除非战略发生调整，价值主张都是有价值的，而 KPI 是测量手段，可以根据企业的情况进行调整，切不可与价值主张背离。

4. 将价值主张转变为流程的目的，即对输出规格的要求

很多公司的流程目的写得空洞无物，比如指导员工操作、规范××流程，提升客户满意度、保证业务质量等。看上去没错，但和没说没有太大区别。

流程目的描述要具体、明确，基于公司价值主张对客户的核心需求进行取舍，明确地定义流程输出物的要求，最好能够从中看到行动方向，能够指导流程的设计与运营。

我们来看两个案例：

反面案例：

为了满足公司对压铸模具的需求，特制定压铸开模管理流程，以明确压铸模具的等级标准、开模审批流程、各相关部门职责等，以此提升公司压铸模具的质量，并满足生产需求。

正面案例：

S&OP流程的目的是通过市场、研发、生产和采购之间的沟通，作出对市场变化能快速响应的决策，应对市场需求的变动，平衡供需，输出一个可执行的发货计划；及时了解市场需求，驱动供应链运作，提高供应链敏捷性，改善资产利用。

相信大家对比一下就知道流程目的应当如何来描述。

5. 基于流程目的，为流程设置合适的流程 KPI

先来看看流程 KPI 如何设置。建议从质量、成本、周期时间、数量、效率、风险等维度进行。

①质量：ISO9000 将质量定义为"一组固有特性满足要求的程度"。广义上的质量还包括工作质量，工作质量则是产品质量的保证。

按质量内容可以细分以下三类：

➢ 性能指标：如待机时间、强度等，要结合客户需要选择关键性能来评估。

➢ 可靠性指标：无故障运行时间、新机三个月故障率等。

➢ 符合性指标：合格率、不合格率/缺陷率，这个指标适用于所有的流程。及时率是对流程处理是否符合时效要求的程度测量，也是符合性指标。客户满意度是对客户感受达成客户期望的满意程度的测量，也是符合性指标的一种。

②成本：是为达到一定目的而付出或应付出资源的价值牺牲，它可用货币单位加以计量。这个定义相对广义，不仅适用于产品，还适用于流程。

按成本对象可以细分为以下两类：

➢ 产品成本：同财务维度的概念，如果想要更精确，基于业务流程（成本动因）来分配间接费用，取代基于部门按一个简单的方式分摊的做法，产品成本会更准确。

➢ 流程成本：将间接费用（销售费用、管理费用、财务费用等）分配到流程，比如客户拜访流程成本。

③周期时间：是指流程从开始到结束所需花费的时间。

通常周期时间可以分成两类：

➢ 平均周期时间：在统计期内流程耗费周期时间的平均值，代表了流程平均处理速度。

➢ 最长周期时间：指在一定承诺服务水平下，流程最长处理周期时间。比如承诺服务水平为 80% 的最长周期时间是 5 天，就是代表流程处理周期时间在 5 天以内的占比不低于 80%。通常承诺服务水平越高，最长周期时间越长。

④数量：指流程产出数量，如销售收入、生产台数、客户开发数量、回款金额、线索金额、商机金额等。

⑤效率：反映流程的生产力水平，通常用投入产出比来衡量。

常见的效率指标有：人效（人均收入／毛利／利润）、物效（如设备综合效率、单位面积贡献率）、钱效（投资回报率）、库存／应收／现金周转率（天数）。

⑥风险：对流程风险发生的概率和损失幅度的度量。

按度量方法风险分析可以分为：

➢ 比率分析法：资产负债率。

➢ 杠杆分析法：经营杠杆系数、财务杠杆系数、总杠杆系数。

➢ 敏感性分析：敏感性系数（评价指标变化率与不确定因素变化率之比）。

➢ 概率分析：标准离差／标准偏差。

提出一个 KPI 很容易，但要确保 KPI 可测量不容易，需要做好 KPI 的设计与落地，通常需要考虑以下因素：

①基本信息。

指标名称：是指对绩效指标的概括性描述，能够直观反映指标的内涵。

指标维度：如数量、质量、成本、时间、效率、客户满意等。

指标级别：L1 流程级、L2 流程级、L3 流程级等。

指标定义：是指对绩效指标内涵的界定、解释和说明，能揭示绩效指标的内在含义和关键可变特征，让人能够清晰全面地理解指标的内容。

设立目的：用于描述为什么要制定和考核该绩效指标。

②指标计算方法。

计算公式：是指得出绩效指标数据结果的方法、手段或途径。

目标值界定：目标值是企业对未来绩效的期望。

指标权重：是指该指标在本层指标中相对其他指标的重要程度。

考核周期：是指相邻两次考核工作之间的时间长度，即多长时间进行一次考核，包括定期和不定期考核。

③数据采集方式。

统计部门：即统计单位或主体，也称数据来源部门或数据提供部门，对指标数据结果的准确性、真实性等承担主要责任。

数据载体：是指承载绩效指标数据的相关单据和报表。绩效数据一般不能由被考核者自己提供，需要由第三方或客户方提供。如果只能由被考核者自行提供，那么需要对数据核查后才可以使用。

采集流程：是指绩效数据从数据产生（记录—原始单据）、数据处理（统计—统计报表）到数据输出（结果—绩效数据结果报表）全过程中的工作步骤和规范。

提报流程：是指将绩效指标的最终数据结果经过审核、复核、审批，提报到绩效管理组织部门或绩效考核信息系统的全过程的工作步骤和规范。

提报时间：是指将指标数据提报到绩效管理组织部门（一般为人力资源部及数据相关部门）或绩效考核信息系统的时间规定，确保绩效考核工作按时完成。

④指标责任主体。

归口管理主体：也称归口管理部门，是指该绩效指标的归口管理主体，需要规范该绩效指标的定义、数据收集和监控工作，对数据结果负责。

主要被考核对象：也称强相关被考核对象或主要适用范围，是指绩效指标考核的主责单位/部门/个体（岗位）。

关联被考核对象：也称弱相关被考核对象或次要适用范围，是指绩效指标考核的关联单位/部门/个体（岗位），非主要考核对象。

6. 确定流程目标

流程目标来自公司战略目标的承接与分解。流程目标设置有两种思路：

一是目标导向，基于市场需求及竞争需求（比如对标结果）及公司定位来确定，确定做到多少才是合适的。

二是能力导向，基于流程 KPI 水平现实，设定一个持续改善的目标。如果使用能力导向，目标设定一定要有足够的进取性。通常在改善初期，每年的改善幅度不低于 25%。即使已经到了行业领先水平，对于重要的指标，如果改进有价值，仍要求保持不低于 5% 的幅度。

三、流程本质设计案例

案例一：费用报销流程本质设计

表 6–15　费用报销流程

客户	客户的核心需求	流程目的	绩效指标	指标定义
股东	1. 确保报销真实性，杜绝虚假报销 2. 确保预算外的费用报销得到有效管控 3. 确保报销合规，如符合费用标准、手续合规、金额正确等 4. 处理费用报销流程人工成本低	确保费用报销及时、高效、合规，同时员工的费用报销体验好	费用报销及时性	=按承诺时间完成费用报销的单量/总单量×100%
			费用报销员工满意度	通过问卷调查的方式评估
员工	1. 及时完成费用报销，将款项及时支付给报销人 2. 员工费用报销过程体验好，包括流程简单易于操作、财务人员服务态度好等		平均每单人力成本	=∑平均每单费用报销各角色处理时间×薪酬标准

案例二：客户投诉处理流程本质设计

表 6-16　客户投诉处理流程

客户	客户的核心需求	流程目的	绩效指标	指标定义
股东	1. 投诉处理合规，防止由于能力不足或舞弊出现超赔，给公司带来损失 2. 在确保客户满意的前提下，结合客户需求进行产品销售，提升公司销售收入 3. 客户投诉处理效率高，投诉流程人工成本低	确保客户投诉处理及时、有效、成本低、合规，客户对投诉处理结果满意，过程体验好，同时实现服务营销	客户投诉处理及时率	=按服务承诺时间完成处理的投诉次数/投诉总数×100%
			客户投诉处理满意度	=客户投诉回访结果为满意的次数/投诉总数×100%
客户	1. 客户投诉得到及时、有效处理，客户对处理结果满意 2. 客户投诉处理过程体验好，感觉舒畅		客户投诉体验评分	以客户问卷调查的方式统计，从投诉处理渠道、人员形象、专业性、服务态度等进行评价
			平均每单流程处理人工成本	=∑平均每单投诉各角色处理时间×薪酬标准

案例三：通过流程 KPI 定义解决 OA 流程 E 化业务痛点

若干年前，我为某企业提供管理咨询服务时被企业看中，挖到内部担任流程 IT 负责人。上任不久，总经理对我提了一个需求："陈老师，您能否解决我们公司一个老大难的问题：组织架构及人事任命调整完成后，涉及上百个 OA 审批流程需要调整审批人，我们公司往往 3 个月都调整不到位。我虽然强调过多次，但就是无法解决。"

我很爽快地答应了，回复总经理"没有问题，争取在 1 周内完成涉及 OA 流程的所有调整，保证人员调整之后，相关业务审批流程能够快速地流到正确的人手里"。

回到部门后，分管 OA 系统的部门经理对我说："陈老师，您太武断了，这是一个老大难问题，没有您想象得那么简单。"我问："为什么？"他回答："我们只有一个 OA 流程开发与配置人员，产能严重不足呀！"

我心里想，OA 开发与配置是技术含量最低的，理论上说，如果不涉及跨系统之间的接口开发，一个大学生稍微培训一下就能够胜任了，这肯定不会有问题。

很快到了年度绩效考核时间，我收到各科室经理完成的下属评价结果，审核时发现，这位 OA 开发人员的绩效居然为 A（优秀）。这与我从其他部门及相关用户的反馈得到的结果形成了巨大的反差，我觉得能得 C（及格）就不错了。通常我是不干涉下属的考评结果的，但这次我必须行使例外管理权力了。于是，我找部门经理询问，他回答："陈老师，您不要光听别人说，要看实际情况。OA 流程是公司使用人员最多的系统，是大家最关注的系统，也是需求最多的系统，但我们的开发人员只有一个，做多就会错多，我觉得他能够把如此多的需求处理到现在的状况已经非常好了。有人抱怨他的配置速度慢，这很正常，在我看来是不慢的；也有人抱怨配置质量不高，但这是仁者见仁的事情，太主观了，不好评价。更何况，万一把他压垮了，没有人能够顶上，后果就不堪设想了。"

听完他的解释后，我虽然不认可，但考虑到没有明确的目标与评价标准，这次就不调整这个 OA 开发人员的考核结果了。但我要基于客户需求，基于改善需求重新制定 OA 流程 E 化工作的 KPI。

首先，我要求该 OA 开发工程师在下季度完成一项重点工作：编制 OA 流程 E 化操作手册，验收标准是部门内新招聘人员通过手册在简单培训后，能够快速地学会 OA 流程 E 化工作，当然跨系统接口开发除外。如果能够全部完成，该季度的绩效就是 A；如果无法完成，则视情况来确定是 B 还是 C。

不到 3 个月，OA 流程 E 化操作手册就完成了，质量还不错。我安排这个 OA 开发工程师举办了一场专门的培训，为公司培训了 10 名兼职 OA 配置人员。培训后安排了受训人员动手操作，效果达到了预期，也验证了我的看法：OA 流程 E 化配置难度不高，易于掌握。通过培训，将部门 OA 流程 E 化工作的产能提升了 10 倍。这也成为我后续承诺"组织架构及人员调整引发的 OA 审批流程调整需求在一周内完成"提供了最重要的保障，为我在公司站稳脚跟奠定了坚实的基础。顺带说一句，最好的信心与信任是通过打胜仗来获取的。

为了解决 OA 流程配置时效的问题，我定义了"OA 流程 E 化及时率"指标，并提出了时效承诺标准；为了解决 OA 流程配置质量的问题，我定义了"OA 流程 E 化质量"指标，如表 6-17 所示。为了能够评价与统计，我要求开发 OA 流程 E 化 OA 电子流，并开发时效报表，自动按月统计出 OA 流程 E 化及时率结果。这样就做到了指标客观与准确，无争议。我组织了 OA 流程用户代表，召开了专门的研讨会，主题是："一个令人满意的 OA 电子流质量标准是什么？"经过充分的讨论，我从中提炼出了"OA 流程制作质量标准"，包括评价点及评分标准。我安排部门秘书，每个月随机从当月完成的 OA 电子流中抽取 1 个流程按"OA 流程制作质量标准"进行打分，以此结果作为质量评分。如果 OA 开发工程师有异议，可提交我来裁决。

表 6-17 OA 流程 E 化 KPI

序号	KPI	目的	定义	计算公式	目标值
1	OA 流程 E 化及时率	加快 OA 流程 E 化速度，确保满足客户的需求	OA 流程 E 化工作完成的及时性	1. 非批量需求，在 1 个工作日内完成；批量需求在 5 个工作日内完成 2.E 化的流程数量/统计期内按承诺时效需完成 E 化的流程总数 ×100%	≥95%
2	OA 流程 E 化质量	提升 OA 流程 E 化质量，改善客户体验，保证 OA 流程使用效果	OA 流程 E 化质量与标准的符合性	从当月完成 E 化的流程中随机抽取一个，由部门助理根据《OA 流程制作质量标准》进行评分	≥90 分

这两个指标应用后，取得了非常好的效果，OA 流程 E 化速度又快又及时，同时 OA 流程 E 化的效果也得到了大幅的提升，客户满意度大幅提升。指标直接驱动了 OA 开发工程师的行为，也保证了绩效结果符合目标。

这就是流程 KPI 的力量。诚如名言所说："你不能评价它，就无法管理它。"如果你能够评价它，那么管理就变得简单了，先管住结果，放开过程。如果管不住，再看结果的卡点，优化过程后，再来管结果。

第六节　Step5：活动线路设计

一、操作方法与规则

流程活动线路设计的输入是现状流程写实的成果，即现状流程图。

（一）对流程结构进行优化的关键点

1. 重要且容易出错的业务要闭环

在电路系统中，闭环与开环的主要区别在于：闭环控制有反馈环节，通过反馈系统使系统的精确度提高，响应时间缩短，适合对系统的响应时间、稳定性要求高的系统；开环控制没有反馈环节，系统的稳定性不高，响应时间相对来说很长，精确度不高，适用于对系统稳定性、精确度要求不高的简单的系统。

业务流程与电路系统有相似之处，结构上也有开环和闭环之分。基于我的经验，重要的流程，运行周期相对长的流程，就属于重要且容易出错的业务，需要采取闭环结构，否则流程很容易出现无效或低效运作。

要实现闭环，就需要增加 C（检查评估活动）与 A（改进行动），同时要强化 P（计划），否则 C 就没有依据。开环改闭环如图 6-5 所示。

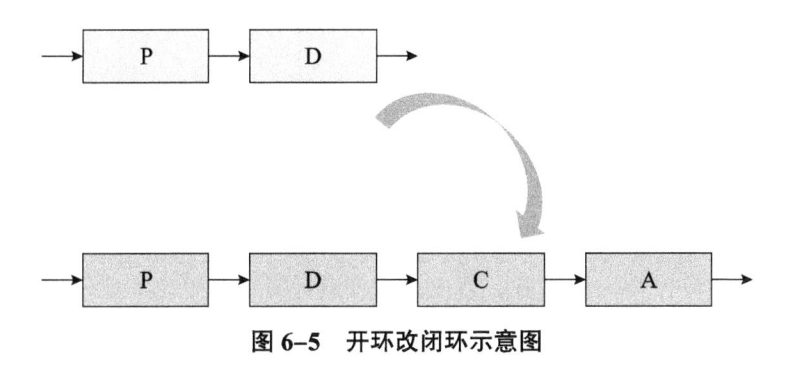

图 6-5　开环改闭环示意图

多年前，我作为 PM（项目经理）带领咨询团队开展某企业流程管理咨询项目，在现状诊断阶段，与企业运营管理总监访谈时，感觉他的描述非常专业，既有战略的高度，又有方法论的系统性，还有深入的业务洞察。当时，咨询团队的感觉是：遇到了高手，可能找不到问题，后续的交付可能压力比较大。

我转念一想，先看看结果再说，如果对方做得真的很专业，也许是个幸事，咨询本身就是教学相长的过程，也是顾问向优秀企业学习的过程。有时候，我们会戏称自己是知识的搬运工。

于是我问这个企业运营管理总监："您介绍的薪酬与绩效方案设计逻辑非常清楚，目的也很明确，直指公司当前的主要矛盾及战略诉求。请问，方案落地执行如何？方案最终的效果如何？用什么指标来衡量？"

答案出乎意料，他回答："我不负责实施，执行交给了人力资源部门，具体情况不清楚，应当落实了吧，效果应当不错吧。"原来这家企业只做了P（计划）和D（执行），没有做C（检查评估活动）与A（改进行动），没有回答价值创造的问题。

这种情况绝非个案，我们不妨做个反问：公司的薪酬或激励方案有明确的目的吗？对于方案的质量或效果设定了评价标准吗？在方案执行落地之后，是否对方案实施效果进行了评价，并与当初的目的进行对比？达成目的了吗？如果二者有差距，原因是什么？下次如何做才能够做得更好，才能够将这个差距缩小？

需要重点关注闭环的流程有：销售预测流程、投标流程、设计变更流程、战略规划流程、预算管理流程、招聘流程、组织变革流程等。

2. 将并行工程用到极致

串行，是指有多个任务时，各个任务按顺序执行，完成一个之后才能进行下一个。并行，是指多个任务可以同时执行，异步是多个任务并行的前提条件。如果业务逻辑本身是并行的，不要人为地将它设置成串行的，这叫能并不串。最典型的场景是审批流程中的会签角色，理论上会签活动是并行的，各会签人员对自己负责的部分进行审核，给出专业的意见，并不依赖其他会签人的意见。现实中，流程会被人为地设置为串行，尤其是位高权重的角色，他很享受在其他人完成审核之后再来做判断，比如财务审核人，尤其是官僚主义氛围浓厚的企业。

串行改并行如图 6-6 所示。

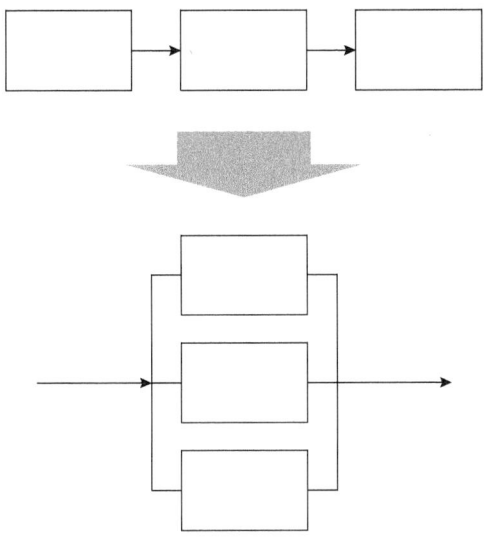

图 6-6　串行改并行示意图

更重要的是，运用"提前启动"思想，将并行工程效果发挥到极致。对于逻辑结构上属于串行的流程，依然可以并行化运作。虽然串行流程中前一个活动没有结束，下一个活动无法执行，但流程任何一个活动都可以分解成需求挖掘与分析、解决方案设计、详细计划开发、计划实施等任务。前一个活动未结束，真正影响的是后一个活动中的计划实施任务，而需求挖掘与分析、解决方案设计、详细计划开发是可以几乎与第一个活动的需求挖掘与分析、解决方案设计、详细计划开发同步进行的。举个例子，虽然在概念阶段，由于没有生成采购需求，你无法执行采购活动，但在概念阶段可以同步提出可采购性需求，这并不依赖产品 BOM 是否生成，采购需求是否提交。

如果采取这种并行的模式，待前一个活动的计划实施任务完成之后，后一个活动的前 3 个任务已经完成，可以立即启动计划实施任务，这样流程执行时间就得到了大幅压缩。更重要的是，由于介入时间早，需求挖掘与分析、解决方案设计、详细计划开发 3 个任务的质量得到了保证，往往后一个活动的质量会大幅提升，活动一次通过率也会大幅提升，叠加起来流程效率提升的幅度更为可观。

提前启动过程如图 6-7 所示。

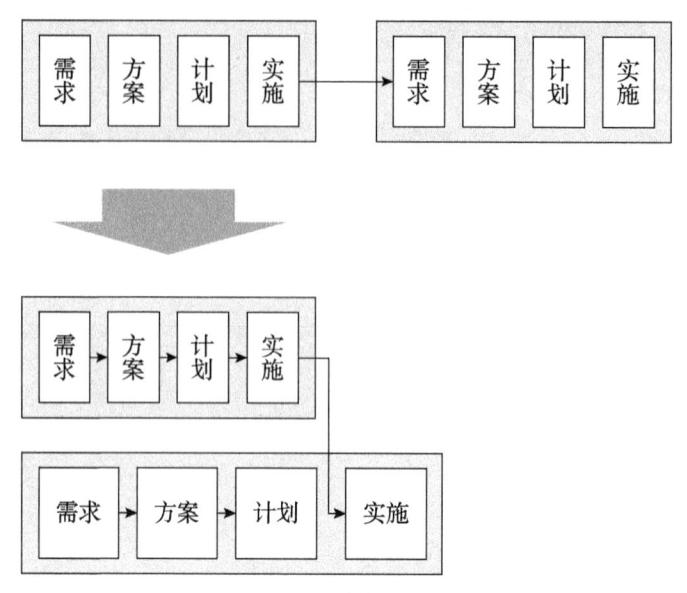

图 6-7 提前启动示意图

（二）运用 ESEIA 工具将现状流程中的增值活动比例最大化提升

该操作的输入是流程本质设计成果，即流程客户、客户的核心需求、流程价值主张、流程 KPI。我们要保证流程中的每一个活动都指向流程价值主张与客户核心需求，对于缺失的活动，如果价值高于成本，则果断增加进来；对于不增值的活动，果断地将它去除。如表 6-18 所示。

表 6-18 ASME 表格

活动	活动类型						耗时 单位:分	传递 单位:分	优化建议				
	增值	不增值	检查	传递	等待	存储			移除	简化	新建	整合	自动化	其他

增值的判断标准有两个：

①客户增值，判断标准为：

➢ 该任务是否为产品/服务提供了新的功能？

➢ 该任务相比竞争对手具备竞争优势吗？

➢ 客户愿意为此支付更高的价钱吗？

②业务增值，判断标准为：

➢ 该任务是法律或法规所要求的吗？

➢ 该任务是否降低了所有者的风险？（风控需求）

➢ 该任务支持财务报告要求吗？

➢ 如果取消该任务，流程会终止吗？

从实操的角度看，增值判断的方法是将活动与流程价值主张/流程目的进行对比分析：该活动对于流程的价值主张/流程目的有增值贡献吗？增值贡献是指贡献大于投入，投入就是活动消耗的成本。

检查、传递、等待、存储是四类可疑活动，在流程设计过程中要重点关注。

➢ 检查活动本质是不增值的，如果我们能够一次把工作做对，就不需要检查活动，所以质量是免费的。但现实中，由于种种原因，我们做不到一次把工作做对，就可能需要开展检查，确保工作质量。检查活动增值与否的判断标准是：如果检查活动带来的不符合成本下降的金额高于检查所投入的成本，则是增值的，否则就是不增值的。

➢ 传递活动，包括实物的传递与信息的传递。如果我们把实物与信息放到需要的位置上，很多传递活动就是不增值的。由于技术及资源限制等原因，有时候传递难以避免，我们就要控制传递的次数：是否能够一次到位？尽量减少不增值的搬运？比如京东的理念是货物最多允许搬运两次，一次是从厂家到目标仓库，第二次是从仓库到客户收货地。

➢ 等待是指下一道工序等待上一道工序的处理，或者等待必要的准备工作的完成，会造成流程的延误和效率的降低。

➢ 存储是指流程结束后产生的输出（如信息和实物等）超出了流程客户的需求，产生了库存，会带来库存的浪费及库存持有成本的增加。

由于人们很容易被现有的业务状况限制或思维固化，往往会认为存在即合理，所以我们要抱着怀疑一切的态度，尤其是邀请一些新员工或者业务之外的人进行讨论，通过他们给流程设计团队带来新的视角与观点。

常见典型的不增值活动如下，希望给读者有更多的启发：

> 过量生产：在下道工序需要前即开始生产且生产量超过其需求。

> 库存：任何形式的批量加工都可能产生库存，如待处理框爆满。

> 等待：系统停机时间，系统响应时间，等待他人审批，等待客户的反馈等。

> 过度加工：如过量复印、过多的报表，加急、多余的搬运，如调货等。

> 返工：订单错误处理、设计错误、工程更改、员工流失、需求/方案变更、返工返修。

> 多余动作：步行到复印机等。

> 搬运：过多的邮件附件、过多的传递、过多的批复、不增值的"二传手"工作，如邮件转发、转办、转达等。

> 人才浪费：限制了员工完成基本任务所需的权限和责任，管理层的命令和控制，业务处理所需的工具不足。

> 标准化不足：重复发明轮子，未复制最佳实践；对例行事项的评审/审核、审批规则缺失等。

> 目的不明确：没有行动或无人阅读的报告、无价值的表格字段、目的不明确的审核。

> 资源错配：高能低配，高技能人才从事事务性工作；自动化不足。

下面列举几个常见不增值业务场景，给出一些进行价值判断的建议。

有人戏言："职业经理人不是在会议中，就是在去开会的路上。"会议是最容易不产生价值的，我们要判断会议的价值：有清晰的会议目的吗？有充分的会前准备吗，比如会议材料？参会人员对于会议主题的价值贡献是什么？都是必需的吗？有清晰的会议议程吗？会议有决议吗？决议落实了吗？产生了效果吗？带来的价值是什么？价值大于会议成本吗？

企业中有一堆的"表哥""表姐"，制作出一堆展现专业能力的报表，报表也是有可能不增值的。我们也要判断它的价值：有人看吗？有多少人看？看完之后，采取了行动吗？行动带来了结果吗？产生了价值吗？价值大于报表制作及阅读成本吗？正如前文分析的那样，企业真正需要的数据信息并不多，就意味着大量的报表信息都是不增值的。

企业里编写了一堆的流程文件与制度，也是容易不增值的。我们也要问：

这份流程文件与制度固化了什么最佳实践？为流程人员提供了什么赋能？约束了什么行为？规避了什么风险？流程文件或制度执行了吗？执行后带来了业绩改善吗？这个改善是否能够覆盖流程文件与制度管理的成本？

企业的管理者及各业务领域的骨干与专家，每天都过得充实而繁忙，要处理很多事件，搞定很多任务，同样需要反思一下：管理者与专家应当做什么？是否将确定性的工作转交给流程制度、授权给了低层级人员，让自己聚焦产品与技术创新、管理变革与改进、商业模式优化等？

知道业务需求之后，部门主管会将需求分配到本部门相关人员手上，我们要问：工作分配增值吗？工作分配有最优规则吗？如果有，能否让需求方直接与接受方对接？或者通过 IT 系统自动实现分配？

企业里有大量的审批流，它们是不增值活动的温床，我们反问一下自己：每个审批人的审核目的清晰吗？能够为企业赚钱吗？审批业务是成熟的吗？有审核点及审核清单吗？有审核规则吗？能够自动化吗？能够向下授权吗？再反过来看一下，每个审核/审批点是否存在通过率过高，比如接近 100%，审与不审的结果都一样，为何要审？是否存在退单率过高，比如高于 5%，难道没有规则吗？为何总要到事后再告诉申请人不通过？

（三）识别流程 KCP（关键控制点），找到流程中的关键活动

KCP 是在业务流程及 IT 系统中由流程所有者确认的，为降低重大风险、实现流程目标而开展的一系列活动。重大风险是指影响公司资金资产安全、法律遵从、财务报告及数据质量、产品与服务质量、客户满意度等的不确定因素。识别 KCP 是流程中的一个活动，不是绩效目标，不是管控规则，或者其他。

业界的趋势是管理体系融合，不论推行什么管理体系，比如 ISO9000、ISO14000、ISO27000 等，流程文件只有一套，流程说明文件只有一份，将不同管理体系的控制要素与要求集成到对应流程中。KCP 就是一个很好的抓手，各类管理体系的要求，最好是通过 KCP 来实现专业管理要素的集成，实现基于流程的管控，比如基于流程的质量管理、基于流程的内控等。

KCP 的识别可以从质量、财务内控、数据、信息安全、EHS、法规遵

从等方面进行，具体操作逻辑如图 6-8 所示。

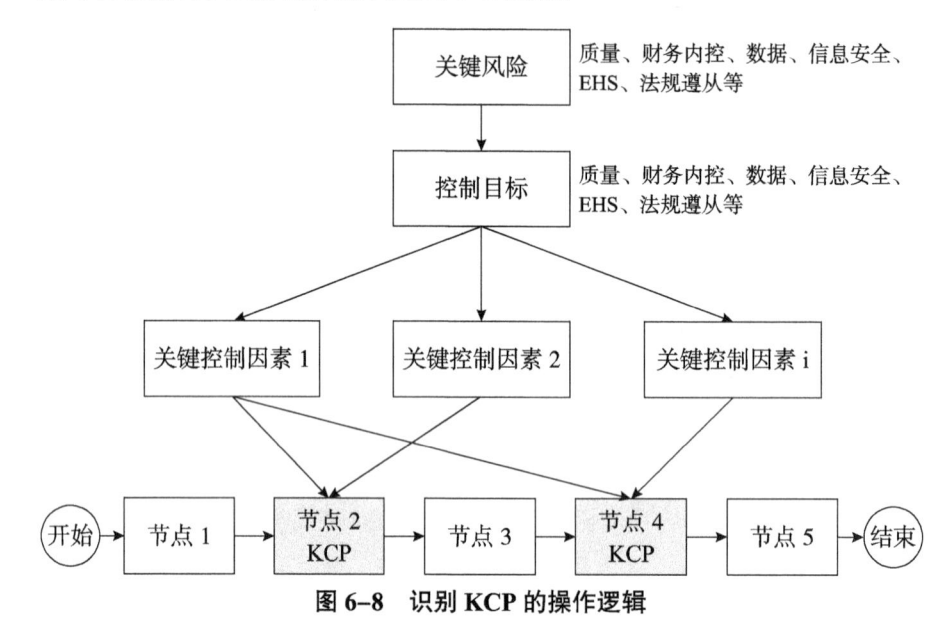

图 6-8　识别 KCP 的操作逻辑

➢ 关键风险：综合考虑风险带来的损失大小、风险发生的概率及风险识别的能力来确定。通常从质量、财务内控、数据、信息安全、EHS、法规遵从维度进行，由对应归口管理部门来负责。关键风险的识别精准度非常考验管理者的能力，能否抓准，抓住主要矛盾，进而抓住主要矛盾的主要方面，越准意味着越聚焦，管理投资回报越大。

➢ 控制目标：企业对于关键风险控制的程度，要设定一个目标值。对于目标值的设置非常考验管理者的智慧，要与企业当前规模、所处行业等结合，既不能过严，也不能过松，过严会带来管理过度，过松会带来管理不足。最重要的是，要将风险当成经营对象，我们是要经营风险，而不是控制风险，控制的目的是增值，即收益大于成本。

➢ 关键控制因素：控制关键风险的关键因素。以内控为例，可以从职责分离、权责明确、标准明确、记录完善四个方面展开分析。

➢ KCP 确定：KCP 就是承载了关键控制因素的活动。KCP 要回到 L1 流程视角来做统一识别，建议一个 L1 流程的 KCP 数量不超过 20 个。KCP 要在流程图中标示出来，企业需制定统一的标识方法，让大家一眼就能够识别出来。

（四）将流程活动线路以流程图的方式呈现出来

流程图定义：展现流程过程步骤和决策点顺序的图形文档，是将一个过程的步骤用图的形式表示出来的一种图示技术。

流程图绘制要求参考：

➢ 原则上，一个活动由两个或两个以上岗位共同完成，应进行分拆；多个活动由一个岗位完成，应进行合并。

➢ 职能必须细化到岗位或角色，而不能够只到部门。

➢ 流程图要简单，容易阅读，如果太复杂，则考虑将流程分拆为多个流程。

➢ 流程有多条分支时，使用 XOR 格式，将分支判断条件表达清晰。流程图符号绘制顺序，应从上至下、从左到右。

➢ 动作环节要用规范动词表述，建议使用动宾结构描述。

➢ 一个流程应该只有一个起点。开始符号在流程图中只能出现一次，但结束符号不限，即流程可能有多个结束点。

➢ 同一路径符号的指示箭头应只有一个。

➢ 流程图中若参考到其他已定义流程，可使用已定义处理程序符号，不必重复绘制。

流程图常用符号说明参考表 6-19。

表 6-19　流程图常用符号说明

符号	名称	含义
◯	开始、结束	表示流程的开始和结束
▭	处理	框中指出要处理的具体的任务或工作（工序、操作、动作、工步）
◇	判断	不同方案选择，判断某一条件是否成立
→	流程线	有向线段，表示执行的方向和顺序
▱	文档	以文件的形式输入或输出，即流程中涉及的文档
⫞	预定义流程	预先定义的进程，使用某一预先定义的流程进行处理
▱	数据	表示数据的输入/输出
⛃	归档	文件和档案的存档

续表

符号	名称	含义
	多文档	流程中涉及的多文档信息
	手动输入	表示手动输入处理
	存储数据	这一步将持久化存储数据，如生成订单
	手动操作	表示这一步必须人工操作

二、流程活动设计结果展示

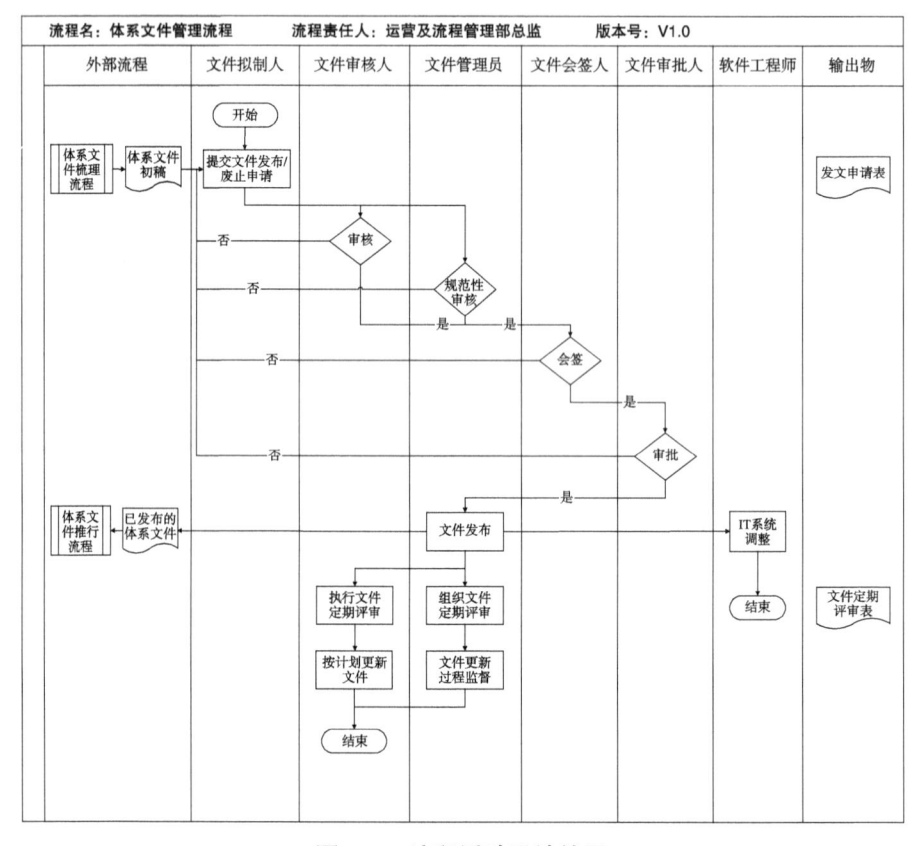

图 6-9　流程活动设计结果

第七节　Step6：设计活动与职责

一、模板与工具

（一）活动说明

1. 模板

表 6-20　活动说明模板

活动名称	操作岗位		输入	活动描述	输出	模板/工具
	主导	参与				

2. 定义说明

活动：活动是由单个责任角色主导完成，有明确的输入和输出；活动之下是任务，任务是由单个责任角色完成，活动进一步拆解规范后形成的内容。

"主导"岗位：表明对活动执行结果承担唯一责任的岗位/角色，在活动执行中占主导地位。

"参与"岗位：表明参与活动执行的岗位/角色，在活动执行中占配合地位。

输入：活动执行需要的材料、资源及信息。

活动描述：定义活动的执行方法与规定，用于指导与约束活动执行岗位操作。

输出：作为活动的结果生成的结果物，通常是实物或信息，也可能是它们状态的改变。

模板：模板是可复制、可参考的东西，包括实物与信息。模板的目的是帮助活动执行人员节约时间，避免重复劳动；模板让活动执行人员跳过思考过程，直接套用成熟的框架，直入主题，提高工作效率。

3. 操作指引

活动名称取自流程图，要求严格保持一致。

对每一个活动要指定唯一的责任人，即主导岗位/角色。如果活动执行涉及多个岗位/角色，一定要从中找到主导人，其余的都是参与人，否则就会出现共同负责，等于无人负责，就容易出现扯皮。主导岗位/角色也要与流程图严格保持一致。活动主责人有权定义参与角色在活动执行中的工作要求，以保证活动执行的结果。

识别活动所需要的输入，重点关注输入的传递是否顺畅，要求能够实现输入提供者在输入产生时，第一时间触发输入信息及时传递到活动的接收者。如果输入质量影响到活动输出结果要求，该活动的主导岗位要向输入提供者提出明确的要求，最终要体现在输入产生活动的定义中。

活动描述：根据企业流程管理阶段（初级、中级、高级）选择不同的描述要求。要求太高了就会引起大家的抗拒，也不切合实际。就算是分了不同阶段，在同一个阶段也需要循序渐进，持续迭代，才能输出一个高质量的流程设计。高质量的流程设计的威力是巨大的，会释放出巨大的生产力，不仅为公司带来效率提升，还可能会成为竞争力的来源。

①企业处于流程管理初级阶段

如果在初级阶段，即企业刚导入流程管理时，重点解决责任落地的问题，确保责任落实即可。这不是一个低的要求，如果能够做到，企业跨部门流程就能够保证运作顺畅，扯皮的事件很少发生，组织的内耗会大幅降低，各部门就能够围绕端到端业务流程打胜仗而集体奋斗，都会主动思考如何获取全流程成果最优，而不是某个环节、某个部门成果最优。

很多时候，企业抱怨协同效率低，问题的根源就是没有基于流程将职责定义清晰，个体的责任没有界定并履行到位。团队协同是针对责任/职责界定之外的例外事件才需要的。

对描述的要求为：

定义活动输入与输出及接口关系（明确输入、输出如何从产生者传递到接收者），重要的输出要定义模板，如果没有定义输出模板，则要从质量管控的角度提出输出所包括的关键要素。

比如某公司对会议纪要输出的定义，要求包括会议召开的时间、地点、主持人、出席人员、缺席人员、列席单位及人员、特邀专家、记录人等基本情况；主要议题及决策事项；审议过程及会议组成人员本人的意见和表态；其他参会人员的意见；主要分歧意见；会议最终形成的决议及行动计划。再如，某公司对于审批意见输出定义，要求为：同意、不同意、有条件同意。

描述重点：谁要做什么，执行哪些任务。如该活动由多个岗位/角色共同完成，一定要把各岗位/角色之间的职责分工说清楚。日常工作中，经常听到员工抱怨部门/岗位之间扯皮，将职责界面梳理清楚唯一的方式就是在活动说明中明确责任，因为每个活动有唯一的责任人，即主导岗位/角色，他会来定义所涉及参与人员的工作职责。我的观点是，在活动层面职责一定要定义清晰，做到黑白分明，不可有灰度。

笔者曾看到一家公司的物料调拨流程，他们在多个跨省基地同时存在成品、半成品、物料等，由于计划不准确，产生大量跨基地的调货行为，一个月的调拨运费高达40万~50万元。同时，由于配送计划由计划管理部下达，没有充分考虑实际装车需求，存在大量零担发运，给公司额外增加了100多万元的发运费。

流程文件中这两项费用都找不到责任主体，所以没有人关注，也不会有人推动改善。笔者采取的做法是先让责任归位，将调拨运费的责任交给计划管理部，调拨本质是由于他的计划不准确导致的，与他的责任制考核挂钩。而将零担发运带来了运费增加责任交给物流的调度承担。同时，要求计划部门只安排周发运计划，具体到每一天的发货计划由物流调度来负责。

②企业处于流程管理中级阶段

如果企业到了中级阶段，即导入流程管理有2~3年，企业已经建立了流程管理的基本认知，能够基于流程解决跨部门/岗位协作的问题，表现为流程运作很顺畅，扯皮的事情很少发生。跨部门协同问题解决了，企业的协同效率高了，但不能保证流程执行的效果与效率，因为流程中的每个活动未必能够执行到位，未必能够保证质量。

对于中级阶段，活动说明描述要求如下：

在初级阶段的全部要求基础上，迭代到规则清晰。

达到第一个阶段：责任落实，就实现了组织与岗位围绕流程成功而运作，这会释放出生产力，将组织内耗大幅地降低。但本质上流程运作的模式没有发生改变，改变的是组织运作方式，让组织更协同，让组织更瞄准流程的价值方向去奋斗。但这还不够，就好比创业型公司，业务简单、组织简单，流程就是端到端拉通的，但没有竞争力，因为流程本身的运作方式不先进。到了中级阶段就需要朝另一个方向迭代：规则清晰。

我们经常说要用流程来解放管理者，让管理者从例行的工作中解放出来，把例行的工作交给流程。但为什么流程梳理出来了，管理者手中的例行工作还是交不出去？原因很简单，流程太空了，没有将其中的规则梳理出来，并进行标准化，没有将最佳的规则固化下来。推荐大家看一篇文章：《流程之眼——业务规则》，来自李忠华的公众号"供应链道场"。李老师认为，流程的很多要素都不会被忽视，但业务规则不是如此，最容易被忽视；其他的要素都可以借鉴甚至抄标杆的"作业"，而业务规则却不能如此，因为它是最个性化的，是最依赖公司业务特性的，是最体现管理意图的，业务规则是流程之眼！

百库文库《指南——业务规则》一文对业务规则的定义为：业务规则是必须遵守的策略的声明或必须满足的条件。业务规则是对如何操作业务（包括业务工具）的各种要求。它们可以是业务需要遵守的法律或规范，也可以表示选定的业务构架和风格。该文章将业务规则分为约束规则和推导规则两类，具体如下：

1）约束规则规定了限制对象结构和行为的策略和条件。

➤ 激励和响应规则对某一行为进行约束，方法是通过指定何时触发该行为，以及是否必须满足某些条件才能触发该行为。

➤ 操作约束规则规定了在操作前后必须符合的条件，确保操作正确执行。

➤ 结构约束规则规定了有关类、对象和它们之间关系不可违背的策略和条件。

2）推导规则规定了从一些事实经过推理和计算得到其他事实的策略和条件。

> 推论规则规定如果某些事实为真，则可以推出一个结论。
> 计算规则通过处理运算法则（一种更精确完善的推论规则）得出结果。

以上关于业务规则的描述更多的是 IT 视角。从业务及管理视角来看，常见的业务规则有：

> 相关定义、明确的范围。
> 流程触发规则。
> 分层分级规则、定量计算方法公式、判别原则逻辑方法等。
> 分授权规则（业务权限、财务权限、人事权限）。
> 输入与技术/管理标准、要求、方法等。
> 过程操作相关规则：技术/操作/管理标准、要求、方法等。
> 输出与技术/管理标准、要求、方法等。
> 能力技术/管理标准、要求、方法等。

如果缺失业务规则，就必然依赖人，必然要事事请示、层层上报，必然依赖管理者与专家的指导，必然效率低下，将管理者耗在例行的工作中。如果缺失业务规则，就必然给操作者留出了空间，必然由于操作者能力或意愿的问题，带来种种风险，导致流程业务结果不可控；也必然导致公司高度依赖牛人，伴随着人员流动，业务会有剧烈的波动，政策导向会左右摇摆。相反，如果有了规则，流程运作就变成了照章办事，不需要请示，不需要审批，快速地就通过了；就可以加大向下授权的力度，让决策重心前移至一线，大幅提升流程面向市场的反应速度；就可以大幅提升 IT 的生产力，最大化地发挥自动化的价值，实现少人化，大幅提升人效。

我曾在一家企业通过将自动化做到极致大幅提升了公司的人效。该自动化项目包括自动开票、自动对账、自动核销、自动生成出仓单、自动审批销售订单、自动销售（线上销售）等。其中，成功最重要的因素就是提炼业务规则。比如自动开票项目有三个规则非常重要：

> 规范商品的描述规则，使内部描述与外部税务部门的规则拉通，以保证生成开票商品信息之后不需要手工修改。

➢ 明确开票触发规则。到账期触发开票，还是出仓完成触发开票，或者客户签收完成后触发开票，你得有一个明确的触发指令。也许不同业务单元的需求不一样，仍然需要将其规则化。

➢ 制定 ERP 系统出仓信息向开票系统传递的规则，明确何时传递什么信息到开票系统。

这些规则完成之后，IT 自动化实现就相对简单了。

③企业处于流程管理高级阶段

如果企业到了高级阶段，不仅做到了跨部门协同顺畅，还实现了流程结果可控，那么进一步的需求是经验复制。操作要求如下：

对有一定专业复杂度或对操作者能力有一定依赖度的活动，建立作业文档，重点写"怎样做"，包括操作指南、评审/检查清单、模板、FAQ、案例。目的是将活动操作知识化，将最佳实践经验固化并复制给每一位活动操作者，快速地将活动执行水平提升到较高的程度。这往往是通过内外部标杆研究来实现的：通过内部标杆研究将企业内最佳实践提取出来，形成知识文档；通过外部标杆研究将外部最佳实践借鉴导入，快速提升作业能力。具体的方法可以参照内外部标杆分析章节。

我曾有幸被领导信任，在没有财务工作背景的情况下，担任了公司的预算小组执行组组长。经过三年多预算管理流程迭代，公司年度预算目标达成率从原来的不到 50% 提升到 85% 以上。对于公司而言，这是一个很重要的能力提升，保证了业绩的可控，提升了资源投放的准确率。

回顾三年多的预算管理历程，我觉得成功的最大因素就是对于预算管理过程中的成功与不足及时地进行复盘总结。预算管理通常是从当年 10 月份启动，到第二年农历新年开工后正式定稿发布。然后，就会进行月度的经营业绩核算分析与经营分析会议。通常每完成一个小的里程碑点，我们会组织预算小组成员（财务、资金、人力、战略）进行及时的复盘总结，比如举行预算评审会议（通常有 4~6 次）。在评审会议中，评审专家会从不同的视角提出他们的观点与建议，可能会揭露出一些问题，或提出一些需要数据支撑的场景。如果出现缺乏数据支撑的情况（如高管想要看到销售费用之下的销售项目专属费用分配，但由于对费用未进行细分而无法提供），说明我的预算指标模型出了问题，需要进行相应的完善。如果高管有好的评审视角，比如关注业务结构，尤其是战略业务（战略新品、战略新区域、战略大客户等）的占比或增速，我们就会补充到预算编制的原则或指引中。通过持续迭代，这些改善最终会体现在预算管理流程、预算编制模板、关键指标数据模型、预算评审清单、预算管理操作指引上。

不知不觉中，我的预算管理专业水平快速提升。后续我们与华为财务专家进行沟通后发现，我们的预算管理思路与做法，与华为公司的做法接近，只是在精细度上稍有差距。这既给了我很大的信心，也给了我很大的启发。学习能力＋转化能力＋推行能力＋复盘迭代能力，足以让你快速地成长为业务领域的专家，好的能力是迭代出来的。

某次预算编制后，我们的复盘结果如表6-21所示。

表6-21 某次预算编制复盘结果

序号	复盘问题	改进对策
1	对新签合同收入确认进度假设，没有与上一年项目交付进度实际水平进行比对，导致预算与实际偏差太大	可以先考虑将项目计划交付周期作为收入确认节奏的依据，如果事业部要求实际周期比历史周期有压缩，需在经营计划中提出对应的改进策略，预算小组对策略逻辑进行验证
2	对分产品线新签合同净利率水平，没有与历史水平进行核对，导致事业部凑数行为没有被发现	如果产品线净利率预算水平高于历史水平，事业部需在经营计划中提出对应的改进策略，预算小组对策略逻辑进行验证
3	预算总体做得偏粗，无法满足CEO及业务实际管理需求	建议按产品线、区域、项目等多维度进行展开分析
4	对于季度的节奏关注不够，会出现Q1预算低于上一年度Q1实际数的问题	建议在预算原则中提出，Q1预算要好于上一年同期预算、实际数
5	服务与产品集成事业部的业务相对稳定，其预算数与上年实际数的比较做得不到位	服务与产品集成事业部的业务相对稳定，其预算数要与上年实际数进行比较，防止提出的预算数过高，资源过度投入，出现利润大幅下滑的风险
6	预算小组对各事业部预算审核不足，只做了大层面的指标对比分析，没有对内在的逻辑正确性把关	增加内在逻辑的评审

续表

序号	复盘问题	改进对策
7	预算评审过程，以CEO讲评为主，相对发散，有效性不足	预算小组要提出自己的观点并进行引导，CEO做总结发言
8	对新参与预算的财务经理培训与指导不足，过程中出现很多操作问题	对新参与预算的财务经理，必须先做预算管理培训，过程中由预算小组财务代表提供专业过程跟进与指导服务
9	新签合同明细的逻辑不合理，新签合同金额与商机明细预测数不一致	列出概率较大的商机，给出不同的成交概率与所处阶段，同时允许无项目明细
10	未开展内部对比，形成竞争氛围，以及内部学标杆的做法	对不同事业部之间进行横向比较，尤其是同一行业的不同事业部，将优秀事业部的水平作为其他相似事业部的目标
11	现金流预测的假设与实际不匹配，不合理	对现金流关键影响因素回款、付款的逻辑进行展开分析与审核
12	人员增加的节奏不合理，没有与业务实际紧密结合，事业部容易采取简单按季、月平均的方式	确定人员增加与业务节奏的关系，需事业部提供编制支撑材料
13	不清楚与对手相比较的情况，不确定事业部业务能否支撑公司市场占有率的目标	收集行业数据及同行友商数据作对比参考，作为事业部预算评审的依据
14	经营计划与预算的关联度不足，没有将预算的压力传递到经营计划中	增加诸如概预算准确率提高、物料成本下降、大项目营销能力提升、自主产品/解决方案能力提升等相关的指标改善的要求
15	经营计划的关键举措没有落实到责任人考核中	在部门负责人的个人绩效承诺中建议增加这部分的考核
16	公司对事业部预算设定的目标值过高，使得后续的责任制考核失去意义	预算小组基于历史数据提供一稿测算数，为CEO设定科学目标提供参考，并作为内部资源控制的依据
17	事业部概算与预算、预算与实际均有较大偏差	做收入预算时，根据偏差值的历史数据进行修正，可以适度改进，但必须有举措做保证
18	工程项目结束后，无收入成本存在不确定性	预算时做一次测算，在第二年的预算中要进行预提，以更符合权责发生制原则

续表

序号	复盘问题	改进对策
19	明年业务的环境与结构发生了改变，但未在预算中体现	每一年业务都会出现新的情况，要不断把新情况纳入预算假设，而不是简单地做历史数据分析

（二）KCP（关键控制点）管控设计表操作说明

1. 模板

表 6-22　KCP（关键控制点）管控设计表

流程	名称	控制目标	风险描述	控制措施	测试程序

2. 填表说明

➤ 流程：通常是末端流程，L3/4。

➤ 名称：与流程图保持一致，即 KCP 对应的活动名称。

➤ 控制目标：要求内部控制完成的任务或达到的标准。

➤ 风险描述：对风险状态进行描述，包括风险因素、风险事件及风险带来的损失等。

➤ 控制措施：为控制风险所采取的相关措施。

➤ 测试程序：为验证 KCP 的风险是否处于受控状态的测试方法与规则。

3. 操作指引

这是针对 KCP 进行设计的，如果完成了这张表的设计，KCP 活动的说明就可以直接引用，不用重复描述。企业想要把管理做简单，就要抓关键，抓住管理的主要矛盾，抓住主要矛盾的主要方面。对于末端流程设计而言，关键点就在于KCP。质量管控要求从内控、质量、信息安全、EHS、数据治理、法规遵从等方面识别KCP，针对每一个KCP建立对应的管控措施，保证结果可控。这些内容要在KCP管控设计表中具体详细说明，目的是保证每一个活动执行结果都符合要求。比如华为公司在推行LTC（线索到回款）流程变革时，其中一个很重要的诉求就是向爱立信学习，将质量管理要求融入LTC（线索到回款）流程，提升销售流程的质量，包括线索质量、商机质量、合同质量、交付质量等。

KCP的数量按照业务复杂程度及风险控制现状确定，KCP的识别应在L1流程下属流程拉通来进行，建议一个L1流程的KCP数量不超过20个。

①分析流程风险并确定控制计划。

常见的风险有：

➢ 舞弊。

➢ 绕过行动。

➢ 操作错误。

➢ 信息不准确而导致的不恰当决策，如数据不准确，出现断点、不一致等。

➢ 未经过评审或不恰当评审。

➢ 法律或政策不遵从。

➢ 产品与服务质量问题影响客户满意度。

常见的控制计划有：

➢ 评审和审批，比如账户开立、物料需求、合同条款、费用报销等。

➢ 数据/信息的核对，如与客户/供应商对账、薪酬数据核对等。

➢ 核对清单，如发布认证合格的供应商信息之前按照《新供应商上网审核表》进行复核。

➢ 工作报告，如差错提示报告、账龄分析报告等。

➢ 数据创建/修改/删除活动，如创建合同信息等。

②评估风险并识别KCP。通过以下分析，评估风险等级：

➢ 高风险通常以影响程度及发生的可能性来衡量。

➢ 重大风险是指影响公司资金资产安全、法律遵从、财务报告及数据质量、产品与服务质量、客户满意度等的不确定因素。

➢ 发生的可能性可参考审计发现、遵从性测试结果来进行判断。

➢ 通常影响大且发生可能性高的风险就是高风险，应当纳入 KCP 来管控；对于影响大但发生可能性低的风险，要结合具体情况进行讨论；对于影响小的风险，通常不纳入 KCP 进行管理。

③确定 KCP，需要注意以下问题：

➢ 评估流程活动描述的 KCP 控制要素是否覆盖高风险因素、是否清晰并容易理解。

➢ 拟制 KCP 遵从性测试计划。

➢ 在流程图中标识 KCP。

➢ 防止出现不必要 / 过多的 KCP，每一个 KCP 的设置要符合投资回报原则，即规避的风险损失大于付出的管控成本。从经营的视角来看待风险，经营的目标就是要获利，有效的风险防控，意味着更多利润、更多收入。

④确定 KCP 的管控措施：

- 组织控制措施

➢ 职责分离：各职位设置和职责划分必须符合互相监督、互相牵制的原则。一般而言，授权、批准、处理、记录、保管和监控等职责应予以分离设置。敏感性岗位必须定期实施轮换，以降低利益冲突、差错和违规等问题发生的可能性。

➢ 权责明确：根据组织目标的分解，明确各职位的责任与权力，并定期审视其合理性和执行效果。各级管理者实施授权必须获得上一级主管的批准，明确授权对象、范围和时效，并监督其实施情况。

- 流程控制措施

➢ 设置规定的标准动作或作业方法。

➢ 明确关键控制点，设定相应的规则或标准，确保活动执行到位。

➢ 针对容易出错或重要的风险环节增加审核控制点。

➢ 对操作者资质（确保其具备满足岗位职责与培训要求的才能）、相关设备 / 设施或环境制定管理要求。

➢ 对操作者行为的控制，包括遵守法律法规、制定并遵守商业行为准则、遵守诚信的道德观等。

> 对记录进行控制：所有经营活动和重要事项必须进行记录，确保其真实、及时、完整和可追溯。重要记录必须按规定及时整理、归档、保存及销毁。任何人不得直接或间接伪造、破坏公司的任何文档和记录。

⑤确定测试程序：

> 确定测试对象，包括质量记录、受访人员、观察现场或实物等。

> 明确证据要求。

> 确定测试范围，明确测试样本范围以及抽样方法。

> 确定测试方法，通常有观察、访谈、查阅记录等。

（三）职责描述模板

1. 模板

表6-23　职责描述模板

序号	角色	职责	对应岗位

2. 填表说明

角色：引用"流程方程式"公众号中《097.Ro流程角色建构的4D模型》一文的观点，角色是人被期待符合特定场景的一系列行为的总和，角色是基于业务来定义的。同一个人在不同的流程，会被赋予不同的角色。

职责：是特定角色在流程中所负责的范围和承担的一系列工作任务，以及完成这些工作任务所需承担的相应责任。关于职责有两个关键词：工作任务、责任。

对应岗位：承接角色的岗位，岗位是组织中一个特定的职位。同一个人在组织中通常只有一个岗位（兼任多个岗位的情况除外）。

3. 操作指引

最好能够基于 L1 流程对角色进行端到端拉通，否则角色命名会很乱，且不利于拉通来做角色与岗位的匹配；角色来自流程图；职责描述表与流程图要严格保持一致。

"职责"只写要承担的工作任务及对应的责任，不用写具体如何做。一个好的"职责"描述标准如下：

➢ 责任唯一：每项任务责任人唯一，多角色参与，必须明确主责人。

➢ 明确清晰：各岗位均明确其职责，职责描述不空泛，均指向具体的工作任务。

➢ 不重不漏：岗位职责边界清晰，不交叉，不冲突，不空白。

➢ 不仅要描述角色要做的任务，还要明确其需承担的责任，尤其是审批类的活动。

每个角色要匹配到组织中的具体岗位。如果涉及一对多的情况时，要清晰地描述匹配规则，以便用户快速准确地找到承接岗位。

解决过往因职责不清而导致的扯皮问题。在咨询访谈阶段，经常会遇到企业方抱怨企业存在职责不清、扯皮不断的问题。但真正到了流程设计/梳理环节，好像找不到扯皮的点，找不到从职责上解决扯皮问题的需求。为何？因为缺乏对于扯皮事件的管理。

我在企业任职时，提出了一个指导原则："过程中不允许扯皮，当务之急是'治病救人'，而不是追究责任；结束后必须扯皮，扯清楚，理顺职责边界，今后类似问题不要再扯。"现实中，企业的操作往往相反：过程中扯皮不断，问题得不到及时解决；事后没有人愿意去扯，下次问题重复发生时，又继续陷入扯皮的内耗中。

我也给出了针对岗位职责梳理及解决扯皮问题的操作原则："遇见扯皮，要记录；流程过程，不要扯；流程结束，要分析；分析之后，要优化。"

二、案例分享

（一）规则清晰的活动说明范例

表6-24 规则清晰的活动说明

活动名称	角色	输入	活动描述	输出	模板
组织S&OP会议与KCP	S&OP经理	简要的供需匹配规则，供应和需求数据	1. 每月8日，S&OP专员举行正式S&OP会议，审视相关部门绩效，审视库存状况，进行正式供需匹配，制订下一个月的主要行动计划 2. 简要的供需匹配规则如下： 第一条：产品需求只受需求方策略和产品技术成熟度的约束 ➢ 对产品需求达成共识应先于对供应/需求的匹配 ➢ S&OP会议需要了解需求偏差分析的历史记录，以及当期无约束的要货预测基于的主要机会点和假设 第二条：根据采购提前期和产能规划调整提前期的要求，S&OP会议重点对3个月内的供需进行管理 第三条：时间栏对S&OP的影响 ➢ 最近1个月的计划基本固定下来。当供需不平衡时，主要是调整需求，避免对后续环节（生产、采购）造成影响 ➢ 次月内的计划通过协商解决。当供需不平衡时，一方面对需求进行调整；另一方面落实约束资源的紧急到位 ➢ 3月以上是自由变化区，当供需不平衡时，主要是调整供应 第四条：评审规则 供不应求的情况： ➢ 按照需求类型优先级，把不重要的需求后推。已签订单＞预留＞未签订单 ➢ 按照订单的重要程度分配资源，规则如下： 客户层次：高层次的客户可以从低层次客户中抢资源，即低层次的客户需求后推，优先满足第一类客户、战略客户、渗透市场客户	可执行的发货计划、行动计划、安全库存计划和其他决策	可执行的发货计划

198

续表

活动名称	角色	输入	活动描述	输出	模板
组织S&OP会议与KCP	S&OP经理	简要的供需匹配规则，供应和需求数据	产品规则：优先满足高利润产品和战略产品，低利润产品往后推 对于推迟的市场需求，要与市场沟通，并给出何时可以解决的承诺 做出增加资源的决议，与采购、研发协商，找出解决方案 供大于求的情况： ➤ 完全按无约束发货预测分配资源 ➤ 应用管理指令中最小量原则，即如果需求少于产品最小量，根据急单情况，将未来需求拉入一定的量 ➤ 做出减少资源的决议	可执行的发货计划、行动计划、安全库存计划和其他决策	可执行的发货计划

（二）规则缺失的活动说明范例

表6-25 规则缺失的活动说明

活动编号	活动名称	活动说明	对应角色	时间节点	输入	输出
02	审核客户需求	跟单员在OA上初步确认客户订单资料是否完整，内容是否明确 不合格订单返回客户修改订单内容 审核通过后的订单，自动跳转到SAP形成内部订单	跟单员	2h	OA订单	审核通过的订单

点评：跟单员确认客户订单资料的审核点是什么？资料完整及内容明确的判断标准是什么？理论上这是一个成熟的业务，是可以提炼成规则的。

（三）责任到位、规则清晰、经验复制都比较好的活动说明范例

表 6-26　责任到位、规则清晰、经验复制都比较好的活动说明

活动名称	角色	输入	活动描述	输出	模板
文件发布	文件管理员	审批通过的 OA 电子流及文件附件	1. 当文件审批人完成审批，收到 OA 电子流待办时，文件管理员负责审核流程文件内容与相关审批人的意见是否一致。如不一致，则主动与文件拟制人进行沟通确认后，退回文件拟制人修改到位 2. 确认流程文件内容无误后，对文件进行统一编号（遵循公司《文件编码规则》），并按流程架构归属将流程文件上传至 OA 目录中。如果是升版修订，要同时将旧版文件从 OA 中移除至"保留文件"下 3. 为提醒用户阅读新发布文件，文件管理员需参考《发文通知模板》邮件知会需使用文件人员。文件发布操作要求在 1 个工作日内完成 4. 为了更好地方便文件使用人阅读，文件管理员需联系 IT 部门对应工程师，在业务运作 IT 界面提供流程文件链接或相关培训材料，要求在发文后 3 个工作日内完成 5. 如有 IT 系统调整需求，对于 OA 审批流程 IT 部门对应工程师原则上需在收到通知的 3 个工作日内完成调整，其他系统的调整时效按需求评审时确定的承诺时间执行	定稿流程文件上传至 OA、发文通知	《发文通知模板》

（四）职责说明范例

表 6-27　职责说明

序号	角色	职责	对应岗位
1	文件拟制人	负责流程文件报批稿的拟制，保证文件规范性 负责提交发文申请 跟进文件审批过程，保证审批时效	文件归口管理部门负责人指定

续表

序号	角色	职责	对应岗位
2	文件审核人	对流程文件的合理性、可行性进行全面审核	文件归口管理部门负责人
3	文件会签人	对本部门所涉及的文件内容的合理性与可操作性进行审核	新增/废止文件：文件涉及所有相关部门负责人 修改文件：文件修改内容涉及相关部门 注：1.如涉及公司所有部门时，为提高效率可以选择几个部门代表。2.总部文件需事业部会签时，会签人为事业部总经理或职能分管副总经理。3.A类事业部文件需总部相关专业部门负责人会签，具体见《授权手册》
4	文件审批人	对体系文件进行审批，包括对会签部门意见不一致内容进行裁决	纲领性文件：总裁/事业部总经理 流程文件：对应业务领域分管副总裁/副总经理 活动支撑性文件：部门第一负责人 注：如公司《分权手册》有规定的，以《分权手册》为准
5	文件管理员	对体系文件规范性进行审核 对体系文件的接口及齐套性进行审核 对体系文件进行编号与上网发布	总部：流程文件管理员 事业部：事业部流程文件管理员
6	软件工程师	负责体系文件发布涉及的IT系统的调整，确保IT系统与新流程一致	系统对应的软件工程师

（五）KCP 管控设计表范例

表 6-28 KCP 管控设计表范例

流程	名称	控制目标	风险描述	控制措施	测试程序
供应商认证流程	供应商信息调查	保证与公司进行交易的供应商合法，并满足公司的资质要求	不合法或不合资质要求的供应商入围	1.制定分品类供应商最低资质/入围标准要求 2.要求认证通过的供应商必须达到该项目策略汇报的最低资质入围要求	1.抽样方法：获取检查期间认证通过的供应商清单，按抽样比例要求进行抽样 2.测试方法： （1）查阅是否形成文件化资质文件 （2）根据支撑文档检查控制要求，是否符合要求
	供应商现场考察	/	/	/	/

第八节 Step7：组织配套设计

我在 2019 年提出"重组织、轻流程"的观点，并非真的不看重流程，而是基于流程思维，把流程型组织做重，把流程运行涉及的方法与规则做轻。

主要理由有两方面：

第一，大多数企业不擅长做流程管理，更擅长做组织管理，如果流程管理做重了，就意味着很难成功。你可以看到大部分企业管理者都习惯了用组织进行管理，比如定期调整组织架构，调整岗位职位，对岗位人员进行绩效评价与考核，根据考核结果激励、晋升或淘汰员工，也会定期开展岗位人员培训。但很少有管理者习惯去做流程管理，他们往往找不到感觉，不知道从哪里下手。

第二，流程执行最终要靠人，对人有影响力的是组织，而不是流程，因为组织掌握了人力资源、激励资源、人事权，人主要听命于组织，而不是流程。如果不改变组织，不让组织目标与流程目标拉通，不让组织转向如何支撑流程成功来运作，流程执行就是空中楼阁。

流程设计能否成功最重要的一点就是组织要匹配流程，组织要把流程的责任落实到位，将流程的目标融入组织目标，并放到最重要的位置，组织的人才能力与流程运作相匹配。流程设计与组织要互动，流程设计可以对组织进行适当牵引，但不能脱离组织现实的潜力，否则就会无法落地。

一、匹配组织

匹配组织是将流程管理的责任落实到组织上，最重要的是有一个唯一的组织对流程结果负责，而不是由多个组织来负责。

（一）调整实体组织

参照标杆企业做法，将一级组织按 L1 流程进行集成，形成占主导地位的部门，以实现对 L1 流程绩效的端到端管理责任。比如在 ISC（集成供应链）流程中，通过成立集成计划部来负责 S&OP 流程（这是集成计划流程的统领与灵魂），并担任计划委员会秘书机构，来实现对端到端供应链计划流程的集成管理，从销售预测、需求计划、S&OP、主生产计划、生产计划、采购计划、发货计划到加工计划进行拉通与集成，从而计划共同面向研产销平衡，实现公司经营效应的最大化。集成计划部要对端到端计划流程绩效结果——订单准交率、库存周转率、呆滞库存占比——负责。

比如成立产品线组织，实现产品从产品路标规划、产品 charter 开发、产品开发到产品上市后管理的全生命周期的端到端拉通与集成，共同面向市场成功、财务成功。衡量指标有：产品线的收入、毛利、利润、现金流、人效等。虽然产品线端到端的职能未必都在产品线组织之下，很多职能是共享公司平台的，比如销售、制造、采购、质量、技术、后台等，但由于确定了产品线组织的领导地位，配上矩阵式管理机制，IPD 流程就真正有了主人。

（二）调整虚拟组织：成立委员会组织

百度百科对委员会组织的定义：是一种为执行某方面的职能而设置的管理者群体组织形式，它实行集体决策、集体领导的机制。既可以是临时的，也可以是常设的，其职权属性既可以是直线性质的，又可以是参谋性质的。

企业通过专业委员会，在重要决策、资源管理、管理体系与能力建设方面形成跨部门集成，促进跨部门的协同。比如通过成立计划委员会实现对需求计划的决策、产品/供应/销售策略的决策、围绕产销协同一系列行动计划的决策等。常见的委员会有：经营管理员会、战略委员会、财务管理委员会、人力资源委员会、审计委员会、采购委员会、产品管理委员会、技术委员会、质量委员会等。

可以通俗地说，委员会组织就是端到端流程管理责任组织的决策与领导力支撑，帮助专业部门搞定跨部门高层共识、重视度及分歧事项的决策。如果委员会没有对端到端流程负责的专业部门作为秘书机制，通常委员会是无法发挥价值的，因为决策的前提是有专业的技术评审，有人员决策事项梳理，论证清楚了，准备了多套方案，从技术/专业的角度，把优劣对比分析清楚了，可能存在的风险也说清楚了，决策就相对简单而有效。

（三）调整组织阵形

从直线职能制向矩阵型转变，当然，能够直接进入流程型组织更好。对多数企业而言，矩阵型组织是更适合的做法。

百度百科对矩阵型组织的定义：按照职能划分的纵向领导系统和按项目（任务或产品）划分的横向领导系统相结合的组织形式。这种纵横交叉的领导系统构成了矩阵结构。矩阵型组织的优点是把职能分工与组织合作结合起来，从专项任务的全局出发，促进组织职能和专业协作，有利于任务的完成；把常设机构和非常设机构结合起来，既发挥了职能机构的作用，保持常设机构的稳定性，又使行政组织具有适应性和灵活性，与变化的环境相协调；在执行专项任务组织中，有助于专业知识与组织职权相结合；

非常设机构在特定任务完成后立即撤销，可避免临时机构长期化。矩阵型组织的缺点是结构复杂，各专项任务组织与各职能机构关系多头，协调困难；专项任务组织负责人的权力与责任不相称，如果缺乏有力的支持与合作，工作难以顺利开展；专项任务组织是非常设机构，该组织的成员工作不稳定，其利益易被忽视，故他们往往缺乏归属感和安全感。

按照杨少杰老师的观点，企业进化的逻辑是：直线型组织（股东价值）→职能型组织（精英价值）→流程型组织（客户价值）→网络型组织（利益相关者价值）。在VUCA时代，流程型组织是企业迭代的必经阶段，而矩阵型组织又是通往流程型组织的必经阶段。所以，企业不要犹豫要不要做，而是思考怎么做，因为没有选择的余地。

矩阵型组织最大的挑战在于企业要有扎实的流程管理基础，要能基于流程定义清晰组织职责，定义清晰组织责任，定义清晰相关的业务规则，定义清晰相关岗位人才的要求，定义清晰组织评价与激励机制，否则就很难克服矩阵型组织的弊端：多头管理、指挥不力、士气不高等。如果上升到组织进化战略高度，流程管理的价值与重要度就非常之高，这也是很多企业没有认识到的。

常见的矩阵型组织有：

①产品线组织：在标杆公司，产品线作为一个实体组织，主要包括研发、MKT（市场营销）、运营等部门。对于其他销售、采购、制造的相关人员，产品线通过IPMT（集成组合管理团队）跨部门团队方式进行管理。产品线有预算权、评价权、激励权，管理范围包括其他职能部门参与本业务的人、财、物。

产品线的职责范围包括全部的研发，以及与销售、采购、制造之间所有的交集，也就是对围绕产品的所有涉及让客户满意的事项都要负起责任，真正成为一个兜底的组织，对产品竞争力负全部责任，要让客户满意，追求市场成功与财务成功。

②其他矩阵组织：比如总部与事业部、业务部门之间的人力资源、财务管理、战略运营、流程IT职能，采取矩阵式管理，通常总部管任职资格、体系建设、能力培养等；事业部、业务部门负责业务指挥、业绩评价。

③项目组织：即以实施某一个项目为目的，按照一定的形式组建起来

的机构。常见的项目组织有：产品开发项目组、销售项目组、交付项目组、流程变革项目组、IT 实施项目组、投资项目组、基建项目组、质量改善项目组等。要保证项目组能够有效运作，需要建立组织项目管理机制，关键的机制有：建立 PMO（项目管理办公室），实现对项目的监督、管控、赋能、跨部门协作支持、关键问题解决、资源管理、管理体系与机制建设等职能；建立项目概算、预算、核算、决算机制，基于项目来分配资源的机制；建立项目及项目成员绩效评价、考核机制，基于项目绩效来分配激励资源，包括奖金包、个人发展机会等。

（四）调整部门职能

调整流程运行涉及主要部门之间的职能分配，让某一个部门更完整地承接流程责任，形成在全流程中占主导地位的部门。通常要求占业务价值 50% 以上的部门成为该流程的归口管理部门，部门负责人成为流程的所有者。

二、匹配岗位

（一）匹配 L1 流程所有者承接岗位

流程所有者是对全流程最终结果负责的人。他关注设计与优化流程，而不是监督员工；依靠非正式的个人影响力（比如专业能力）来感染员工，而不是用正式的权力命令与控制员工，强调号召力，而不是威慑力；注重事前的防火，而不是事后的救火。流程所有者的权力主要在于流程设计、推行与优化，但并不拥有流程涉及业务范围中的所有资源（人、财、物等）。

在《端到端流程》一书中，流程所有者的职责与权力定义如下：

➢ 负责设计流程，确保其成功执行，并持续改进。

➢ 设计、记录、发布和开发培训内容、支持工具和流程模板。

➢ 识别和监控衡量流程业绩的指标。

➢ 使用考核标准和审计结果来评估员工是否按流程执行，并持续改进流程。（权力）

➢ 了解相关的内部和外部基准，并用其识别和推动流程改进。

➢ 评估外部基准。

➢ 确保所有流程参与者了解自身角色，以及如何将该职位融入端到端设计。（组织适配）

➢ 识别、划分优先级并管理流程的变更。

➢ 建立和评估指标，以监控流程的健康状况。

➢ 确保组织遵守流程。

➢ 解决流程中的问题，以确保流程按照设计执行。

读者不难看出，流程所有者与传统的职能经理在定位与要求上有很大的不同，对人的要求也有很大的差别。要将流程所有者落实到岗位，并不是简单地找个人任命就完事了。我们要思考：这个人有足够的意愿把流程管理好吗？这个人有足够的能力把流程管理好吗？这个人有足够的影响力把流程管理好吗？这个人有足够的责任承担能力吗？

要解决以上问题，需要把握几个关键点：

• 将全流程产出绩效指标作为流程所有者的核心 KPI，并为流程所有者明确年度的重点工作要求，确保流程管理关键任务，纳入岗位绩效考核。对于流程绩效及重点工作的考核权重要足够高，同时要赋予他对流程结果影响的关键岗位进行绩效评价与考核的权力。即流程所有者可以基于他的 KPI 及重点工作分解，形成子 KPI 或子重点工作，对相关责任人进行考核。

• 选择适合的人选来担任流程所有者。如果组织已经调整到位了，流程 PO 任命就相对简单，往往找流程归口管理组织的负责人担任即可。在组织没有调整到位，就需要进行慎重的平衡与选择，遵循以下选择原则：

➢ 找最明白的人。对全流程业务最熟悉，尤其是最能够把握业务本质的人，他对全流程业务最专业；既要考虑候选人在公司担任的职位，又要考虑他过往的业务背景。比如我辅导过的一个企业销售副总，虽然在公司不负责供应链，但他在知名公司从事过供应链管理工作，且对供应链的认识与理解在公司内是最好的。

➢ 找最在意的人。我们可以从正反两面来思考：全流程做好了，谁最受益？全流程做砸了，谁受影响最大？这背后体现的是责权利对等，如果责权利对等了，不需要太多的教育工作就能提升其流程管理意识。

> 最有影响力的人。对于研发、供应、销售、服务这些跨部门业务流程，推动流程变革是非常困难的，往往需要流程所有者有足够的组织势能。否则，在相关机制不健全的情况下，跨部门变革推动几乎不可能。我辅导过的一个企业，由采购的负责人担任产品全流程成本管理工作，每年负责组织研发、制造、采购来推动端到端成本下降，效果还不错。原因在于他是公司 EMT（经营管理团队）成员，在公司里有 10 多年的资历，有极强的影响力，深受老板的赏识。

> 独立的第三方。如果出现业务流程中两个或以上部门势均力敌，谁也说服不了谁，谁也搞定不了谁，此时找一个流程之外的第三方来担任流程所有者，也许是一个不错的选择。我在 IT 分销企业工作时，在组织讨论公司供应链流程所有者时，最终任命我（流程管理总监）为流程所有者。领导的理由很简单：目前供应链中的相关职能经理人，没有一个合适的，交给谁他都不放心；分销企业供应链业务逻辑极其简单，即使我没有业务经验，凭着强大的逻辑思维能力和学习能力，完全能够胜任业务流程设计的职责。后来实践表明结果是不错的。

> 领导指派。如果找不到合适的人选，或者没有人愿意主动承担，就按最后一招执行：领导安排。

（二）为 L1 流程所有者赋能

很多企业任命了流程所有者之后，就开始"放养"。流程所有者往往空有激情，但回到工作岗位上不知道到底要做什么，如何做，如何将流程管理的美好蓝图在企业具体一步步地实现。为流程所有者赋能很重要，基于我的经验，赋能有三个重点：

1. 标杆业务模式

每个业务/职能流程域都存在标杆业务模式，它决定了企业业务迭代升级的方向。比如在研发业务域，你得熟悉 IPD 业务模式，涉及流程、组织、绩效、人才及 IT；如果是软件行业，你得熟悉软件行业的 CMMI 模式及敏捷开发模式。流程所有者一定要掌握标杆业务模式的架构，包括流程架构、组织架构、IT 架构，具备后续流程变革规划的认知能力，并能够整合资源去实现。

标杆业务模式赋能有三种不同深度的做法：一是组织学习，包括针对一些专业的书籍组织内部读书会、组织参加专业的培训或者标杆企业考察与交流。二是培训＋辅导，可以选择一些辅导式咨询顾问，为公司提供端到端流程变革的培训与辅导，通常顾问公司的工作有：现状诊断、变革项目策划、标杆模式讲解与导入、过程难点辅导、内部交付物评审、流程上线辅导等。这样做的好处是投入相对较小，节奏可以由企业自行掌握。三是重度投入，即邀请咨询公司为企业提供业务流程变革咨询，通常是驻场式服务，组建由企业人员与顾问人员构成的联合项目组，共同推进流程变革。这样做的好处是推进力度大，有利于系统地、快速地将业务流程变革推行下去。这需要企业有一定的预算，以及充分的变革准确度。

2. 流程管理赋能

L1 流程所有者最重要的流程管理能力是流程架构规划、流程战略规划及流程变革管理的能力。首先，L1 流程所有者先要过理论关，应当参加相关的培训，并阅读相关的书籍。如果有条件，也可以为核心业务流程 L1 流程所有者聘请流程专家顾问作为导师，进行陪跑式辅导。在流程管理过程中，定期为 L1 流程所有者基于实现业务场景提供专业赋能与指导。

3. 系统管理赋能

企业运营是一个系统，流程只是其中的一个维度，要推动流程变革愿景的实现，需要从战略、流程、组织、IT、绩效等多个维度协同进行。L1 流程所有者就是 L1 业务领域的管理架构师，他需要对运营系统中的各个管理要素进行系统的架构与管理。建议 L1 流程所有者掌握的能力有：

- 项目管理能力：十大知识领域。
- 系统思考能力：架构思维、全要素思维、系统工程。
- 跨部门协作能力：开放、包容、对事不对人，人际连接力。
- 商业思维能力：会算账，知道商业模式，知道成本结构，知道费用结构。
- 市场客户思维：市场洞察、需求理解、行业＆市场分析。
- 全流程知识：不要求精通，但能够理解，能够驾驭。有架构、提出需求，能够判断。

我们建议为 L1 流程所有者提供战略管理、财务管理、组织架构管理、绩效管理、IT 管理、人才管理方面的赋能，让他能够理解各管理要素的定位、核心的运作逻辑，相互之间的接口及关联关系，不要求会做，但要求理解并能够驾驭。

（1）岗位集成

岗位集成的核心原理是减少跨岗位之间的等待时间，以及岗位流转带来的错误，大幅提供流程效率与质量。岗位集成的做法是：将流程中多个活动集中在一个岗位处理，设置综合协调员或一条龙工作人员（case worker）。在哈默和赫什曼合著的《端到端流程》一书中，一条龙工作人员是指一个被指派并授权负责该项工作的人。一条龙工作人员将跨越多个职能孤岛，从中获取所需要的内容，以便更快、更有效地完成工作，减少延迟和错误。这种设置将原来多个岗位的工作合并在一个岗位来完成。一条龙工作人员的方法适用于所有步骤都相对简单的流程，多数情况下，可以由一个人全权负责，必要时，可调用特定领域的专家来提供支持。但如果部分或全部步骤都很复杂，则不适用。也可以成立一条龙工作小组，以该小组作为一个整体，运用内部各成员的技能来解决问题，与一条龙工作人员类似，以一个团队来承担工作人员的职责。这相当于一个跨部门团队，与项目小组类似，只不过是面向例行化工作，进行流程化运作。

（2）岗位适配

流程活动线路设计完成之后，要为每一个流程活动对应的角色匹配承接岗位。很多公司想当然地认为，按照职能归属的原则，谁的孩子谁抱走。这种想法是不合适的，每一次流程设计都是一次组织优化的机会，是流程决定组织，而不是组织决定流程。组织要围绕如何让流程运作更高效、更顺畅提供服务，所以做岗位适配时，首先不是基于职能归属，而是遵循以下原则：

➢ 效率最优的原则（产出导向而不是任务导向）。找到该活动最适合的人来做，最适合的人往往：最明白，所以做起来会最高效；最顺手，不需要经过转手或中间环节，这样会减少由于交接、转换带来的效率损失。

我曾推动过一个流程优化项目，将销售出仓地的信息录入职责由物流、财务转移到销售助理岗位。这一项操作的改变，为公司每年节省了 300 万元的成本。比如将发票寄给客户，是否一定要财务先交给销售，再由销售寄给客户，职能思维的确应当如此，流程思维就完全可以改变，由财务直接寄给客户，效率就会大幅提升。

> 权责利对等原则。效率最优的原则是优先于权责利对等的，如果基于效率优先原则匹配后，发现权责利不对等，可以调整权与利，使之与责相匹配。遵从权责利对等的原则目的是将控制成本降到最低，充分地将流程执行人的意愿激发出来，实现自动、自觉、自发地奋斗。

> 适度职责分离原则。在 KCP 章节已经介绍过了，要增加舞弊的难度，并对舞弊的风险进行合适的管控。这里要注意的是适度，不要过度，一定要算账，看职责分离操作是否带来了投资收益。多年前，我为某国有企业提供流程管理咨询，在梳理流程的时候，流程团队发现原来还有很多风险没有考虑到，于是增加了一些审批节点，使得原本就冗长的流程变得更长了。这就犯了缺乏经营思维做管理的错误，管理者一定要从管理中闻出钱的味道，不断地问自己：能赚钱吗？能给公司带来效益吗？能为公司带来竞争力吗？如果你是公司的老板，愿意为这个管理活动投资吗？

> 价值匹配原则。我为企业做咨询最喜欢问的一个问题是：你们团队中××工程师/岗位按能力高/中/低划分，每个层级比例大概是多少？不同层级人员工作分配上有何差别？这样问下来经常会发现，高级别的人没有去干高价值的活，就会发生价值的浪费。讲一个业界流行的段子：对于 IT 人员来说，水平最高的应当去做产品经理，次之做架构师，再差一些做需求分析与方案设计，再差的就去做 coding（俗称码农）了，再差的就去做测试，再差一些就去做 QA 了。虽然是个段子，但包含的人员配置思想是对的，高级别的专业人员不是去做事务性的执行工作，而是去做更高价值的事情，包括架构规划、标准规则制定、专业评审把关、复杂/创新/高难度业务处理等。千万不要出现高级别人员干着低价值的活，既不利于价值创造，也不利于人才发挥与保留。

三、匹配能力

上文提到了 L1 流程所有者需要匹配流程管理所需要的能力。对于流程执行团队也是一样，否则就会出现由于不匹配而导致流程无法运作或运作低效的情况。具体的操作要求如下：

（一）一个策略：适度牵引的策略

适度牵引的意思就是流程设计的要求要与适配后的岗位基本符合，可以适当地超出岗位的要求，但不能相差太大，否则很难保证成功。

如果是全新的角色（现有岗位无法匹配），需要定义该角色/岗位的任职资格。基于新角色/岗位的任职资格去匹配人员。优先考虑从内部找到合适的人选，人选最重要的是具备潜能（动机、特质等），专业能力或经验不足时，可以通过专门的赋能来实现。比如某企业成功推行 IPD 的经验之一就是围绕最重要的三大岗位——产品经理、项目经理、部门经理开展了专项赋能训练营，帮助这些岗位人员通过理论学习＋实践辅导来快速地掌握岗位技能，满足岗位任职资格的要求。

有一些全新的能力，在外部行业也是不成熟的、没有成熟的教练与方法论时，往往内部选拔人选是无法满足要求的，这时需要从外部招聘专业人员，流程才能够有效运作。要保证外部招聘的人才能够留下并发挥价值，需要提前做好流程设计，给他一个发挥价值的平台。这也是很多企业人才引进失败的主要原因之一。

当现有岗位无法达到要求，也无法通过调配满足要求时，则需重新设计流程，降低岗位要求，保证流程角色能够落地。这一点也是很多企业学习标杆失败的主要原因之一，往往只看到了标杆流程的做法，但忽视了对标杆流程需要的人员能力的要求。

（二）一个要求：T 字形能力模型

仅在自己的角色上专业是不够的，还要了解全流程是如何运作的。对于全流程的运作过程及逻辑要理解，尤其是客户对于全流程的需求，全流程的价值主张，流程的目的与目标。理解了之后，就能够深入地理解自己的角色定位，全流程对自己的角色的价值贡献要求，就能够脱离流程赋予的任务本身来看待自己角色对应的工作任务，能够更好地理解上、下游的需求，能够基于全流程的需求，来调整自己的输出，以更好地支撑全流程目标的达成。

以我擅长的流程管理来举例，流程管理是公司管理体系的一部分，流程管理要产生价值，我得理解公司战略与经营面临的主要矛盾，确定从竞争战略来看，是成本领先、产品领先，还是解决方案领先。不同的策略对流程管理的需求是不一样的。从经营结果来看，主要矛盾是增长太慢、成本太高、费用太高，还是周转太慢？主要矛盾不同，流程管理的发力点与侧重点也不一样。

同时，要深度理解上、下游，以便更好地与他们进行连接，形成有效的拉通，而不是相互割裂。理解了上游，不仅能够给上游提出合理的需求，还能够理解上游产生问题的背景，能够思考问题是从本环节来解决高效，还是从上游来解决合适。这会减少很多的冲突，能更好地配合，甚至会给上游提出问题解决的建议。如果能够理解下游的业务，就能够为下游提供更适合他操作的输入，提供更正确的输入，让下游接收得更顺手、更舒服，也更有利于将不增值的活动去除，使得流程更精简。

（三）三种能力

技术技能，主要是角色需要的专业技能。比如作为产品经理，你得掌握公司产品相关技术，具备产品经理需要的市场洞察、产品规划、charter开发、生命周期管理等相关专业技能。

流程执行技能，这里涉及流程具体执行中用到的工具与方法。以产品经理为例，做需求分析时，你得掌握$appeals方法、竞争雷达图工具、波士顿矩阵工具等。

个人技能，比如沟通技能、领导与谈判技能等。

四、匹配机制

我们常说："流程打仗，职能养兵。"流程打仗的重要性是高于职能养兵的，因为养兵是为打仗服务的。而大量企业只定义了公司级的经营业务目标与指标，以及大量的职能目标与指标，没有定义端到端流程的绩效目标与指标，更没有将流程绩效目标与指标列入组织 KPI 及关键岗位个人 KPI 中，导致流程的目标实现得不到重视。

（一）将流程 KPI 落实到组织 KPI

端到端 L1 流程 KPI 一定要落实到归口管理部门及对 KPI 达成有关键影响的部门组织 KPI 中，而且权重要足够高。

端到端 L1 流程 KPI 要指向公司战略与经营导向，为公司战略及经营目标做出贡献，而不能是面面俱到或与战略/经营目标相背离。

端到端 L1 流程 KPI 要沿着架构向下，基于关键驱动因素进行分解，形成层层展开的 L2/3/4 流程绩效指标，并基于流程责任归属，列入相关部门组织 KPI。

（二）将流程 KPI 落实到关键岗位 KPI

如果解决了流程 KPI 落实到组织 KPI 的问题，将流程 KPI 落实到关键岗位 KPI 就相对容易了，具体做法与传统的 HR 绩效分解逻辑一致，在此不赘述。

（三）导入矩阵式考核机制

矩阵式考核适用于项目化运作的业务，比如产品开发流程、销售流程、工程交付流程等。矩阵式考核有两种常见的操作方式：

一是项目经理对项目成员进行一考，基于项目经理的评价来确定项目成员的绩效等级：A/B/C/D。由部门负责人对项目成员进行二考，对项目成员的绩效等级进行微调。假设项目经理对某成员评价为 A，部门负责人可以根据他在部门的工作表现来确定是 A+、A 还是 A-。

二是对于项目成员的考核是基于项目成员在项目组中的个人承诺进行的，主要考核对项目目标的支持和支撑职能部门 KPI 的完成情况。

员工的最终绩效由两部分构成：员工参与项目的综合评价和职能经理或项目经理对员工个人 KPI 达成的综合评价。项目 KPI 与职能 KPI 的权重按项目成员两部分工作量占比来确定。项目成员的最终绩效排名由部门经理或项目经理负责确定。通常强矩阵项目组由项目经理来确定项目成员的最终绩效；弱矩阵项目组则由部门经理确定项目成员的最终绩效。

（四）将流程管理绩效纳入干部及专家任职资格

标杆公司对干部提出的四项核心职责是：
- 业务管理：洞察客户需求、捕捉商业机会，抓业务增长。
- 流程管理：站在全局立场，不断改进端到端业务流程。
- 团队管理：带领团队实现组织目标，帮助下属成长。
- 文化管理：担负起公司文化和价值观的践行和传承职责。

将流程管理列为干部的四项核心职责之一，干部想要保住位置，想要晋升，就必须把端到端管理好，持续提升流程的产出及能力。

标杆公司对专家提出的能力模型如表 6-29 所示。

表 6-29 标杆公司对专家提出的能力模型

序号	等级	流程管理相关要求
1	一级	不能完全利用现有的方法/程序解决问题
2	二级	能够运用现有的程序和方法解决问题，但这种问题不需要进行分析或仅需要进行不太复杂的分析，工作相对而言是程序化的
3	三级	能够对现有的方法/程序进行优化，并解决复杂问题
4	四级	对本专业业务流程有全面、深刻的理解，能够洞察其深层次的问题并给出相应的解决方案 能够以缜密的分析在专业领域给他人施加有效影响，从而推动和实施本专业领域内重大的变革 对于本专业领域内复杂的、重大的问题，能够通过改革现有的程序/方法解决
5	五级	业务流程的建立者或重大流程变革的发起者 调查并解决需要大量复杂分析的系统性/全局性/特殊困难的问题，其解决方法往往需要创造新的程序/技术/方法 可以指导整个体系的有效运作

从表 6-29 中可以清晰地看出，专家是发挥专业杠杆作用的，要掌握流程管理技能，为公司构建一个领先的、高效的流程，来驱动组织能力的快速提升。

第九节　Step8：流程文件编制

一、模板与表格

（一）流程说明文件模板

0. 文件头

表 6-30　文件头

流程名称		生效日期	
版本		流程架构	L1
文件编码			L2
拟制人			L3
审核人			L4
批准人		流程所有者	

1. 目的
2. 适用范围
3. 术语与定义
4. 流程边界

表 6-31　流程边界

流程起点	
流程终点	
输入	
输出	

5. 流程 KPI

表 6–32　流程 KPI

指标名称	设置目的	计算公式	统计周期	统计部门

6. 角色与职责

表 6–33　角色与职责

序号	角色	职责	对应岗位

7. 流程图

（可直接贴图或插入附件）

8. 流程活动说明

表 6–34　流程活动说明

序号	活动名称	角色 主导	角色 参与	输入	活动描述	输出	模板/工具

9. 管理要求

用于对全流程涉及的相关规则进行描述，包括相关标准、管理要求等。

10. 支持文件

表 6-35　支持文件

序号	文件名称	文件编码

11. 记录的保存

表 6-36　记录的保存

记录名称	移交责任人	保存责任人	保存场所	归档时间	保存期限（通常是业务周期+1年）	到期处理方式

12. 修改记录

表 6-37　修改记录

版本	修订人	修订日期	修订内容与理由	批准人

（二）管理规定/制度类模板

表 6-38　管理规定/制度类模板

文件名	（如固定资产管理规定）	文件编码	（遵循公司文件编码规则）
拟制人	（拟制部门拟制人人名）	版本	V×.×（小数点前是大版本，小数点后是小版本，如 V1.0）
审核人	（拟制部门负责人人名）	责任人	（通常情况下是主控部门负责人或授权人）
批准人	（文件审批人人名）	生效日期	（不是发布日期，而是考虑到过渡期之后的正式生效日期）

1. 目的

填写说明：

➢ 是规定/制度反映业务或职能本身的目的，不是写这份规定/制度的目的。

➢ 描述要具体、明确，有行动导向。

2. 适用范围

填写说明：适用范围可以从产品、区域、客户、业务类别、部门等维度来界定，必要时可说明不适用范围。

3. 术语与定义

填写说明：各文件要保持一致，只需在一处定义即可，不需重复定义。

4. 职责

填写说明：

➢ 职责描述要具体，不能空泛，要让责任部门/人明白做什么。

➢ 不是操作指引，不需要把怎么做的过程及操作的相关要求写出来。

5. 程序与要求

填写说明：程序描述要有逻辑顺序，建议按照流程架构展开，以流程为主线，步骤明确，阐述清晰。

6. 相关文件

填写说明：

➢ 包括表格/模板、操作指导书/手册/清单、相关联的流程说明文件、管理规定等。

➢ 相关文件必须在程序中，明确接口关系，以便操作者使用。

➢ 相关文件必须作为本流程说明文件的附件，并在齐套后，方可正式发布。

7. 相关记录

表6-39 相关记录

记录名称	移交责任人	保存责任人	保存场所	归档时间	保存期限	到期处理方式

8. 修改记录

表 6-40　修改记录

版本	修订人	修订日期	修订内容与理由	批准人

（三）作业指导（SOP）模板——生产类

表 6-41　作业指导（SOP）模板——生产类

文件名称				版本	
拟制人		审核人		批准人	
拟制日期		审核日期		批准日期	
适用产品名称及编号					
	工序名称		标准工时		标准产能/H	
	工序排号		作业类型		人员配置	
序号	材料编号	材料名称	材料规格		数量
1					
2					
3					
	操作说明		技术要求		
检查上工序					

续表

本工序作业		
自检		

设备及工装治具		
设备工装治具名称	型号	使用条件

注意:

（四）操作指导书模板——非生产类

表 6-42　操作指导书模板——非生产类

文件编号		文件名称			
编写人		审核			
修订编号		修订日期			
NO.	作业步骤与方法	批核人	注意事项/核心技巧	制度/表格/报告

（五）清单模板与示例

表 6-43　PPAP 准备、检查及评审表（PPAP 清单）

项目名称			产品名称			更新日期		
序号	PPAP 文件种类	说明	责任角色	输出时间	预审时间	预审状态（G,Y,R）	终审时间	终审状态（G,Y,R）
1	设计记录	主要提交形式为：设计图纸，一般为提交的产品的总成图纸，尺寸等应与 PPAP 一致						
2	工程更改文件（若有）	主要提交形式为：供应商内部的工程更改文件，只针对授权的工程更改；已经发生，在产品、零件、工装上体现出来，但没有在图纸上反映出来的只提交最新的工程更改文件						
3	顾客工程批准（若要求）	当授权的工程更改已经发生，供应商提交的最新工程更改文件需要得到主机厂认可；若顾客要求，还需要提供主机厂的认可文件						
……	……	……						

注：G（绿色）：正常；Y（黄色）：稍有延期；R（红色）：严重滞后，需采取措施。

（六）FAQ 范例

×× 公司新员工入职 FAQ（来自网络）

Q：入职 & 体检日期的选择是否有截止时间？是否可以修改？

A：请同学们在收到 onboarding 邮箱发送的入职指引邮件后，按照指引进行操作。大家可以预估自己的毕业日期，根据自身安排，选择体检的日期和城市、入职的日期和城市，最晚需要在 20×× 年 12 月 31 日前完成入职。体检结果的有效期为 3 个月，请在体检合格后的 3 个月内完成入职。体检和入职报到的预约日期均可以修改，如需调整，建议至少在原预约日期前一周进行操作；如果操作偏迟，系统将自动锁定，则无法进行修改。

Q：如果我现在无法确定入职和体检日期，该怎么办？

A：请同学在收到入职指引邮件后，根据指导下载蓝版 welink，反馈预计入职和体检日期，后续会根据同学的反馈情况优先准备相应资源。待后续开放资源时将优先提醒同学预约。如果后续同学预约日期有调整，以最后预约日期为准。

Q：其他同学都收到了入职指引邮件，为什么我还没有收到？

A：入职指引邮件由系统自动触发，每个同学签约批次、个人情况等都存在差异，邮件收到时间不一致属于正常情况，也可能受到邮箱屏蔽，请及时查收。如果春节后仍未收到入职指引邮件，请及时联系部门公共邮箱寻求帮助。

Q：目前我能看到的最晚体检或入职日期只到 × 月 × 日，但我想在之后入职该怎么办？

A：体检资源和入职资源都是持续更新的，不断开放新名额，大家需要周期性刷新蓝版 welink 的信息，关注适合自己的体检/入职批次。需提醒，体检和入职资源都是有限的，请尽早选择和确认。

Q：入职报到是怎样的形式？

A：所有入职的新同事，入职后都会先参加新员工入职引导培训（内容涵盖公司文化观、价值观讲解等，时长约一周），更多职类特定培训内容将在入职后进一步通知。

Q：×月×日的入职报到批次只剩A城市了，但我的签约工作地是B城市，该怎么办？

A：优先选择工作地所在城市，如果高峰期资源不足：
➢ 可等待B城市后续开放新的入职批次。
➢ 请选择"××"入职报到，完成流程后返回B城市正式工作。

具体请参考入职报到指引邮件中相关细则。

Q：目前双证（学位证&毕业证）还没有拿到，会影响预约体检和入职吗？

A：不影响，可以先进行其他板块信息填写，完成体检和入职预约；但需要至少提前两周于入职日期前完成双证的系统上传，最迟于20××年12月31日前完成入职。

Q：如果遇到操作类问题，如账号无法登录、照片无法上传或信息需要更改，该怎么办？

A：请通过HR热线邮箱、电话等联系方式寻求专业帮助。工作人员会在工作日受理需求并解决问题，正常处理周期为2~3个工作日。

Q：其他入职费用报销等相关问题，如交通报销额度等？

A：请参考公司统一发送的入职报到指引邮件附件。

Q：关于户口？

A：无论是落户在签约工作地还是不落户，当前是学校集体户口转正式落户还是外地迁入落户，个人相关信息填写，请与学校就业办确认，企业相关信息可咨询部门HR或HR公共邮箱。对于需要落户的同学，公司后续会统一发送落户流程指引邮件，请同学们持续关注。如果是工作地在××，公司不能作为落户单位，且不能接收档案。档案接收单位请填写：本人落户地所在区就业促进中心。

……

×××有限公司：××××年×月×日

（七）案例模板

①案例概述。
②目标回顾。
③工作思路。
④过程与方法。
⑤成效与反思。
⑥下一步展望。

二、实战心得

写文件也是一个技术活，非常考验文件拟制人的思维与表达能力，要写一份表达准确、逻辑清晰、言简意赅、易于阅读的文件非常不易。所以，条件具备的话，尽量用结构化程度高的文件格式来表达，比如流程说明文件、操作指导书等，尽量少用制度类模板。

我们建议，管理层尤其是中基层管理者要深度参与流程文件编制，至少要对流程文件严格进行审核，要重视流程文件中每一个字的表达。因为书面表达能力是管理者的基本素质，同时流程文件也是管理者对于例行确定性工作的总结，将管理者的思想与最佳实践以文件的形式表达出来，成为流程执行团队共同遵守的规范。对于确定性工作，管理者通常不直接指挥员工，而是转移至管理流程文件，以流程文件来驱动这类工作的运作，规范过程，保证结果。

为了提升文件编制效率，中基层管理者可以重点从团队中培养一些有潜力的控制员来从事文件编制工作，将自己的重点放在高阶方案设计及流程文件的审核上。

好的文件是迭代出来的，建议 L3/4 流程所有者，要经常根据执行团队的阅读反馈不断地优化流程文件的逻辑及文字表述，持续地完善。

第十节　Step9：流程文件评审

流程文件评审是流程文件质量的重要保证，企业需要高度重视。我们见过太多的企业文件评审流于形式，或者缺失，导致流程文件发布之后很难执行。要么是涉及的部门不认同，要么是流程文件可执行性不强，最终导致流程文件与实际情况两张皮。

一、评审人

（一）业务专家

可以按 L1 拉通角色，按角色来定义，比如产品经理专家、项目管理专家、客户经理专家等。最好是业务高手同时具备一定的流程管理思维，擅长思考业务成功背后的管理逻辑。对于重要的流程，也可以邀请外部业务专家参与评审。企业可以建立内外部专家资源池，并根据专家评审的表现进行动态管理。业务专家通常在 L1 流程变革的时候才需要，低阶的流程设计通常不需要。

（二）流程专家

通常来自流程管理部及 L1 流程团队中的流程控制专家。他们需要具备良好的架构思维，以及流程设计质量控制能力，最好同时具有较强的业务理解力，能够贴合业务提出有价值的流程管理专业审核意见。

（三）职能经理

流程涉及相关部门的负责人，或授权代表。如果派授权代表参加，一定要确保能够代表部门负责人，否则就会出现评审无效。

二、评审内容

（一）规范性

这部分通常由流程管理部的文件管理员负责审核，不需要放到评审会议上进行。对于文件规范性，企业需要把握一个合适的度，最好采取循序渐进的方式。对于中小企业，我建议可降低规范性要求，但对于规模化大企业，可以适当地提升规范性要求，与公司的品牌形象相匹配。

（二）设计质量

要想把流程管理做出价值，流程设计就一定要严把质量关。我的观察是，绝大多数企业不缺流程文件，缺的是有质量的流程文件。有质量的流程文件，要让大家从中看到兴奋点与价值点，期待流程文件的发布与上线。

流程文件设计质量评审清单如表6-44所示。

表6-44 流程文件设计质量评审清单

序号	维度	评审点	评审意见
1	导向正确	➢ 流程的目的是否体现了客户价值主张，是否明确，有行动导向 ➢ 是否定义了衡量流程目的实现程度的流程绩效指标？指标可实现吗	
2	流程精简	➢ 是否开展流程活动增值分析，并实现了不增值活动的去除或减少 ➢ 是否运用并行工程、闭环管理方法，对流程设计进行优化	
3	责任到位	➢ 流程所有者、流程跟进人、各节点执行人员的职责与责任是否明确 ➢ 过往职责不顺的问题是否解决（如有） ➢ 各流程节点的输入、输出是否定义清晰，确保责任界面清晰	
4	接口顺畅	➢ 与外部流程（含上、下游流程）间的接口是否明确 ➢ 与相关文件之间的接口是否明确	

续表

序号	维度	评审点	评审意见
5	规则清晰	➤ 相关的规则是否被提炼出来,包括触发规则、计算规则、分类分级规则、授权规则、输入/过程/输出规则等 ➤ 通过规则的提炼,是否驱动了效率的提升(人手的解放、周期的缩短等)	
6	经验固化	➤ 对于关键节点、主要输出物是否将最佳经验固化成作业五件套(操作指导、清单、FAQ、模板、案例) ➤ 作业五件套是否能够让新员工/初级员工快速上手与能力提升	
7	解决问题	➤ 流程设计是否能够解决现状分析阶段发现的关键问题	

(三)可行性

流程文件发布要保证其具备可行性,常见的不可行性情况如下:

➤ 流程文件描述过于笼统、模糊,操作者看了之后不知道怎么做。比如"定期召开××会议",那么到底多久召开一次?"负责管理××工作",管理一词范围太大,具体做什么?

➤ 流程设计要求缺乏管理配套(组织、机制、人才、IT)支撑,比如超出了组织现有的能力,但没有对应的解决措施,如人员能力提升计划,或人员招聘计划等。

➤ 流程设计过于复杂,不符合投资回报或者面向市场快速反应的原则。

➤ 流程设计没有达成跨部门共识,或者跨部门流程分歧点没有得到真正解决。

三、评审点

流程文件评审最忌讳的是照着流程文件从前到后评审,这对于评审组来说是极其痛苦的,很难让大家找到评审的获得感,次数一多,部门负责人就会找各种理由推脱或派其他人参加。流程文件评审要重点突出，围绕以下三个方面进行：

（一）关键点

对于新建的流程，评审的重点是：流程的目的、流程绩效指标、流程图、涉及角色及职责，以及关键节点的说明。如果是全新的业务，要重点关注是否借鉴了外部标杆；如果是已有业务隐性流程显性化，则要重点说明是否将内部最佳实践进行了固化。

对于再设计的流程，评审重点是变化点，关注与之前的版本有哪些变化点，这些变化点解决了什么问题，带来了什么改善与价值。

（二）风险点

流程设计存在什么风险？对于这些风险，我们的评估结论及应对措施是什么？比如我们在设计流程中发现漏洞，但暂时没有好的办法管控，通常会将这个风险点列入审计清单中，作为后续审计的必审事项。

（三）分歧点

流程涉及的相关部门对于流程文件的分歧点是什么？不同方案的优劣分析结果是什么？流程设计团队的建议是什么？

企业现实业务中，分歧点最多的是职责定义，有利可图的活大家抢着干，脏活累活则拼命推给别人。对于缺乏协同文化的公司而言，这种情况往往会让流程部门很难受，很多时候很难从逻辑上说服某一方。一个双方都不愿意承接的工作，到底交给谁更合适？我的建议是，如果逻辑上说不清楚，或者说服的成本过高，就交给决策者快速地拍板定案。所以，流程管理部门要敢于将问题升级，否则这样的问题就永远得不到彻底的解决。

这不禁让我想起多年前听到的一个故事。在某公司发生了制造部与采购部的扯皮事件，双方都认为某项工作不是自己的职责范围，应当由对方承担。双方大致表达意见之后，立刻回到办公位上找文件，后来采购人员找到文件证明该工作由制造部承担。生产部门人员看到文件后二话不说，就回去干活了。

组织需要这样的执行力，有的时候成功一半讲逻辑，另一半是不讲逻辑的，就是要这种霸蛮的执行力与服从力。

四、评审程序

> 预沟通：存在重大分歧事项时，建议在正式评审会之前召开与分歧事项的直接相关方的预沟通会议，小会容易解决问题。通过预沟通确定会议的基调，免得在正式评审会议上出现失控局面。

> 报告：由流程所有者或授权代表对流程文件按评审点要求进行汇报。

> 评审：与会人员就汇报内容进行提问，发表意见。

> 决策：对文件关键点、风险点及分歧点进行决策。通常采取集体决策制，2/3 以上同意就可以通过。对于不同意的意见要记录在案，以便后续追溯与复盘。

五、案例说明

笔者曾服务的一家公司，开始进行流程设计时，业务初评与终评都是由中高层基于 to be 流程进行的。评审通过，文件发布运行一段时间过后，执行情况很糟糕。究其原因，一是流程设计文件中的内容与实际操作不符：太粗，没有相应的 L5/L6，没有指导作用；二是组织与能力不适配：流程节点规定的操作，相应的人员根本操作不了。

一年后，公司吸取了相应的教训，在流程的业务初评时，充分让节点执行人参与进来，并注重相应的 L5/L6 建设。半年后流程检查时发现，流程执行力有了大幅提升。

第十一节　Step10: 流程文件发布

流程文件评审完成之后，就可以走流程文件审批流程，完成后由流程文件管理员进行流程文件发布操作。

为了让流程文件发布后能够更好地被执行，流程文件发布有三件事情需要做到位：

一、流程文件发文通知

通过发文通知，能够用一页纸来将新流程的要点说清楚，如果流程文件的用户没有时间打开，也可以快速地了解新流程关键点及要求。流程文件发文通知模板如下：

关于《×××》的发布通知

各部门：

《×××》文件已于××××年××月××日发布，将从××××年××月××日开始生效，现将相关内容通知如下：

一、发文背景

二、业务变化点说明

三、注意事项（非必选）

请相关人员严格按文件要求执行。

附件：《×××》.

发文部门
××××年××月××日

二、流程文件主动推送

本着"文件找人，而不是人找文件"的原则，要将流程文件主动推送给需使用的人员，让他们在需要的时候可以快速、方便地看到需要的信息。

建议在流程运行对应的 IT 系统，如 OA 系统，在操作者运行流程的主界面，将流程说明文件、流程培训教材、需使用的表单/模板挂在显眼的位置，让操作者能够轻易发现。在运行流程时，任何需要查阅文件的时候都能够方便找到。

更精细的做法是，在操作者具体操作的位置，能够将涉及的业务规则（比如差旅住宿报销标准等）以看板的形成展现出来。

线下也可以制作一些流程的宣传单张，比如"流程一纸禅"，发放给流程中的相关人员。

三、流程文件培训宣贯

企业做了大量的培训，但效果不佳，经常出现"听起来很激动，回去一动不动"的情况，大量的培训投入不能够转化为生产力。主要原因就是对流程培训的重视度太低，对通用理念、原理、方法论培训太多。当然，企业不重视流程文件培训的一个重要原因是流程文件写得太空了，缺乏提升专业能力的工具与方法。如果企业能够按照本书的要求，提升流程设计质量，做到将相关业务规则及经验提炼出来，流程文件的培训效果就会改善。

企业的主要矛盾不是缺少道理，而是缺少将道理转化为行动的、可落地执行的流程文件。只有将先进的方法论转化到流程相关文件上，理论才会产生实际的价值。流程是业务价值交付的载体，脱离流程企业无法向客户创造价值。流程文件才是真正将相关方法论落地的载体，它规定了流程的执行线路，角色间的职责分工、作业方法与规则，以及相关人员行为规范。基于流程为员工赋能，是最有效的培训方式，而流程文件是培训最好的教材。

流程培训要突出重点，不要面面俱到，否则很容易失去效果。我不建议流程中的每个人都参加流程文件培训。流程培训的重点岗位是：流程中的主导岗位及关键岗位（对流程结果有重要影响的岗位），对于非关键岗位可以不用做培训，非关键岗位往往是一些简单操作类的岗位，如果非关键岗位执行流程过程中有困惑，找主导岗位指导即可。从岗位视角来看，要明确岗位的应知应会，将关联度低的流程文件去除。对于通用类的流程文件，比如费用报销制度，涉及公司的每一个员工，无法也没有必要将全员召集起来进行培训。

新员工入职是流程文件培训的一个重要时机，通常新员工，不论是社招还是校招，培训意愿都非常高，这是一次不容错过的机会。对于新员工必须掌握的流程一定要培训到位，最好能够通过严格的考试，保证员工真正理解，并能够掌握操作。如果公司已经上线了 E-learning 系统，可以通过员工线上自学＋考试的方式，倒逼员工自主完成流程文件的学习，前提是考试题库量要足够大。

流程文件培训不是必须的，如果修改点很少，涉及范围也很小，可以通过一个简单的宣贯来实现，比如在部门例会上说明一下即可。

流程文件培训宣贯材料提纲参考：

（1）流程设计背景

触发、需求及痛点。

（2）流程关键内容

➢ 流程目的、流程绩效指标、流程图、职责分工、KCP 及管控措施。

➢ 流程主要变化点。

➢ 流程相关管理要求。

（3）流程相关文件

相关流程／制度、表单、模板、操作指南、清单、培训教材等。

（4）工具说明及求助方式

➢ 求助人、手机及邮箱。

➢ IT 系统登录链接及 IT 操作说明。

第七章
流程运营与迭代

我非常认同一句话:"真正厉害的流程迭代速度快,面向市场反应速度快。"而且好的流程是运营出来的,是迭代出来的。流程设计只是开始,很难一步到位,很难通过几个月的设计就让企业管理水平快速提升,流程运营与迭代才是流程管理成败的关键。如果我们能够围绕核心端到端业务流程 IPD、LTC(线索到回款)、ISC(集成供应链)、ITR(问题到解决)定期(比如每月)进行复盘迭代,如果我们核心业务流程文件能够每个月有一个小版本的迭代升级,我想企业的核心业务流程一定是高效的,也一定是具有核心竞争力的。

然而现实是骨感的,很多端到端的业务流程,一年甚至是三年都没有进行过复盘迭代,即使有迭代,也是浮于表面的迭代,流程设计的本质没有发生根本的改变。所以,我强烈建议大家要关注流程的运营与迭代。

一、培训与赋能

流程有两部分内容,一是业务经验,二是管控要求。管控要求部分,企业流程设计的主要矛盾是精准度不合适,要么不该管的管过头了,该管的却没有管;业务经验部分,企业流程设计往往对于业务部分重视度不足,导致流程业务涉及的方法、工具与规则过于粗略,甚至是缺失。这也是导致流程管理难以发挥价值的重要原因。

在前面章节,我介绍过流程设计的三个阶段,企业在完成了第一阶段责任落实之后,要重点突破规则清晰及经验固化。如果我们的流程提炼出了一定的规则以及将经验转化为作业文档,这个时候流程就开始有力量了,有专业指导的能力了。

我们需要做好流程的培训与赋能。我曾在 H 公司销售流程内控建设部工作,是 MO(管理机会点)流程团队的一员。我们基本每个月都会从全球收集 MO 流程运行过程中的审计问题发现、CT(遵从性测试)问题发现等信息,将其汇总并提炼形成案例,在案例中会将一些共性的问题、经验、教训及后续操作注意事项提炼出来。一方面,整理形成精美的宣传材料,在全球范围内快速地传播，让所有流程执行人员能够快速地查阅；另一方面，我们每个月都会基于上月总结的知识文档开发培训教材，对全球的流程执行人员进行培训，快速地将相关的知识、经验赋能到一线操作者。

流程中沉淀出来的流程文件，包括各类知识文档，是最好的培训教材，要能够及时地利用这些教材向流程执行团队培训，为他们赋能，让他们快速地学习并复制成功经验，借鉴教训，防止掉进类似的坑里。

在知识密集型的公司或部门，定期的交流分享会价值很高。邀请一些在项目/工作中有较好表现的人员分享他的案例，有助于快速地将成功经验在组织内传播，帮助同行快速地成长。在 AMT 从事咨询工作时，我最期待的就是每周五的 Home Friday，那是一场来自咨询一线的实践经验分享的知识盛宴，可以向公司各领域内最好的一批顾问专家学习，快速地提升自己的认识，吸取他人成功的经验，从而实现快速的成长。

在部门召开周例会，对项目类工作进行回顾的时候，建议部门经理沿着流程框架，基于流程文件进行回顾。如果项目取得了成功，看看有没有一些新的经验点，尤其是出现新的业务场景时，对于新的业务场景运行过程中的经验，如果有就赶紧总结出来。如果项目出现了问题，就要分析是否按流程文件执行到位了，弄明白没有执行到位是什么原因，过程中赶紧对员工进行辅导，帮助他纠偏，教会他正确操作，以确保对流程文件理解到位；如果执行到位了，要一起来分析项目出问题的原因，找到流程文件设计存在的问题及原因，推动流程文件的升级迭代。

二、问题管理

流程运行过程中会出现各种各样的问题，有流程设计的问题，有流程执行的问题，也有流程绩效的问题。问题是改进最好的机会，但问题如果不被管理就会进入下水道，消失得了无踪迹。对问题做闭环管理，每一次循环，流程就得到了一次迭代，管理就向前迈进了一步。

> 问题来源：

∨ 流程审计或遵从性测试：企业要开展主动的流程审计/体系审核及流程遵从性测试，从中可以发现大量流程问题。当然，外部审计/审核也是发现流程问题的重要渠道，包括外部财务审计、客户审核、第三方认证机构审核等。

√ 客户投诉或抱怨：要做好来自内/外客户的投诉及抱怨的处理，因为流程结果如果出了问题，一定会在客户界面暴露出来，要建立主动收集客户声音的渠道。可以通过定期拜访或召开会议来收集，也可以建立问题反馈渠道，比如 OA 电子流。

√ 流程执行人员反馈：收集流程执行团队人员的反馈，他们最清楚流程执行过程存在什么问题，如是否顺畅，是否存在返工，是否出现等待，流程文件的适用性如何，等等。

√ 不合格信息：包括质量不合格、安全不合格、环境不合格、成本不合格、进度不合格等。

➤ 问题管理：

√ 问题记录：记录是问题管理的基石，记录一定要及时，记录一定要准确，可以按照"发生了何事，产生了什么后果"的格式来描述。描述要具体，逻辑清晰，做到容易理解，且可以追溯到细节。对于产生了什么后果，建议组织相关同事进行分析，最好能够找到财务与客户层面的后果，这样才知道问题的价值及严重程度。为了保证质量，通常问题记录之后要有专人审核把关。

√ 原因分析：如果是偶发的一般性或微小的问题，不需要做原因分析，快速地把问题解决掉。如果是批量性的问题或者重大的问题，则需要做原因分析，找到管理体系要素上的原因，包括流程、组织、能力、绩效、IT等方面的原因。

√ 解决措施：解决措施分成两种，一是补救措施，快速地把问题解决掉；另一是纠正措施，从根源上将问题消除，确保其不再发生。

√ 执行跟进：跟进补救措施与纠正措施的执行情况，检查是否执行完成，是否执行到位。

√ 效果验证：拿流程实际运行数据来验证，采取了解决措施之后问题是否得到了有效解决，最理想的情况是同样的问题不再出现。如果无效则要回到原因分析与解决措施阶段，直到问题解决为止。

√ 标准化：效果验证有效后，要将解决措施固化到流程文件、组织文件及相关的 IT 系统中，使之沉淀到可以重复的管理体系中，完成管理体系的一次迭代升级。

问题管理的模板如表 7-1 所示。

表 7-1 问题管理的模板

序号	问题描述	提出人	问题分类（系统/随机）	原因分析	解决措施	执行跟进	效果验证	标准化	备注

➢ FAQ 编制。

FAQ 是场景化的，更容易被流程执行团队接受，实际效果非常好。对于经常发生的问题以及重大的问题，建议编写 FAQ（常见问题解答），持续进行迭代完善。FAQ 可以主动推送给流程执行人员，也可以纳入培训教材，为流程执行团队赋能。FAQ 如果做到位，可以快速为流程执行团队提供问题预防、操作指导及问题处理的解决方案，快速地提升团队的水平。

三、流程审计

流程审计重点是针对流程文件的执行情况进行审核，对流程执行情况打分评价，同时提出流程审计发现问题及改善建议。

要想保证流程的执行力，流程审计就是必需的。流程审计团队需要有较强的业务理解力，以保证流程审计的深度与问题发现能力。如果问题发现能力强，就能够对流程团队形成强大的威慑力，能够有效地提升流程执行的意识，最终提升流程执行力。

当然，要保证流程审计的效果，企业需要建立与之配套的审计问责制度，对于审计中违规的行为，尤其是涉及故意违规，甚至是舞弊行为，予以严罚。在 H 公司工作时，公司制定的各类"高压线"（如信息安全）对我的威慑力就足够大，根本不敢触碰。我在美的工作时，美的对于管理层的授权力度非常大，但我的感觉是虽然存在大量的诱惑，但不敢触碰，因为美的有强大的审计部门，一旦被查出，就会葬送整个职业生涯。这就是审计的价值。

流程审计的另一个价值是促进流程的改进。很多时候，企业对业务不满意，但又无法说清楚问题在哪里，因为大多数是盲人摸象，看不到全局，或者是主观判断，缺乏数据与事实的支撑。这时做一个流程审计往往能够系统、全面、深入地定位问题，找到对应的解决方案。面向流程改进的流程审计，我称为咨询式审计，需要覆盖流程结果有效性审计、流程执行遵从性审计及流程设计合理性审计，结合三方面的信息，给出综合审计结论与建议。

四、流程绩效管理

管它黑猫、白猫，抓到老鼠就是好猫。流程设计的目的是要达成流程绩效，并为端到端流程贡献绩效改进或竞争力。围绕流程绩效进行持续的监测、分析与改进，是流程运营的关键。流程绩效管理涉及以下方面：

> 流程绩效指标定义。

如果在流程设计阶段已经完成流程绩效指标定义了，这里就不需要这一步了。在流程运营阶段，重点就是将流程绩效评估落地，保证有责任人，有方法，按规定周期，统计到准确、可信的数据。

如果在流程设计阶段没有完成流程绩效指标定义，则需要补上这个操作。流程绩效指标定义不是一件简单的事情，需要在过程中不断地迭代，找到既相对简单、敏感，又能够真实反映流程目的的指标。

实战过程中，企业往往不愿意持续花时间去思考如何设置合适的流程绩效指标，由于各种原因搁置了，流程团队也往往知难而退。我的经验是，流程绩效指标定义是最有价值的事情，一定要迎难而上，想尽各种办法去定义它，否则流程管理就会一直停留在感性阶段，无法实现量化管理，管理的精细化程度无法满足企业经营的需求。有困难很正常，我们要突破它，指标不精确没有关系，可以先做得粗略一些，只要持续迭代，一定可以找到有效的指标。

➤ 流程绩效评估。

定期收集流程绩效评估数据，形成固定格式的流程绩效报表，最好是能够通过 IT 系统自动实现。如果是人工统计的，要有一定的复核机制，确保绩效数据的真实性。

➤ 流程绩效分析。

常见的分析方法有：与目标对比，找到差距；横向对比，在内部按区域/产品/员工/车间等维度对比，找到不同类别业务的差距；与同期对比，分析与去年同期的对比情况，看绩效变化的趋势；与上一期环比，看绩效变化的趋势。

通过各类对比分析，最重要的是找到差距及指标变化的趋势，进而进入业务，找到指标差距与趋势背后的驱动因素，为绩效改进提供输入。

➤ 流程绩效改进。

流程绩效改进有两种常见的方法：一种是采取质量改进的思路；另一种是采取流程优化的思路。两种方式都是可行的，相比而言，流程优化的思路会更系统、更有效，我们更推荐使用。

五、流程优化

做流程管理的目的就是要不断地推动流程优化，不断地改善流程绩效水平，不断地提升流程管理水平，为公司贡献更好的经营绩效，贡献更强的组织能力。

➤ 需求管理：要建立流程优化需求库，保证源源不断地产生需求。很多时候，企业进步小是因为找不到改进的需求。需求产生有两种典型的场景：一是问题驱动；二是愿景驱动。企业需要建立流程优化需求管理流程，包括被动需求管理和主动需求管理。主动需求管理需要开展一些主动的需求洞察工作，比如流程优化建议征集、流程深度审计、与竞争对手流程的对标、流程变革战略解码等。

➤ 立项：立项的本质是做投资回报论证，找到值得投资的项目，并对项目进行分级管理，通常项目会分成变革项目、公司级优化项目、部门级优化项目三类。企业会为不同级别的项目配备不同的资源。我辅导过一个企业，立项管理能力相对较差，虽然公司流程优化项目满天飞，但流程整体绩效表现不如竞争对手，这说明该公司做了很多无效的优化，浪费了大量的流程管理资源。

➢ 流程优化实施：企业需要建立流程变革及流程优化流程，有效地将流程优化项目管理起来，使之按照科学过程与方法展开，提升流程优化项目实施效率与成功率。通常流程优化过程包括现状诊断、方案设计、详细设计、试点验证、全面推行几个阶段。

➢ 结项：对流程优化效果进行评估，对流程优化项目进行总结，并向公司管理层进行汇报，对表现优秀的项目团队及个人进行激励。

六、流程运营案例

（一）末端流程运营报告

表 7-2　L3/L4 流程运营报告模板

（××××年××月××日至××月××日）

第一部分：流程基本信息			
流程名称		版本	
流程所有者		更新日期	
所属一级流程		一级流程控制员	
IT固化方式			
流程类别（A/B/C）	A：核心流程（价值主张承接流程）；B：关键流程（对财务/客户绩效影响较大的流程）；C：一般流程		
流程目的			
第二部分：流程设计质量评估			
评价标准	完全符合	基本符合	部分符合/不太符合/不符合
价值导向明确			（对不符合的部分进行详细描述）
流程线路精简			
责任落实到位			
规则风控有力			
关键知识固化			
文件易于执行			

续表

第三部分：流程绩效评估					
KPI	目标值	实际值	达成率	上期值	改善率
第四部分：流程执行评估					
指标	目标值	实际值	达成率	上期值	改善率
遵从度					
主要问题					
第五部分：版本迭代计划					
序号	版本号	改善点			发布时间

（二）L1 流程运营报告模板

表 7–3　L1 流程运营报告模板

（××××年××月—××月）

一级流程名称		版本	
一级流程负责人		更新日期	
一级流程控制员			
流程 IT 建设概述			
末级流程数量		建设流程数量	
流程覆盖率			
E 化流程数量		IT 在线率	
流程执行情况			
指标	目标	实际	达成率
遵从度			
数量质量 KPI1			
……			

续表

流程绩效情况			
KPI	目标	实际	达成率
运营改善亮点			
维度	主要成果		备注
流程设计			
流程执行			
流程绩效			
运行主要问题			
序号	问题描述	原因分析	改善思路

第八章
流程设计实战案例

我曾经在 3 家企业深度开展过流程全面设计工作，也作为项目经理为 6 家企业提供过流程设计辅导。流程管理工作推进成效最好、印象最深的是我初入流程管理行业，在 A 公司的实战，而不是在我功力最深厚的年纪做的案例。我决定把这段经历分享出来，相信对大家会有启发。

我写过一篇公众号文章《搞定人比搞定事更重要》，在以下案例分享中，我没有分享太多流程设计的方法，分享更多的是变革管理、工作推进方法、如何搞定人。

一、背景介绍

该公司是一个 IT 分销企业，对效率的要求极高。从本质上说，分销企业拼的是供应链，需要有高效的物流、信息流及资金流运营能力。该公司成立快十年了，业务一直在高速发展，公司的文化氛围非常好，人际关系非常和谐融洽，员工收入中等，但满意度很高，稳定性好。

我是以流程管理职能经理（就是一个不带兵的专业岗）身份入职的。入职的第一天，人力资源总监笑着和我说："年轻人，这个活不好干，你前面两任都不到 3 个月就离职了，你要坚持住。"我顿感压力巨大，真的非常忐忑。

入职公司之后我问直接上级："为什么公司要开展流程梳理工作？"总监告诉我："最近 1~2 年出现在公司工作七八年的部门经理离职，导致公司原来的例行化工作竟然无法运作了。比如最近资金经理离职，导致信用证居然都开不出来，直接引发客户的投诉。这就说明公司缺乏基础的管理体系，导致公司的管理对人的依赖性太高，可重复性、可预测性太差，无法支撑公司的持续发展。"

公司给我的目标是用一年的时间完成 80% 流程的梳理，保证将成熟的业务流程固化下来，降低对人的依赖，保证业务的连续性。我的直觉是流程梳理不难，为什么前两任流程经理没有"活过"试用期，估计是流程梳理项目受到核心业务部门的阻力。往积极的方面想，也许他们给我"松了土",这时候进来正当时。

二、关键事件回顾

(一)项目组织

公司成立了效率提升小组,由公司运营高级副总裁担任组长,我担任副组长,各一级部门负责人为组员,同时邀请了一批拟重点培训的部门经理作为组员。公司内营造了以参加效率提升小组为荣的氛围,核心的骨干如果不在项目组里会非常失落。效率提升小组每两周召开一次例会,按照双周计划汇总两周的工作进展、工作亮点、问题及需求资助事项。

效率提升小组可以看成一个委员会组织,其使命就是帮助公司孵化流程管理部,帮助流程管理部加速流程管理体系建设与能力提升进程。

(二)四个突破

第一个突破:如何为自己赋能,提升自己的专业影响力?

报名参加王玉荣老师的流程管理公开课,提升自己的专业能力,并基于王老师的课程开发出自己的专属流程梳理培训教材初版。

认真阅读流程管理书籍,并通过网络收集大量的流程管理相关的PPT及文章,对流程梳理初版培训教材进行了完善。我有一个好习惯,当初想做质量管理的时候,把暨大图书馆关于质量管理的书籍(近200本)基本读完了,对其中几本经典著作做了笔记。同样,我把流程管理相关的书籍及资料全部看完了,并完成了吸收与转化,过了理论关,做到心里有底。我建议从事专业管理的新手,一定要花时间读专业书籍,确保过理论关,确保对于主流的方法论掌握到位,你就会多一些底气,也会给你带来一份专业感。

启动全国主要分公司的巡回流程梳理培训工作,从广州本部开始,再到北京、上海、武汉、成都各地分公司。在此之前,我从来没有做过类似的培训,完全凭着一股天不怕地不怕的冲劲硬上,没有想到培训效果非常好，建立了内部专家的形象。这得益于我师范专业出身，有一定的授课功底，更重要的是有不怕失败的勇气。这也是我特别想对年轻的读者说的，年轻时要勇敢一点，不要怕失败，大不了从头再来。

培训完成之后，我在公司管理层的眼中已经成功地打上了专业的标签，比我级别高的经理与总监对我多了一份专业的尊重。这为我日后的流程梳理项目工作开展奠定了坚实的基础。

第二个突破：如何快速在公司内部获得认可，建立个人的影响力？

入职不久，公司组织了一些外部讲师来公司做内训，在内训课堂上，我表现得非常活跃，引起了老师及公司同事的注意。这种表现与我的性格不符，我是刻意为之。我的目的很简单，就是向公司展现自己的积极上进，以及才干。我觉得，公司对新员工是有期待的，一定要在试用期展现自己，要把态度与活力展现出来，否则很有可能被大家贴上平庸、不敢作为的标签。事实证明，我的策略是对的，我到任何一家公司都坚持这个做法。

在公司重要的会议上，经常会收到高层的意见征询：陈立云，想听一下你的意见。通常这类问题不好回答，做出任何选择都有利弊两面。我的原则是要给一个肯定的回复，绝不会说各有各的好处，不好做判断之类的话。我的逻辑很简单，要提升自己的决断力，给领导展现决断力，同时逼着自己承担决策建议的责任。只要我给出意见，就会努力地思考，就会做决策建议之后的闭环，错了很正常，但我会复盘，下次再犯同样错误的概率就小了。持续迭代，我的决策建议质量也就高了。

3个月后，我回归低调了，不再轻易地展现自己，将主战场转移到如何扎进业务细节，如何快速地突破业务，取得令人信服的成绩。进入这家公司，行业与业务对我而言是全新的，做流程的本质是做业务，所以我得快速地过业务关。为了能够熟悉业务，我经常会在晚上10点之后，想到某个业务细节问题没有搞清楚，打电话给公司相应部门的总监、经理及业务骨干，很多人都被我骚扰过。做流程的好处是，你可以将散落在不同部门的信息串起来，形成完整的拼图，而这是任何一个部门看不到也不会做的事，如果你做成了，大家会佩服与赞叹。当我把跨部门业务逻辑梳理清楚之后，我自然成了对业务比较熟悉的内部人士。

入职不久，业务群组高级副总裁找我沟通，他非常直接地说，不希望我总在球场外做观众，期待我能够与业务部门一起进场踢球。他希望我不要只做流程梳理，而是能够成为他们合同评审流程E化项目的项目经理，帮助业务部门解决问题、创造价值。我当时几乎没有思考就答应了，事后我得知，他推动这件事情已经三年了，一直没有成功。这不是一件容易的事，我感觉自己的回答有点草率。

回到部门后，我立刻找总监请示。没有想到部门总监强烈反对我接这个活，理由是精力不能分散，流程梳理工作已经是一块硬骨头，能够把它做好已经很不容易了。感谢那时的年轻气盛，我和总监据理力争，场面有点尴尬。最后总监妥协了，给我撂下一句话："你自己看着办，但我考核你是看流程梳理项目绩效，流程梳理项目没有做好，不要怪我不客气。"

感谢那群伙伴，业务与IT的小伙伴特别给力，我们的项目组在3个多月的时间实现了合同评审流程上线，基本实现了业务群组高级副总裁的想法，速度之快大大超出了他的预期。这一战奠定了我在公司业务部门的地位，大家知道我是能够搞定事情的。真如很多人所说的："打胜仗是提升士气，建立团队信心的最好方法。"

有了业务部门的认可，流程梳理工作进展非常顺利。业务部门的配合意愿非常之高，流程梳理输出的质量也很不错。

第三个突破：如何让大家感觉到流程梳理的价值，防止陷入ISO质量体系梳理的困境？

我深度跳进流程梳理工作，但将重点锁定在核心流程上，我定义的核心流程是前台的销售流程、供应链管理流程及后台的物流流程。对于职能管理流程，投入的时间相对少一些。多年来，我一直坚持这个策略，理由有两点：一是业务流程才是价值创造的主战场，不要在非战略机会点上消耗了资源；二是职能部门具有更好的管理素养，对流程管理支撑的需求不如业务部门那么强烈。

印象中有一个非常深刻的流程梳理场景：参与物流出仓流程梳理讨论时，出仓流程说明文件写得非常的简陋，每一个活动说明几乎与活动名称差不多。我非常直接地提出自己的看法：写得太简单了，无法满足指导操作的要求。物流专业人员很不客气地怼我："我们专业人士一看就明白，平常就这么做，本身就很简单，没有什么好写的。"

于是我提出了两个问题：第一，这份文件能够有效规避各种风险，防止出现日常运行中发现的问题吗？第二，你是否考虑了不同的业务场景，比如异常时如何处理？紧急时如何处理？有特殊需求时如何处理？也许是我的问题触到了物流总监的痛点，他立刻大声强调说："我们梳理流程的目的就是要规避问题、提升质量，难怪你们日常操作会有这么多的问题，在流程中既没有足够的指导，也没有管控要求。"

在物流总监的支持下，我来引导，大家一起头脑风暴，最终输出了一个基本将现有最佳操作经验显性化的流程说明文件，里面包含了不少常见问题规避与解决的方案。物流总监很满意，大家也从中找到了解决问题的成就感。这一点很重要，让大家感受到了流程梳理的价值，不是专业的游戏，而是业务的改善。

第四个突破：如何保证业务部门的重视度，如何搞定不太愿意配合的部门？

> 考核机制保障。

制定了流程梳理任务完成率指标，作为每一个一级部门负责人的KPI，权重为5%，直接影响部门负责人年终奖的发放额度。项目计划阶段与每个部门确定了流程清单，以及流程梳理完成率目标，由各部门自行提出分解到月度的工作计划。为了保证质量，每一个流程梳理完成要以通过流程管理部审核并上网发布为准。

制定了流程梳理项目专项考核机制，从质量、进度两个方面，对各部门流程梳理的绩效进行评价，从中评选出优秀部门及优秀个人，并给予奖金与荣誉激励。

> 领导的作用。

公司职能高级副总裁亲自挂帅担任效率提升小组组长，并坚持参加双周项目例会，一期都没有间断。这给项目推进提供了强大的领导关注度支持，保证了每个部门的重视度与工作输出的质量。事后，我想这也许是公司能够把流程管理做好最重要的原因。而对比我就职或咨询服务过的其他公司，很少能够找到投入度如此之高的领导。我真心地认为，成功是需要运气的，如果你成功了，一定要感恩，感恩给你安排了如此好的外部环境。同时，想给流程管理同行提个醒：选择很重要，一定要选择一个易于成功、易于自己发挥的平台。其实，在加入 A 公司时，我同时拿到一个朋友公司给的录用通知书，我的朋友是部门总监，给的薪酬待遇更好，但我却选择了管理层没有熟人的 A 公司，理由有三个：一是 IT 分销企业业务相对简单，只要花时间就可以快速把业务搞清楚，有了业务理解力的加持，我相信自己的专业管理工具能够更好地发挥价值。而我的朋友所在的企业是研、产、销一体化的企业，我当时没有信心能够驾驭它的业务。二是 IT 分销竞争的本质是比拼效率，对于流程设计的依赖度极高，所以流程管理是刚需，不需要去教育、去松土，去培育大家对流程管理的感情。三是我在朋友的公司面试时，曾要求他带我到生产现场，他告诉我他也没有去过，叫另一个同事带我去。我据此判断朋友不熟悉业务，进而推断，他的管理与业务结合不紧密，不容易取得成功。

我职业生涯最大的激励来自这家公司。我记得在一次年度总结大会上，公司职能高级副总裁当着全体公司管理层及骨干员工的面报告时说，对自己的整体绩效评分为 B，但对于流程管理工作打 A+。然后，公司职能高级副总裁对大家说："请允许我向大家介绍一位同事，他就是陈立云，流程管理工作取得如此出色的成绩来自他的贡献。"我激动得站起来，接受来自全场的掌声与鼓励。那一刻，我内心无比激动，我在想一定要给公司好好干，不辜负领导的期望，一定要给公司职能高级副总裁好好地干，不辜负他的知遇之恩。

有了领导的高度赏识，有了领导的支持，流程梳理工作主基调就定下来了，我确信可以搞定一切困难，可以充分发挥自己的能量。

> 三三三策略。

在流程梳理过程中，还是遇到了重重障碍，问题层出不穷。我积极地思考需采取的各种措施，最终都搞定了。在流程梳理推进过程中，我总结出了三三三工作推进策略，即在多数环境下，你想要推进的工作，有三分之一的人会支持你，有三分之一的人会反对你，剩下的三分之一是中间派。对于不同的人群，采取的策略不一样。对于反对你的三分之一，我的经验是主动找到意见领袖，登门拜访沟通，放低姿态，以请教的方式提前征求意见，大概率是可以搞定的，因为伸手不打笑脸人。对于支持你的三分之一，要和他们沟通好，在关键议题集体讨论的时候主动站出来支援自己，并且相对具体地说出支持的理由。对于中间派的三分之一，可以忽略他们，只要控制了会场上的主风向，他们大概率是会跟从的。

> 重视非正式沟通。

有一次，财务总监发了一封言辞非常激烈的邮件来抨击流程梳理项目的工作安排，我收到邮件后战斗的情绪就被点燃了，立刻写邮件准备回击。职场经验丰富的部门总监及时来找我说这封邮件不要回复，交给他就好了。

于是我一直等，想看看部门总监是如何回复的，正好可以学习一下他的沟通艺术。没有想到，直到快下班，邮件还没有发出。下班时，部门总监告诉我，晚上一起吃饭，他已经约好了财务总监。

在舒适的包厢里，大家都卸下了职场的面具，在部门总监超高的沟通艺术下，财务总监像换了个人似的，看上去不再古板与严肃，展现出工作时少有的温情一面。大家相互敬着酒，天南海北地聊着天，工作的事情一句也没有聊，酒足饭饱，相聚甚欢。

聚餐之后，财务总监不再反对，项目工作又快速向前了。我在想，人际关系真的很重要，工作中哪里有原则性的冲突，哪里有阶级矛盾，只要把心情处理好，事情不就水到渠成了。

三、项目成效

公司用了不到一年的时间完成了 80% 流程的梳理，输出了质量还不错的流程文件，为公司后续的发展奠定了一个文件化的管理基石。再出现人员变动时，这套流程文件可以托住公司经营管理的底线，保证了业务的连续性，保证了业务运作水平不会太差。这套体系与 ISO 是大不相同的，它是来自实际业务最佳经验的固化，反映了真实业务的运作情况，所以执行起来没有太大的难度，整体是受欢迎的。

公司建立了良好的流程管理意识，多数人建立了流程思维，开始并习惯于将流程作为重要的管理对象，持续地回归流程来分析业务遇到的问题，在流程设计上找到业务改善的答案，这一点非常不容易。给大家讲一个真实的小故事：有一次，我在公交车上，看到公司的一个商务助理（23 岁左右）坐在座位上用笔在纸上写写画画，非常认真，完全没有看到身边的我。

我主动与她打招呼："你在写什么呢？"她抬起头兴奋地和我说："是你呀，陈老师，我告诉你一个好消息，我们的订单处理流程还可以进一步优化，进一步缩短时间，提升人员处理的效率。"当时我就在想，这才是全员参与的文化，这才是公司流程管理成功的重要原因。

　　我也非常幸运，成为公司后台部门一年半从基层员工晋升到总监的第一人，可以说是坐着飞机上来的。这极大地增强了我的信心，为我后续的职业发展注入了更大的自信与更高的自我期待。物流总监半开玩笑地说："陈立云，你最幸运了，这些流程都是我们梳理的，功劳却成了你的，你收获的却最多。"做流程工作不就是这样，如果失败了，锅当然要背在肩膀上；如果成功了，功劳当然是大家的。或者说如何论功行赏不重要，因为成功了，价值实现了，我能够运用流程管理工具为企业创造价值，公司或者市场一定会给我相应的回报。

后记

如何成为流程设计高手

我在 2010 年、2014 年前后出版了《跟我们学做流程管理》《跟我们学建流程体系》，受到了流程从业者的好评。尤其是《跟我们学建流程体系》，不少读者看完之后就能够应用于实际工作，能够帮助公司完成流程架构的规划。不少读者将流程规划结果发给我，寻求指正。一方面，我很开心，毕竟能够一定程度上为流程管理工作助力；另一方面，我更关心企业应用流程管理方法与工具之后，是否提升了运营绩效，是否提升了企业的组织能力，并因此提升了面向市场的竞争力。

所以，这本书，我花了很大的篇幅谈流程设计的目的、价值、原则，期待读者不要陷入工具细节，不要忘记回归流程设计的目的是提升业务的生产力、创造价值、带来竞争力。

完成本书的写作之后，我在想这本书能够给读者带来什么价值，能否帮助读者提升流程设计水平。要想成为流程设计高手，掌握这些理论、方法与工具是必要但不充分的，还需要注意以下三点：

一、从流程到业务

流程的本质是业务，是对业务的本质的如实反映。业务的本质是为客户创造价值的机制与逻辑。首先要成为业务专家，抓住业务的客户需求、本质/价值主张，洞察业务的关键点、内在逻辑、专业技术方法与规则，你才有可能把这个业务流程设计好。

不管你是流程所有者、流程控制员还是流程工程师，都需要花时间研究业务、熟悉业务。如何研究业务呢？我的建议是：

①将业务涉及的理论、方法及工具研究透彻。现在有大量的书籍、期刊、文章可以阅读，强烈建议深入阅读自己业务领域的经典书籍、经典学术期刊、名家的相关文章，并持续跟踪，确保自己不仅过方法论关，还要与最新、最前沿的业务专业技术保持连接。最好能够将学到的东西转化成自己可以驾驭的，可以面向工作场景应用的材料，比如培训教材、解决方案文档、操作指导书、模板、清单等，学以致用，快速地将方法论转化为生产力，在实践中提升对专业方法论的认识并进行相应的创新。

②在业务上花足够的时间，熟悉业务现场状况。建议大家多花时间与流程的客户交流，了解他们对于流程输出的评价与期望，了解他们在使用流程输出时的表现，了解流程运行过程中的状况，是否顺畅，出现了什么新的情况，哪些环节容易出问题，问题的频率与趋势如何，流程执行团队工作的精神状态、协作方式等。很多时候，我们做出判断，不仅仅是基于数据与事实，还要依靠直觉，这就要有良好的业务感觉。我曾经陪同精益生产专家去现场考察，专家发现了一堆问题与改善点，而我却视而不见。专家把问题指出后，我才恍然大悟：问题背后的精益理念，我全都知道，但就是看不到，原因就是没有现场的精益问题感觉。

③持续地监控业务绩效表现，与行业标杆或竞争对手水平、客户期望水平、公司目标水平进行对比分析，并进行同比、环比分析，就能够准确地把握业务绩效的主要矛盾；持续地分析业务流程运行过程中的问题，对于典型事件进行深度复盘分析，就能对业务运作过程的主要矛盾了然于心。抓住主要矛盾，就能够将业务流程设计做简单，更加有效率。

二、从工具到思维

思维揭示事物的本质特征和内部联系，在反映过程上具有概括性和间接性的特点，是认知的高级形式。流程设计重要的不是工具本身，而是工具背后的思想，是流程设计思维。掌握知识、方法与工具，不代表掌握思维，思维是由内而外的，来自管理价值观的更新，是深入骨髓的，内化为条件反射式的思维模式与行为习惯，它需要持续的针对性训练，不断地把原来固有的观念破碎掉、更新掉。如果思维不更新，我们就很容易陷入方法论本身，成为本本主义、教条主义。

流程设计的思维是：

①基于流程落实组织责任，实现团队作战。你得改变组织运作方式，形成高效作战阵形，共同面向市场、客户与竞争，支撑流程高效、高质量地运行，这样组织才有战斗力。

②基于规则进行管控与自动化，大幅度解放人手。确定性的事情就要千方百计地把经验变成规则，有了规则就要简化管控，就要尽可能地自动化、少人化，将人手最大化地解放出来，这样流程才会有生产力。

③基于经验进行总结提炼，持续赋能团队。业务在流程中每跑一次就是一次成长，有成功的经验，有失败的教训，把它总结提炼出来，形成可以利用的知识，快速地为流程执行团队赋能，让流程成为人才培养的流水线，加速人才成长，这样流程运作才更有力。

④基于增值思维简化流程，提升价值密度。从需求到客户期望的价值端到端拉通，不增值的活动、组织、岗位、资源都要除掉，让每一个活动都指向客户价值，让每一份资源都有投资回报，这样流程才更快速、更精简、更有效率。

三、从重设计到重迭代

好的流程很难通过一次的设计达成，是迭代出来的。流程设计强调知行合一，强调能够执行且执行到位，这背后不仅是流程运作逻辑的改变，更重要的是改变人的观念、习惯与行为。

建立快速迭代的思维非常重要。很久以前，与宝洁公司某高管沟通时，他说："在宝洁公司有一些流程文件的迭代速度非常之快，有时 A-Z 26 个字母都不够用，一年迭代的次数超过 26 次。"

迭代最好的路径有两条：一是来自内部；二是来自外部。

内部又有两种典型的迭代场景：一是打胜仗时，往往是取得了突破，要么是业绩的突破，要么是业务能力的突破。例如，对于 LTC（线索到回款）流程，攻下山头项目，攻下标杆客户，攻下新的区域/行业等，此时要对成功经验及时复盘，总结做对了什么，哪些对的做法具有普适性，可以沉淀下来进行推广。二是打败仗时，往往是掉进坑里了，或出现了质量、成本、进度、安全等问题，或客户投诉抱怨，我们要反思，问题背后的原因是什么，怎样做才不会重蹈覆辙。内部迭代一定要及时，最好是业务刚运作完不久，趁着业务的记忆还很清晰时进行，否则时间一久就不记得了。

外部典型的迭代场景是开展标杆分析与竞争对手分析：业界出现了什么新的业务模式、方法与技术/工具？可以导入公司吗？竞争对手的哪些地方比我们做得好？他们的做法是什么？背后的原理与逻辑是什么？我们要如何学习并超越他？

参考文献

[1]迈克尔·哈默,丽莎·赫什曼.端到端流程[M].北京:机械工业出版社,2019.

[2]菲利普·科比.流程思维:企业可持续改进实践指南[M].肖舒芸,译.北京:人民邮电出版社,2022.

[3]卢锡雷.流程牵引目标实现的理论与方法[M].北京:中国建筑工业出版社,2020.

[4]杨少杰.进化:组织形态管理[M].北京:中国法制出版社,2019.

[5]叶素贞.麦当劳标准化管理手册[M].广州:广东经济出版社,2007.

[6]阿图·葛文德.清单革命[M].王佳艺,译.北京:北京联合出版公司,2022.

[7]许栩.供应链计划:需求预测与S&OP[M].北京:中国铁道出版社,2021.

[8]杰克·特劳特,史蒂夫·里夫金.简单的力量:穿越复杂正确做事的管理指南[M].谢伟山,苑爱冬,译.北京:机械工业出版社,2011.